Satoshi Nasura

QUAND LES DIEUX FOULAIENT LA TERRE III

Les Témoins de l'éternité

ΩMNIA VERITAS

SATOSHI NASURA

QUAND LES DIEUX FOULAIENT LA TERRE III
LES TÉMOINS DE L'ÉTERNITÉ
2017

Publié par
OMNIA VERITAS LTD

www.omnia-veritas.com

© Omnia Veritas Ltd – Satoshi Nasura – 2017

Tous droits réservés. Aucune partie de cette publication ne peut être reproduite par quelque moyen que ce soit sans la permission préalable de l'éditeur. Le code de la propriété intellectuelle interdit les copies ou reproductions destinées à une utilisation collective. Toute représentation ou reproduction intégrale ou partielle faite par quelque procédé que ce soit, sans le consentement de l'éditeur, de l'auteur ou de leur ayants cause, est illicite et constitue une contrefaçon sanctionnée par les articles L-335-2 et suivants du Code de la propriété intellectuelle.

PRÉFACE 7

NOTE DE L'AUTEUR 9

REMERCIEMENTS 15

INTRODUCTION 19

CHAPITRE I 21

CRÉATIONS ET DESTRUCTIONS DES HOMMES 21
1 - Et l'Homme sortit de terre... 21
2 - ...Avant d'être englouti par le Déluge 51

CHAPITRE II 87

HÉROS ET DEMI-DIEUX 87
1 - Dénomination et Origines des Héros 88
2 - La naissance et l'enfance du Héros 97
3 - Les épreuves, les expéditions et la quête de l'immortalité 106
4 - Le Héros des Deux Terres, mort et descendance des avatars
d'Heru 149

CHAPITRE III 180

HÉRITAGES 180
Le règne des Rois morts 181
   1. James Frazer : le rite comme institution politique et naturelle 183
   2. Arthur M. Hocart : l'origine rituelle de la civilisation 186
   Conclusion 189

QUAND LES DIEUX FOULAIENT LA TERRE 195

LEXIQUE 238

(GINA'ABUL OU PROTO-SUMÉRIEN & SUMÉRO-AKKADIEN & ÉGYPTIEN) 238

BIBLIOGRAPHIE 244

DÉJÀ PARUS 252

Satoshi Nasura

PRÉFACE

Voici une étude importante sur bien des points. En rédigeant mes différents ouvrages, jamais je n'aurais imaginé découvrir un écrit aussi détaillé sur la mythologie grecque – vaste sujet parallèle à mes recherches – pourtant rarement explorée de mon côté par manque de temps, mais aussi à la faveur d'une prise de conscience évidente : cette tâche ''insensée et sacrilège''allait fatalement m'éloigner de mes projets en cours pour un temps indéterminé. Indéterminé, car se lancer dans une pareille entreprise, c'est un peu ouvrir la boîte de Pandore. Cependant, je dois sincèrement préciser que ce sujet me rebutait également tant les mythes grecs ont toujours représenté pour moi une ''version hybride''de l'histoire, une transcription inspirée de l'Égypte ancienne, de Babylonie, de Syrie ou encore de Mésopotamie.

Avec détermination, Satoshi Nasura s'est engagé dans l'exercice périlleux de l'ouverture infinie de portes sur d'autres portes, dans le vertige d'un mystère sans cesse renouvelé. Avant de se lancer corps et âme dans un tel pari, il fut, en un premier temps, un de mes grands détracteurs. Profondément fasciné par le contenu des Chroniques et mon décodage protosumérien (Emešà), il se mit à fouiller inlassablement les champs de ruines mythologique et historique pour tenter de trouver des failles et surtout pour comprendre... Totalement troublé, il exposa ses doutes sur le Net pour finalement engager de longues discussions qui suscitèrent l'intérêt de mes proches. Inévitablement, nous avons échangé à une époque où cela relevait encore de l'exploit en raison de ma volontaire mise à l'écart. De là découla sans doute pour lui, peu à peu, cette étude des ''Chroniques du Ǧírkù à l'épreuve de la mythologie comparée.''

Cette étude pose des bases importantes pour une compréhension de notre véritable passé. À l'intérieur même de l'espace de travail de mes Chroniques, l'auteur n'a fixé aucune limite à son champ d'investigation, et c'est là toute la force de son étude. Nous sommes rapidement plongés dans un monde vertigineux en proie aux excès des dieux et de leur technologie. La démonstration peut dérouter au premier abord, tant elle nécessite l'apport de multiples tableaux et schémas, mais la fascination exercée par les nombreux parallèles entre la mythologie grecque et les Chroniques du Ǧírkù génère une dimension "quantique", sous-jacente et jusque-là inexplorée. Certes, le point de vue de l'auteur sur ces sujets reste souvent personnel, mais cette étude demeure très objective avec même, régulièrement, une démarche de type universitaire. Comme l'a fait Catherine Bréant, en 2015, avec son ouvrage Colère à l'Œuvre (éditions Geuthner),[1] Satoshi Nasura aura sans aucun doute contribué de manière fort convaincante à démontrer la valeur historique de mon code protosumérien (Emešà) détectable dans toutes les langues anciennes.

Que l'on soit bien d'accord, il s'agit ici d'un travail considérable sur les mythes fondateurs de la Grèce antique et sur notre propre connaissance d'un passé en miettes. Cette entreprise de déconstruction des mythes grecs, digne des Titans, possède également le mérite de rendre accessible un sujet bien souvent resté mystérieux par manque d'éléments comparatifs.

Le lecteur pourra-t-il résister à l'appel de cette gigantesque aventure de la pensée humaine ? Pour une recherche historique et mythologique de ce type, nous ne pourrions être mieux servis que par quelques acharnés et exaltés par une Foi inébranlable, dignes des plus grands héros de nos légendes. Ils sont peu nombreux et Satoshi Nasura en fait assurément partie. Je remercie l'auteur pour l'honneur qu'il me fait d'éclairer ainsi les coins les plus secrets de l'âme humaine en mettant en valeur le fruit de mes quelque 35 ans de réflexions et de travaux.

Anton Parks, été 2016

---

[1] http://www.geuthner.com/livre/colere-a-l-oeuvre/1057

NOTE DE L'AUTEUR

*(Nota : si vous avez déjà lu le tome 1,
vous pouvez directement passer à l'introduction.)*

L'idée de cette série d'essais est partie d'un constat : à l'origine destinée à paraître sur Internet comme un simple article de Blog, il m'est vite devenu évident que la somme d'informations cumulées dans cette étude ne pouvait trouver sa place sur une simple page Web ! D'autre part j'ai toujours préféré, comme de nombreuses personnes, le format "livre" pour la lecture. Il était question au départ de ne rédiger qu'un seul essai. Cependant, au regard de l'évolution et du contenu (assez dense, vous en conviendrez !) de celui-ci il a semblé évident qu'il fallait scinder l'étude en plusieurs parties. Chacune des parties pourrait théoriquement se lire indépendamment mais il y a tout de même une progression logique entre les trois tomes ; sans oublier les renvois réguliers que j'effectue aux deux autres tomes dans chacun d'entre eux. Voilà pour la forme.

Concernant le fond, maintenant : arrivé à la conclusion que de nombreux chercheurs dits ''alternatifs'' étaient arrivés à (re)découvrir l'Histoire – tout du moins des bribes d'Histoire – qui se cachaient derrière nos mythes et légendes, je me devais humblement de faire amende honorable et apporter ma modeste pierre à l'édifice – ayant une bibliothèque bien fournie et un peu de temps pour ce genre de hobby. J'ai eu l'opportunité de me pencher sur les travaux de nombreux auteurs, et parmi eux, il y en a un qui se détache nettement de l'ensemble. Je veux bien sûr parler d'Anton Parks.[2] J'ai découvert ses travaux dès ses premières parutions en 2005 et je les suis assidûment depuis lors. Je n'ai pas manqué d'être critique vis-à-vis des découvertes de l'auteur – de son point de vue, j'ai même été l'un de ses plus grands détracteurs !

---

[2] Retrouvez les ouvrages d'Anton Parks sur http://www.pahanabooks.com/

– mais avec le temps, mes propres recherches m'ont menées peu ou prou au même corollaire que ce dernier. Les ouvrages de cet auteur se distinguent en deux catégories :

> d'une part les *Chroniques du Ǧírkù* (auxquelles nous nous référerons souvent sous l'appellation *Chroniques*) retraçant des sortes de souvenirs inscrits dans un cristal mémoriel,[3] un journal ''intime''partagé – dirons-nous – par une suite de personnages appartenant à une même lignée ou famille à travers les âges (sans que Parks ne puisse expliquer comment ni pourquoi les données enregistrées dans ce cristal ont pu atterrir par épisodes successifs dans sa tête),
> les essais, d'autre part, regroupant les recherches linguistiques, mythologiques, anthropologiques et scientifiques effectuées par l'auteur autour des informations perçues.

J'ai même eu la chance d'échanger avec Anton Parks et de confronter mes propres travaux avec les siens. Ma recherche s'est concentrée dans cet essai autour de la mythologie grecque, un corpus peu étudié par l'auteur des *Chroniques du Ǧírkù*. Pourquoi la mythologie grecque ? Parce que j'ai toujours été attiré par ces récits de légendes où les dieux[4] n'ont jamais semblé aussi ''humains''. D'autant que dans ses livres Anton Parks prouve clairement ce que d'autres ont également touché du doigt : les différentes cosmogonies et cosmologies du monde antique trouvent leur source dans une histoire commune vécue par nos ancêtres dans des temps ancestraux. Et aussi surprenant que cela puisse paraître, on trouve des points communs entre les mythes des *Eddas* germano-scandinaves et ceux de l'Inde védique, entre les légendes de l'ancienne Mésopotamie et de l'Égypte antique ou encore entre les mythologies amérindiennes et chrétienne...

---

[3] Ce cristal aux multiples fonctions est le fameux ''*Ǧírkù*''; son nom d'*usine* étant ''*Ugur*''.
[4] Ici le mot ''dieu''n'a pas de sens sacré, la majuscule ne sera donc (quasiment) jamais de circonstance. Nous ferons cependant parfois quelques entorses à cette règle... Notamment concernant la Grande-Déesse dont le caractère sacré transcende toute forme de religion et de dogme.

Je me disais donc qu'il était fortement improbable que la mythologie grecque ne partage pas également quelques points de convergence avec d'autres cosmologies, cosmogonies et anthropogonies de l'Antiquité.

***

Je ne suis pourtant pas un mythologue – pas même amateur ! –, pas plus qu'un linguiste. Je suis assez loin d'être versé dans la littérature. On pourrait à la limite me qualifier de passionné de mythologies. Je n'ai aucun diplôme de haut rang, je n'appartiens à aucun club prestigieux, aucune association reconnue, et mon cercle social est assez restreint. Je n'appartiens pas non plus à l'autre extrémité du spectre : les sciences ne m'intéressent que lorsqu'elles se mettent à mon humble niveau de quidam. En fait, je suis un lecteur avant toute autre chose. Un lecteur curieux, très curieux. Je pourrais être l'un d'entre vous ! À la différence peut-être que je suis allé plus loin que la moyenne des lecteurs communs vis-à-vis des recherches menées par un auteur quelconque. J'ai tenté de m'approprier la méthode et les outils de travail de l'auteur des *Chroniques* et je suis parvenu à certains résultats dont cet étude est un condensé. À la rédaction de ces lignes, j'aurai passé environ cinq années – en parallèle de mon activité professionnelle à temps plein – de lectures variées, recherches transversales, intenses réflexions et … mise à l'écrit des conclusions obtenues en partant pour ainsi dire de zéro. Je ne dis pas que j'ai mis le doigt sur d'extraordinaires révélations (même si les conclusions auxquelles j'arrive sont extrêmement surprenantes, pour le moins !) ni que j'avalise intégralement les travaux de Parks.

Je suis le premier d'ailleurs à m'interroger sur le bien-fondé des techniques sémantiques mises en œuvre dans cet essai et j'ai pleinement conscience qu'une volée de critiques assaisonnées accompagneront la sortie de ces livres. Je les accueillerai comme il se doit et comme j'ai accueilli le travail de l'auteur des *Chroniques* : avec recul, discernement et objectivité. Si tant est que les rapprochements réalisés ici soient qualifiés de farfelus et d'exagérés, j'en examinerai méticuleusement l'argumentaire critique. À bien des instants, j'ai douté de la réalité de ces convergences et des conclusions confortées par le syllabaire suméro-akkadien. Et bien des fois je me suis remis en scelle grâce à un principe scientifique fondamental : celui nous imposant d'exclure le hasard quand un nombre suffisamment important d'éléments – que j'appellerai par provocation des ''coïncidences''– viennent à se répéter comme autant de rappels à l'ordre.

***

Ces essais peuvent être lus comme un complément des travaux d'Anton Parks que ce dernier a développés dans sa série de livres appelée *Les Chroniques du Ğírkù* – quatre tomes à l'heure où j'écris ces lignes – ainsi que dans quatre essais.

L'auteur a tenté de démontrer dans ses sept ouvrages plusieurs choses :

> Une présence extranéenne sur la planète depuis des temps immémoriaux qui défient la mémoire humaine (se datant en millions d'années). Il est même avancé dans le tome 0 des *Chroniques du Ğírkù*[5] que les premiers humanoïdes intelligents de la Terre n'étaient pas les humains mais les Mušidim, ''les faiseurs de vie'', humanoïdes de type saurien. Ce serait donc nous, humains, les invités sur la planète.
> Une multitude de peuples extérieurs intervenants sur Terre avec en acteur principal une race particulière – les Mušidim-Gina'abul, GINA-AB-UL en sumérien litt. ''Véritables ancêtres de la splendeur''– aux multiples embranchements : Anunna, Kingú, Ušumgal, Mušgir, Nungal/Igigi, Amašutum, Ama'argi, Imdugud, Mìmínu, Kingalam…[6]

---

[5] Anton Parks, Chroniques du Ğírkù tome 0, Le Livre de Nuréa, Éd. Pahana Books, 2014.
[6] La majorité de ces noms sont des mots sumériens ou akkadiens. On les retrouve autant sur les tablettes d'argile de Sumer et d'Akkad que dans les lexiques en langues sumérienne et akkadienne. Les noms n'existant pas dans les corpus mythologiques d'ancienne Mésopotamie et avancés par l'auteur sont déchiffrables par l'assemblage de syllabes suméro-akkadiennes.

> Les Gina'abul ont en partie créé l'espèce humaine telle qu'on la connaît aujourd'hui. Leurs prédécesseurs Mušidim auraient créé la vie sur Terre. Leurs activités ont commencé à être plus intenses autour du projet génétique qui aboutira à l'Homo Sapiens vers -300 000 ans.
> Parmi les Gina'abul présents sur Terre depuis 300 000 ans se trouvent l'élite dirigeante patriarcale et plus particulièrement les créateurs des Anunna[7] et Nungal qui regroupés en assemblée formaient un groupe de onze individus.
> Ces individus et leurs troupes armées sont des rebelles à la Reine des Gina'abul et ont échoué sur Terre à la suite d'une guerre interstellaire et intestine.
> Ces onze individus, divinités ou dieux ont été assimilés par Anton Parks aux valeurs de l'Arbre des Sephiroth.[8]
> Cette assemblée divine a régné sur la planète pendant des millénaires. Le point névralgique du pouvoir ancien se situait dans la zone géographique qui deviendra plus tard Sumer.
> Suite à des divisions internes entre partisans du pouvoir patriarcal (Anunna,[9] Ušumgal,[10] Mušgir) et soutiens au culte de la Déesse-Mère (Nungal/Igigi, Amašutum, Ama'argi), le pouvoir s'éclata en deux centres : le pays de Kalam d'un côté et de l'autre Dilmun/A'amenptah/Amenti (Atlantide) et l'Égypte (que nous nommerons aussi le Double-Pays ou les Deux Terres). Ces dernières régions géographiques étant occupées par les partisans du culte de la Déesse-Mère.[11] Kalam désignait le ''pays'' en sumérien et faisait référence à

---

[7] Les *fameux* Anunnaki, soit les Anunna du KI (litt. ''la Terre'' ou ''le lieu'' en sumérien).
[8] Anton Parks, *Chroniques du Ğírkù tome 3, Le Réveil du Phénix*, Éd. Nouvelle Terre, 2010, voir pages centrales pour plus d'informations au sujet de cet ''arbre'' aux multiples symboliques.
[9] A(père)-NUN(prince)-NA(génitif) : ''les princes du père'' en sumérien. Ou ''les princes de An'', leur géniteur.
[10] Litt. ''les grands dragons'', conseil restreint de sept individus régnants sur le genre Gina'abul.
[11] Ces conflits sont largement détaillés par l'auteur à partir du tome 2 des *Chroniques du Ğírkù, Ádam Genisiš*, Éd. Nouvelle Terre, 2007, ainsi que dans son troisième essai, *La Dernière Marche des dieux*, Éd. Pahana Books, 2013.

Sumer. La prééminence de Kalam sur le reste du monde était parfaitement décrite dans les mythes :

"Enki le vénérable s'approchait du pays (Kalam),
Afin que, suite à cette visite du grand Prince,
L'opulence y prévalût partout !
Il en arrêta donc le destin en ces termes :
"Ô Sumer, grand pays, territoire infini,
Enveloppé d'une lumière indéfectible,
Dispensateur des Pouvoirs à tous les peuples,
De l'Orient à l'Occident !
Sublimes et inaccessibles sont tes Pouvoirs
Et ton cœur est plein de mystère, insondable.
Ton habileté inventive, qui peut enfanter même les dieux,
Est aussi hors d'atteinte que le ciel"(...)"[12]

> Anton Parks a ainsi réussi à assimiler les divinités de Sumer, d'Akkad et de Babylone aux dieux de l'ancienne Égypte. Pour la simple et bonne raison qu'ils figurent des personnages ayant eu une réelle existence physique et une forte implication dans la vie des hommes.
> *Le Livre de Nuréa* détaillant les informations les plus récentes reçues par Parks, met en avant les souvenirs les plus anciens inscrits dans Ugur. Ils retracent notamment les anciens conflits Mušidim[13] au sein du système solaire, leurs voyages spatio-temporels dans la galaxie, leurs exploits scientifiques et leurs errances mais aussi le destin formidable de Barbélú qui deviendra l'archétype de la Grande- Déesse, de la Gaïa des anciens temps.

---

[12] Mythe sumérien *Enki et l'Ordre du Monde*, lignes 189-197.
[13] Du sumérien MUŠ(serpent)-IDIM(supérieur, puissant, distingué), litt. "serpent(s) puissant(s) ou distingué(s)".

REMERCIEMENTS

Je tiens à remercier ici toutes les personnes m'ayant motivé à démarrer cette recherche et surtout à persévérer après ces dizaines de mois durant (elles se reconnaîtront). Elles ont été mon moteur et ma motivation permanente.

Remerciements spéciaux à mon épouse pour sa patience infinie et son intime conviction que je devais finir ce à quoi je m'étais attelé dès 2012 ; sans véritablement que nous ne sachions à l'époque où cela allait pouvoir me mener. Je ne pourrai jamais assez la remercier pour sa tendresse, sa bienveillance et ses précieux conseils.

Je remercie également chaleureusement Nora et Anton Parks qui, malgré les épreuves qu'ils ont pu traverser, ont su se rendre disponibles pour un humble lecteur/chercheur comme moi. Je sais que la vie de sacrifice menée par Anton Parks est une gageure que je ne saurais moi-même assumer. Pour cela il mérite tout notre respect et notre admiration. J'ai pu véritablement comprendre l'ampleur et la densité de ses travaux lorsque j'ai moi-même mis le pied à l'étrier. C'est là que j'ai compris qu'il faut des années de recherches autodidactes pour estimer atteindre un tel niveau d'exigence et de précision.

Je tenais à remercier et à féliciter tous ces témoins du temps, des sciences et de l'évolution. Ces mythographes, ces savants, ces universitaires, ces traducteurs, ces illustres comme ces anonymes qui, par vocation ou par passion, ont (pour certains du moins) voué leur vie à livrer des connaissances à notre portée. Sans eux, ce livre, comme beaucoup d'autres, n'existerait pas. Merci à eux. Ils m'ont donné envie de les imiter.

Enfin, je vous remercie vous, lectrice(s) et lecteur(s) de tous horizons, vous qui avez donné une chance à cet ouvrage d'être lu par vous. J'espère qu'il vous fera voyager, vous interroger, méditer et surtout vous rendra plus curieux du monde qui nous entoure et de tous ses mystères ! J'attends impatiemment vos commentaires sur la toile ou par e-mail.

"Apprenez quelles étaient les misères des mortels, autrefois pleins d'ignorance, et que j'ai rendus inventifs et industrieux. (...) Autrefois, ils voyaient sans voir ; ils entendaient sans entendre ; pareils aux fantômes des songes, ils confondaient tout depuis des siècles. Ils ne connaissaient ni les maisons de briques séchées au soleil, ni la charpente. Ils habitaient sous terre au fond des cavernes ténébreuses, comme de misérables fourmis. Ils ne savaient pas repérer avec certitude le passage de la saison froide à celle des fleurs, des fruits, ou des moissons. (...) Pour eux j'ai découvert la plus belle des sciences, celle des nombres, j'ai inventé l'écriture par lettres et la mémoire mère des Muses. Le premier, j'ai accouplé sous le joug les animaux domestiqués : au service des hommes, ils les remplacèrent dans les plus rudes travaux. (...) Pauvre de moi ! J'ai tout fait pour les mortels, mais je ne trouve rien à faire pour soulager mes propres tourments."
Eschyle, *Prométhée enchaîné*, vers 443-483.
(Prométhée énumère les bienfaits qu'il a apportés à l'humanité)

"La terre mis au monde le divin Pélasgos sur les montagnes touffues de l'Arcadie, pour que l'espère humaine commence à exister. Pendant son règne, Pélasgos enseigna aux hommes l'art de se construire des cabanes pour se mettre à l'abri du froid, de la pluie et de la chaleur ou celui de se faire des vêtements avec des peaux de sangliers. Les gens pauvres se protègent encore ainsi de nos jours en Eubée et en Phocide. Les hommes se nourrissaient encore de plantes."
Pausanias, *Description de la Grèce*, Livre VIII, chapitre 1, 2.

"Zeus, fils de Cronos, créa la race divine des héros, plus juste et plus brave, que l'on nomme demi-dieux et dont la génération nous a précédés sur la terre sans limites."
Hésiode, *Les Travaux et les Jours*, vers 158-160.

"Enfin vient d'Athènes la vengeance : Oreste reparaît ; il purge la terre du perfide assassin qui lui ravit un père illustre ; et honorant de funérailles une mère abhorrée et le plus lâche des hommes, il donne le festin public qui en termine la pompe."
Homère, *Odyssée*, Chant III, vers 305-308.

INTRODUCTION

Les premiers pas sont les plus difficiles, paraît-il.

Que devrait-on penser de notre destinée, celle des hommes mortels ?

Né dans le conflit, fruit de la trahison, héritier du divin et de l'archaïsme brutal mais toujours pour assurer l'opulence à ses Pères. L'homme a vu le jour comme un être parfait.

Trop parfait, trop proche des dieux : dans le bruit et la fureur, il fut anéanti pour être remodelé tel un morceau d'argile retournant dans la masse informe d'un tour de potier.

Il est maintenant imparfait et s'applique à le faire savoir à ses créateurs. Il fait montre d'arrogance et pour cela il est éliminé.

Pour autant il ne veut périr et une poignée de ses semblables suffit à repeupler la Terre.

À chaque nouvelle génération, il évolue, se perfectionne, copiant les dieux, ses maîtres.

Les filles mortelles étaient délicieuses, les dieux sont tombés sous leur charme.

Ils partagèrent leur couche et leur donnèrent une descendance interdite.

Ce sont les grands Rois, les leaders des premiers royaumes ; on les nomme aussi Héros ou demi-dieux.

Leurs exploits défient l'imagination et leur legs sera immortalisé dans les légendes dites de par le Monde.

Ils sont les premiers héritiers des mœurs et coutumes de la société divine.

Après eux ce sont tous les mortels de basse naissance qui singeront les héros, leurs nouveaux modèles. Mêmes morts, ces derniers conserveront le pouvoir sur les vivants !

Récipiendaires de tous les savoirs célestes, les hommes mortels parcourent à présent le globe pour partager ou dominer ; dans tous les cas pour diffuser leur connaissance. Où qu'ils soient à présent, les dieux les ont abandonnés.

Qu'il en soit ainsi, ils contrôlent à présent leur destin sans leurs Pères !

CHAPITRE I

CRÉATIONS ET DESTRUCTIONS DES HOMMES

Après avoir évoqué les origines des dieux et leurs conflits dans le tome 1, avoir détaillé au travers des douze résidents de l'Olympe les interactions entre ces différentes divinités dans le tome 2, venons-en à la création de l'homme et aux différents âges (ou étapes) qu'il a supposément traversés pour arriver jusqu'à nous.

La création de l'humanité primordiale et de ses différentes variantes a largement été traitée par Anton Parks au cours des tomes 2 et 3 des *Chroniques*[14] ainsi que dans l'essai *Eden*.[15]

1 - Et l'Homme sortit de terre...

"Ma mère, la créature à quoi tu avais pensé,
La voici prête au travail des dieux !
Quand tu auras malaxé un lopin
De l'argile tirée des rives de l'Apsû,
On donnera forme (?) à l'argile de cette matrice (?),
Et lorsque tu voudras, toi-même,
Lui façonner (?) la nature (?),
Ninmaḫ t'assistera[16] *(...)*
Tu arrêteras alors son destin, ô ma mère
Et Ninmaḫ lui assignera de travailler pour les dieux !"

---

[14] Anton Parks, *Chroniques du Ğírkù tome 2, Ádam Genisiš*, Éd. Nouvelle Terre, 2007 et Id., *Chroniques du Ğírkù tome 3, Le Réveil du Phénix*, Éd. Nouvelle Terre, 2010.
[15] Anton Parks, *Eden*, Éd. Nouvelle Terre, 2011.
[16] Remarquons ici que l'on distingue clairement Nammu de Ninmaḫ, parfois présentées par les exégètes comme étant la même figure divine.

**Extrait du mythe *Enki et Ninmaḫ*,
lignes 30-38. [Enki s'adressant à sa mère Nammu].**

"Les hommes, le troupeau du dieu, sont bien pourvus. C'est à leur intention qu'il a créé le ciel et la terre après avoir repousser "l'avidité" de l'eau. C'est pour que vivent leurs narines qu'il a fait le souffle, (car) ce (= les hommes) sont ses répliques, issues de ses chairs. C'est à leur intention qu'il se lève dans le ciel. S'il a fait pour eux les végétaux, le bétail, les oiseaux et les poissons, c'est pour les nourrir. De même qu'il a tué ses ennemis, de même a-t-il anéanti ses enfants à cause de leur projet de faire rébellion. De même qu'il a fait la lumière à leur intention, de même il fait son périple pour les voir, s'étant ménagé une cabine (dans sa barque céleste) en retrait d'eux. Quand ils pleurent, il ne cesse d'être à l'écoute (…)"

**Extrait de *L'enseignement pour Mérikarê*
(env. 2310 av. J.-C. ?).**[17]

"Prométhée, après avoir façonné les hommes avec de l'eau et de la terre, leur donna aussi le feu, qu'à l'insu de Zeus il avait caché dans une férule. Quand Zeus s'en aperçut, il ordonna à Héphaïstos de clouer son corps sur le mont Caucase, une montagne de Scythie (…). Prométhée eut un fils, Deucalion. Celui-ci, qui régnait sur la région de la Phthie, épouse Pyrrha, fille d'Épiméthée et de Pandore, que les dieux avaient façonnée et qui fut la première femme."

Pseudo-Apollodore, *Bibliothèque*, I, 7, 1-2.

Nous allons logiquement commencer à détailler les informations fournies par les mythes d'ancienne Mésopotamie avant de décrire les quelques textes anthropogoniques égyptiens pour enfin discuter des divers récits de création du premier homme selon les mythographes grecs. Nous comparerons l'ensemble aux souvenirs d'Anton Parks.

---

[17] Pascal Vernus, *Sagesses de l'Egypte pharaonique*, Éd. Actes Sud, 2009, pp. 150-151 (P 131) ; Susanne BICKEL, *La cosmogonie égyptienne avant le Nouvel Empire*, Éd. Editions Universitaires Fribourg Suisse/Vandenhoeck & Ruprecht Göttingen, 1994, p. 217.

Les passages anthropogoniques mésopotamiens sont assez nombreux. Ils renvoient généralement à la création d'un esclave pour soulager le travail des Igigi – divinités inférieures –, alors ouvriers pour les Anunna – divinités supérieures. Nous retrouvons ces notions dans des textes déjà évoqués dans les tomes précédents comme les mythes *Enki et Ninmaḫ* (lignes 1-36), le *Poème du Supersage* (C, lignes 1-304) ou encore l'*Enūma Eliš* (V, lignes 130-151 ; VI, lignes 1-39). Rien de nouveau sous le soleil : dans tous les cas de figure, il est question de fabriquer un homme – le donneur d'ordre changeait (Nammu, Marduk, les Anunna...) mais Enki-Éa en restait l'artisan – à partir du sang d'un ou de plusieurs dieux, et/ou de terre, comme ici dans le *récit bilingue de la création de l'Homme* (afin de ne pas rendre ce chapitre rédhibitoire nous éviterons de surcharger votre lecture de récits anthropogoniques somme toute assez identiques les uns aux autres, le texte suivant nous paraissait résumer à merveille cet ensemble) :

"Comme ils avaient établi le programme de l'Univers,
Et dans le but de préparer le système d'irrigation,
Constitué par les cours du Tigre et de l'Euphrate,
<Enlíl leur demanda> : "Et maintenant, qu'allons-nous faire ?
Qu'allons-nous fabriquer, maintenant ? –
Ô grands-dieux Anunna, qu'allons-nous faire maintenant ?
Qu'allons-nous donc créer ?"
Et les grands-dieux là présents,
Avec les Anunna, assignateurs de destins,
Répondirent en chœur à Enlíl :
"Dans le "Fabrique-chair" (NDA : les fameuses Uzumúa) *de Duranki, Nous allons immoler deux (?) Alla divins,*
Et de leur sang donner naissance aux hommes ! La corvée des dieux sera leur corvée (...)"[18]

Plus loin dans le récit mythologique, la seule fois à notre connaissance où ces termes sont repérés, apparaissent les fameux Ullegarra (de l'akkadien ULLE/ULLÛ(plus éloigné) et GAR(RA)(placé, établi), soit "établi après") et Annegarra (de

---

[18] *Récit bilingue de la création de l'Homme*, lignes 10-21 (trad. Jean Bottéro in *Lorsque les dieux faisaient l'homme*, Éd. Gallimard, 1989, pp. 503-504).

l'akkadien ANNE/ANNÛ(plus rapproché) et GAR(RA)(placé, établi), soit "établi avant") nous indiquant qu'il existait plusieurs projets de création de l'homme. Ces termes apparaissent dans le tome 2 des *Chroniques* d'Anton Parks :

> "*Ainsi cultiveront-ils* (NDA : les hommes) *les champs des Anunna, Amplifiant les richesses du pays,*
> *Célébrant dignement les festivités des dieux*
> *Et déversant l'eau fraîche en la Grande-résidence,*
> *Digne siège de la haute Estrade !*
> *On les appellera* <u>Ullegara et Annegarra</u>,
> *Et ils multiplieront, pour la prospérité du pays,*
> *Bovidés, ovidés, (autres) animaux, poissons et oiseaux !*"[19]

Enfin, après avoir validé que cette situation de domination perdurerait jusqu'à la fin des temps, le conseil restreint des dieux prend également acte de la régence de Nidaba sur les têtes noires – c'est ailleurs la prérogative d'un Enlíl ou d'un Marduk –, et ce, de façon officieuse. Ce secret n'en était pas vraiment un, dans le mythe *Lugal.E* (ou *Ninurta et les Pierres*) aux lignes 710- 724, il est déjà dit que Nidaba est la reine des têtes noires. Mais était-ce une manière de dévoiler que les grands-dieux Anunna n'exerçait qu'une domination de façade sur le genre humain ?

Nisaba est ici la Grande-Déesse sous son aspect de déesse des céréales ; il est logique de la voir dans ce rôle : l'humanité primordiale aura pour vocation, notamment, de nourrir convenablement les dieux. Je vous laisse à la conclusion du texte qui nous occupe :

> "*Et là même où les hommes avaient été créés,*
> *Nisaba* (NDA : autre appellation de Nidaba) *fut installée pour (leur) souveraine.*
> *– C'est là une doctrine secrète :*
> *On n'en doit parler qu'entre compétences !*"–[20]

---

[19] Ibidem, lignes 35-41.
[20] Ibidem, lignes 49-51.

Ces fameuses têtes noires sont bien entendu l'humanité primordiale (de type négroïde) qui a été la première à servir les dieux. Quand ce n'est pas Marduk[21] ou Enlíl[22] qui soumet cette population, c'est Nergal qui s'en charge.[23] Leur infirmière divine passait pour être Gula (identifiée dans le tome 2 à Ninmaḫ), surnommée "la grande doctoresse des têtes noires". Mais répétons-le, dans tous les cas (exception faite avec le mythe *L'invention de la Houe et l'origine des hommes*, lignes 6-20, où c'est Enlíl qui prend en charge les sessions de reproduction dans le "Fabrique-chair") c'est Enki aidé d'une Grande-Déesse (Ninmaḫ, Nammu, Aruru, Nintu, Mammi, Bêlet-ili...) qui se charge de réaliser le mélange du sang d'un (ou de plusieurs) dieu(x) et d'argile de l'Apsû (ABZU en sumérien) dans le but de créer les premiers prototypes[24] d'êtres humains. Quand ce n'est pas un Uzumúa ("Fabrique-chair") qui est utilisé pour la production en série des hommes, c'est directement la Grande-Déesse, surnommée pour l'occasion "Matrice", qui incarne le moyen de duplication des têtes noires.[25]

---

[21] *Enūma Eliš*, VI, ligne 107 : *"Qu'il exerce le Pastorat des Têtes-noires, ses créatures !"* (trad. J. Bottéro in *Lorsque les dieux faisaient l'homme*, op. cit., page 643).
[22] *L'invention de la Houe et l'origine des hommes*, lignes 21-25 : *"Cependant qu'Enlíl veillait sur les têtes-noires, les Anunna (...) adulèrent alors Enlíl de leurs acclamations et transmirent la Houe aux têtes-noires."* (trad. J. Bottéro in *Lorsque les dieux faisaient l'homme*, op. cit., page 509).
[23] *Hymne à Nergal*, lignes 1 à 10 (AO 5388).
[24] Cette notion de prototype-humain apparut notamment dans l'*Enūma Eliš*, VI, lignes 5-8 : *"Je* (NDA : Marduk se confiant à Éa) *vais condenser du sang, constituer une ossature et susciter ainsi un Prototype-humain, qui s'appellera "Homme"! Ce Prototype, cet Homme, je vais le créer pour que lui soient imposées les corvées des dieux..."* (trad. J. Bottéro in *Lorsque les dieux faisaient l'homme*, op. cit., page 638).
[25] Exemple ici avec Bêlet-ili/Mammi dans le *Poème du Supersage*, version assyrienne, lignes 188-196 (K.3339+) : *"Puisque Bêlet-ili, la Matrice, est ici, c'est elle qui mettra au monde (?) et produira l'Homme pour assurer la corvée des dieux ! Interpellant donc la déesse, ils demandèrent à la sage-femme des dieux, Mammi-l'experte : "C'est toi qui seras la matrice à produire les hommes ? Eh bien ! Produis le prototype-humain : qu'il porte notre joug imposé par Enlíl"..."* (trad. J. Bottéro in *Lorsque les dieux faisaient l'homme*, op. cit., pp. 536-537).

Outre le rôle essentiel d'assistante, la Déesse offre son souffle de vie aux hommes (s'agit-il de l'âme ?). À n'en pas douter, dans le *Prologue du tournoi "Céréale contre Menu-bétail"* 'les dieux *"octroyèrent aux hommes le souffle-de-vie"*[26] ; ailleurs on lit que *"de par la chair du dieu, il y aura aussi, dans l'Homme, un "esprit", qui le démontrera toujours vivant après sa mort. Cet "esprit" sera là pour le garder de l'oubli !"*[27]

La suite de ce dernier récit nous présente enfin la création à proprement parler par l'entremise de quatorze matrices ; sept pour la production des mâles et sept pour les femelles. Suite à quoi, il est question d'appairer les couples qui sortiraient des matrices. Les deux genres sont donc créés de concert, sans distinction. Il est par contre précisé dans *Comment les céréales ont été introduites en Sumer* que *"en ces temps-là, les hommes ne mangeaient que de l'herbe, comme le font les moutons."*[28] Les premiers hommes ne savaient donc rien et avaient besoin des dieux pour les instruire. Quels dieux ? Nidaba et bien entendu, le dieu maître ès-techniques Enki-Éa. Aussi certains hommes ne sont pas parfaits, démontrant le processus approximatif mis en branle par les dieux. Dans le mythe *Enki et Ninmaḫ*, notamment, les deux dieux se lancent un défi et Ninmaḫ crée six êtres humains incomplets, qu'Enki prend soin de "réparer".

---

[26] *Prologue du tournoi "Céréale contre Menu-bétail"*, ligne 37.
[27] *Poème du Supersage*, version assyrienne, lignes 215-218 (K.3339+).
[28] Trad. J. Bottéro in *Lorsque les dieux faisaient l'homme*, op. cit., page 515.

Reproduction d'un sceau-cylindre sumérien (date inconnue) qui figure supposément Ninmaḫ-Ninḫursaĝ sur les genoux de laquelle est assis un homme fraîchement créé. Sa tiare ne possède qu'une seule paire de cornes, ce qui, selon mon interprétation, pourrait en faire plus une Nintu, une déesse-de-la-Vie, plutôt que la Déesse-Mère Ninmaḫ-Ninḫursaĝ.

Dans le mythe *Enki et Ninḫursaĝ* (lignes 1-25) il est question d'un lieu mythique, Dilmun, et d'un temps durant lequel les animaux sauvages ne tuaient pas, où les saisons étaient douces, un temps qui voyaient les hommes exempts de maladies et de tracas. Même la vieillesse ne semblait l'atteindre. L'homme vivait en harmonie avec la Nature ; est-là une forme mésopotamienne d'âge d'or ?

Le dieu tué et immolé pour servir de base (par sa chair et son sang) à la création de l'humanité est nommé Alla (voir au-dessus), mais c'est aussi Wē, le leader de la rébellion Igigi, dans le *Poème du Supersage* (K.3339+, version assyrienne, lignes 208-225) ou encore Kingu, le général de Tiamat, dans l'*Enūma Eliš* (tablette VI, lignes 31-33), qui poussa l'épouse d'Apsû à la vengeance. Si Kingu est sacrifié parce qu'il était l'ennemi, il en est un peu autrement pour l'Igigi Wē. Ce dernier fut choisi pour son esprit, son intelligence parce qu'elle serait nécessaire à l'humanité à venir.[29] Peut-on parler de transmission de l'esprit rebelle des Igigi

---

[29] Il n'est donc pas anodin de trouver l'homophone akkadien Wē signifiant "entendement" !

à l'humanité primordiale ? Nous en reparlons dans le sous-chapitre suivant.

Il est enfin parfois question d'hommes naissant ou (renaissant) spontanément de terre (ou de leur argile) comme c'est le cas dans le mythe des *origines postdiluviennes de l'Agriculture* (lignes 1-5) dans lequel les têtes noires resurgissent de leur argile après que le Déluge eut tout emporté.

***

Chez les Égyptiens, les récits anthropogoniques sont plus rares. Et plus simples. Sans fioritures, non plus. Il existait au sein du Double-Pays deux Créateurs des hommes : le soleil (incarné par Rê ou Aton, ce dernier sous l'impulsion du – très éphémère – pouvoir religieux amarnien) et le dieu-potier Khnum.

Dans les *Textes des Sarcophages* (env. 2000-1780 av. J.-C.), à plusieurs endroits, il est question de la création de l'humanité par les yeux de Rê. Nous pouvons lire par exemple :

"J'ai créé tout homme égal à son semblable, je ne les ai pas autorisés à commettre le mal ; mais leurs cœurs ont contrevenu à ce que j'avais dit ; ce fut une des actions. J'ai fait que leurs cœurs n'oublient pas l'Occident, afin de faire des offrandes divines aux dieux des nomes ; ce fut une des actions. J'ai créé les dieux de ma sueur et les hommes des larmes de mes yeux (…)"[30]

Dans *L'enseignement pour Mérikarê*, cité en introduction de ce chapitre, les hommes sont qualifiés de *"troupeau"* de Rê et ils sont dits être *"ses répliques, issues de sa chair"*. On voit mal comment l'humanité pourrait être faite de la chair du Soleil mais c'est bien entendu ignorer que le Rê qui parle n'est pas l'astre solaire mais un dieu anthropomorphe. Dans l'*Ostracon du Caire 25207* (tombeau de Ramsès IX, env. 1126-1108 av. J.-C.) c'est Amon-

---

[30] Paul Barguet, *Les textes des sarcophages égyptiens du Moyen Empire*, Les Éditions du Cerf, 1986, page 662 (CT 1130).

Rê qui crée les hommes à partir de ses larmes mais il est également précisé, suite cette création, qu'il : *"a préparé ce dont avaient besoin les dieux (...)"*.[31] Autrement dit, Amon-Rê (An-Zeus) a créé les hommes pour les besoins des dieux ! On ne sait précisément comment Aton, de la religion amarnienne, façonna l'humanité, ce que dit le *Grand Hymne à Aton* (env. 1352-1336 av. J.- C.) décrit uniquement son statut de Créateur de Tout, dont les hommes sont une partie.[32] L'on suppose, le mouvement spirituel impliqué n'ayant fait que pomper joyeusement dans les dogmes environnants, que les larmes de son œil sont à l'origine de nos ancêtres. Par quel processus les larmes de Rê auraient pu engendrer l'humanité ? L'on supposera que les larmes tombées du ciel fertilisèrent la terre de Kemet et que, à l'instar des *autochtôn* de Grèce antique dont nous allons parler, les hommes émergèrent du sol comme de vigoureuses plantes. Un *Hymne à Amon-Rê* conservé au Musée du Caire (époque d'Aménophis II, env. 1400-1428 av. J.-C.) présente le dieu de l'atmosphère comme *"le façonneur des hommes et le créateur du petit bétail"*. Reprenant par syncrétisme le rôle et les méthodes de son homologue divin Khnum.

Il faut également préciser qu'à la création du monde par le Démiurge avait succédé un âge d'or (à l'instar de ce qu'Hésiode nous indique plus bas) la terre étant une nourricière généreuse. Aucune querelle ne divisait le genre humain et l'harmonie régnait en toute chose.[33] Les larmes de Rê traduisent une peine, une tristesse divine à rapprocher de la détresse des Igigi dont le leader servit de base à la création des hommes. Ou encore du massacre de Zagreus-Dionysos dont l'esprit survécut dans les cendres des cannibales l'ayant exécuté puis avalé.

Enfin – petite piqûre de rappel –, il existait à Esna une tradition selon laquelle Khnum serait le créateur des hommes. Le dieu façonna ainsi les hommes, d'abord des marionnettes d'argile, sur

---

[31] André Barucq et François Daumas, *Hymnes et prières de l'Egypte ancienne, Littératures anciennes du Proche Orient*, Les Éditions du Cerf, 1980, p. 139.
[32] Pierre Grandet, *Hymnes de la religion d'Aton*, Éd. Seuil, 1995, p. 111.
[33] Nadine Guilhou et Janice Peyré, *La Mythologie Égyptienne*, Éd. Poche Marabout, 2014, page 61.

son tour de potier. On lui prêtait parfois le dieu Ptah pour assistant. Quand ce dernier ne reprenait pas directement le rôle même de Khnum. Dans la ville d'Antinupolis on donnait pour consort à Khnum la déesse à tête de grenouille Hékat (ou Héket). Celle-ci à la manière de Nintu (ou Ninmaḫ voire Mammi) assistait le Créateur des hommes dans sa tâche. Nintu, comme Hékat, était prétendument celle qui insufflait le souffle de vie aux pantins sans âmes. Les hommes étaient conçus et prêts à pourvoir aux besoins des dieux sous les ordres d'Amon-Rê.

Si le langage a été créé, au choix par Thot (voir le chapitre *Hermès* du tome 2), la modification ou inversion des langues a été opérée, selon les textes soit par Khnum soit par Amon-Rê. Dans un texte d'Esna, le grand Démiurge local y est décrit de la sorte :

"Ainsi tous autant qu'ils sont, ont-ils été formés sur son tour (de potier) ; mais ils (= les dieux) inversèrent l'organe vocal de chaque contrée, de manière à obtenir un langage autre, comparé à celui de l'Égypte."[34]

Khnum sur son trône (ou son siège d'artisan) façonnant l'humanité sur son tour de potier. À sa droite, son assistante et épouse Hékat à tête de grenouille offre le

---

[34] Serge Sauneron, *La différenciation des langages d'après la tradition égyptienne*, Bulletin de l'Institut Français d'Archéologie Orientale 60, 1960, pp. 31-41 (Esna 250.12).

souffle de vie au pantin d'argile (Haut-relief sur la maison de naissance, Temple d'Hathor, Denderah, Égypte).

Ici les dieux mélangeurs de langage sont sans aucun doute les partisans du clan d'Osiris. Ailleurs c'est le pouvoir patriarcal qui s'en charge, comme ici dans un hymne du temple d'Hibis (env. 521-486 av. J.-C.) :

"Il (=Amon) a détourné leur langue (= celle des peuples étrangers) pour qu'elle s'exprime inversement."[35]

Nous nous retrouvons là peu ou prou avec l'épisode biblique de la Tour de Babel :

"Et Iahvé dit : voici un peuple (âm) unique et une langue unique pour tous ; rien ne sera impossible pour eux maintenant de tout ce qu'ils veulent faire. Allons, descendons ici, et brouillons (balal) leur langue, afin qu'un homme n'entende plus la langue de son prochain. Et Iahvé les dispersa de là, sur la face de la terre et ils arrêtèrent de construire la ville. Sur ce, le lieu fut appelé Babel car c'est là que Iahvé brouilla (balal) la langue de toute la terre et c'est qu'il les dispersa sur la face de toute la terre."[36]

***

Chez les Grecs comme chez les Égyptiens ou les anciens Mésopotamiens, l'homme n'est pas placé au centre de la Création ; son apparition est contingente. Les mythes varient quant à la création de l'humanité mais l'on peut généralement retenir deux types : ceux présentant une apparition spontanée depuis la terre et ceux impliquant une action divine.

Les dynasties de Grèce antique démarrent toutes par un "premier homme", un *autochtôn* (litt. "né du sol même de leur patrie") ; il s'agit de Kékrops pour l'Attique (moitié-homme

---

[35] Norman De Garis Davies, *The Temple of Hibis in el Khargeh Oasis. Part III. The Decoration*, Éd. Ludlow Bull & Lindsley F. Hall, 1953, l. 32 col. 18.
[36] **Genèse** 11 : 6-8.

moitié-serpent), Pélasgos pour le peuple préhellénique des Pélasges, Alalcoménée en Béotie, Lycaon en Arcadie ou encore de Phoronée (né du dieu-fleuve Inachos et de la Nymphe Mélia) pour le Péloponnèse.[37] Tous ces hommes sortirent de terre comme des plantes et devinrent les rois-ancêtres mythiques de leurs royaumes respectifs. Quand ils ne naissent pas directement de terre, les premiers hommes sont issus d'un fleuve ou d'un arbre.[38]

Ces premiers hommes n'ont pas les caractéristiques propres au genre humain : ils ne se reproduisent pas et ne meurent pas en fin de vie ; ils se replantent comme des végétaux. Après l'enfouissement de la mort, le grand ventre maternel de Déméter-Gaïa redonnait vie à tous les êtres, du grain de blé à l'homme… ![39] Platon nous en dit plus à leur sujet :

"La Nature, en ce temps-là ne comportait pas d'espèce humaine résultant de la génération mutuelle. Mais cette race des "Fils de la Terre", dont la légende raconte qu'un jour, elle a existé, c'est en harmonie avec les circonstances de ce temps-là qu'elle a surgi du sein de la Terre… Voici ce qu'on raconte au sujet des conditions spontanées de leur existence : c'était la Divinité en personne qui était leur pasteur et qui présidait à leur vie. Ils ne possédaient point de femme et des enfants : au sortir de la terre, ils revenaient tous à la vie, sans avoir gardé de souvenir des conditions antérieures de leur existence."[40]

Il est ici certainement fait référence aux membres de la race d'hommes vivant sous l'Âge d'or dont nous parlerons plus loin.

L'on faisait aussi de Phoronée l'ancêtre de Pélasgos. Mais encore un concurrent de Deucalion fils de Prométhée, au titre de premier homme de la Terre. Parmi les fils de Deucalion, par

---

[37] Pseudo-Apollodore, *Bibliothèque*, II, 1, 1.
[38] Catherine Salles, *Quand les dieux parlaient aux hommes*, Éd. Tallandier, 2003, page 65-66.
[39] Yvers Dacosta, *Initiations et sociétés secrètes dans l'Antiquité gréco-romaine*, Éd. Berg International, 1991, page 136.
[40] Platon, *Politique*, 271a-272a.

Pyrrha, l'on trouve Hellen,[41] l'ancêtre mythique des Grecs (qui s'appelaient eux-mêmes Hellènes). Hellen[42] eut lui- même trois fils de la Nymphe Orséis : Éole, Doros et Xouthos. Les deux premiers sont évidemment les ancêtres des peuples indo-européens éponymes (Éoliens et Doriens). Xouthos eut à son tour deux fils Ion et Achaïos qui figurent également les peuples ioniens et achéens. Les quatre tribus helléniques de la Grèce antique ont ainsi leur ancêtre commun : Hellen, fils de Deucalion, lui-même fils du Titan Prométhée. Nous verrons qu'ils sont bien des *autochtôn* ou descendants d'autochtones puisqu'à la fin du Déluge, pour repeupler le monde de l'humanité, Deucalion jeta des pierres par-dessus son épaule ; et de terre surgit alors une nouvelle humanité.

Voici ce qu'il en est pour les enfants nés de Gaïa, versions plus anciennes et communément admises comme les plus valables par les mythographes grecs. Voyons à présent la version alternative aux autochtones. Elle met en scène, comme vous l'attendiez certainement, le Titan Prométhée (litt. ''le Prévoyant'').[43] Cousin de Zeus, le Titan, rusé et habile, est vu comme le modeleur des hommes qu'il a façonnés avec de l'eau et de l'argile (certains prétendent qu'il s'agissait de ses propres larmes et non de l'eau d'un fleuve) auxquels la déesse Athéna insuffla la vie.[44] Le Titan est réputé être fils de Japet et de Thémis,[45] déjà évoquée comme un doublet de Gaïa, par Eschyle notamment.[46] À la naissance de Zeus, c'est Thémis qui s'en occupe, jusqu'à ce qu'elle le confie aux soins d'Amalthée.[47] Elle figurait, en Grèce antique, non moins que la Loi. Cette Loi, issue de la société divine, doit sans aucun

---

[41] Pseudo-Apollodore, *Bibliothèque*, I, 7, 2.
[42] Décomposé en EL-EN, le sumérien nous indique que les Hellènes se considéraient comme de ''Hauts-Seigneurs''.
[43] Décomposable en PURU₂(relâcher, libérer, répandre)-ME-TE(ce qui est nécessaire), ''celui qui répand ce dont on a besoin''. Voire PÚ(citerne, profondeurs)-RU(cadeau, offrir)-ME(charge, responsabilité), ME(parole)-TE(vie), ṬÈ(feu) : ''celui de la citerne (ou des profondeurs) en charge d'offrir la vie, la parole et le feu''. Sans commentaire.
[44] Pausanias, *Description de la Grèce*, X, 4, 4.
[45] Son identification avec Nammu-Nuréa ne fera plus aucun doute après le décodage de son nom par l'Emeša : TE(côte, côté de)-MIŠ(prince), soit ''celle qui se tient aux côtés du Prince''donc d'Enki-Éa.
[46] Eschyle, *Prométhée Enchaîné*, v. 210-215.
[47] Hygin, *Astronomie*, II, 13, 4.

doute être un écho du Markukù, le texte de loi des dieux Ušumgal-Anunna que Nammu-Gaïa(3) doit faire respecter. Elle est bien une antique déité proche, sinon assimilable à la Terre-Mère, Gaïa(3)-Déméter(1) selon notre grille de lecture.

Prométhée, favorable à l'humanité, lui apprend la métallurgie, la médecine, l'architecture et d'autres arts qu'il a lui-même appris d'Athéna.

Athéna insuffle la vie aux hommes modelés par le Titan Prométhée. D'après un bas-relief de marbre romain retrouvé à Arles (IVe siècle).

Voyant que les hommes, sa création, ne bénéficient que de peu de moyens pour appliquer les techniques qu'il leur enseigne, Prométhée se décide de dérober le feu – alors l'apanage des dieux – et de l'offrir à l'humanité (soit il le vole à Héphaïstos ou Athéna l'aide secrètement à pénétrer l'Olympe afin qu'il emprunte un morceau de braise au char de feu du Soleil).[48] Elle pourrait ainsi

---

[48] Servius, Virgile, *Églogues*, VI, 42.

cuire sa nourriture, s'éclairer la nuit, se chauffer l'hiver et mettre en pratique les arts métallurgiques et sidérurgiques dont Prométhée fait la promotion.

Pour cet affront mais également pour le punir d'avoir offert aux dieux, durant un repas, la part d'un sacrifice généralement dédiée aux hommes, Zeus le châtia lui et punit également les hommes.[49] Pour ce faire, il attacha Prométhée au mont Caucase et tous les jours un aigle géant venait lui dévorer le foie. L'organe repoussait quotidiennement, renouvelant d'autant les souffrances sans nom du cousin de Zeus. C'est Héraklès, qui durant un de ses travaux, viendra libérer le pauvre créateur des hommes, sur lequel Zeus se lassa de s'acharner. Les hommes, de leur côté, se virent offrir la première femme conçue par Héphaïstos et Athéna à l'image de la plus belle des déesses, Aphrodite. Pandore (litt. ''Celle qui apporte tout''), le cadeau empoisonné souhaité par Zeus pour la création de Prométhée, épousa Épiméthée (litt. ''l'Imprudent''), le frère de ce dernier. Petite parenthèse : Après que les dieux eurent façonné les créatures mortelles dans les entrailles de la Terre, ils chargèrent Prométhée et Épiméthée de les rendre viables à la lumière du jour. Épiméthée était donné comme le principal créateur du règne animal, disposant dans chaque espèce toutes les qualités et les défauts disponibles pour un être vivant ; tant et si bien qu'arrivé aux hommes, il ne restait plus rien à leur ''implanter''. Restait ainsi à Prométhée de corriger cet oubli en volant le feu sacré des dieux.[50] Notons qu'il est fait cas ici de deux frères comme en ancienne Mésopotamie (Enki et Enlíl), dont l'un est sage, prévoyant et l'autre est impulsif et irréfléchi, créant au sein de la Terre (l'Apsû pour Enki, Gaïa pour les Olympiens) les animaux mortels, l'homme étant l'une de ces ''bêtes''.

Sommes-nous là face à un mythe universel ou indo-européen ? Nous retrouvons en effet des schémas identiques au sein d'une mythologie plus au Nord : celle des Germano-Scandinaves. Dans l'*Edda poétique*,[51] il est dit que ce sont trois dieux qui sont à

---

[49] Hésiode, *Théogonie*, 521-564 ; Lucien, *Dialogues des Dieux*, 1 & *Prométhée sur le Caucase*, 3.
[50] Platon, *Protagoras*, XI, 321.
[51] *Edda poétique*, *Völuspá* (18).

l'origine des premiers mortels : Lóðurr (généralement identifié à Loki[52]), Odin et Hœnir. Ne pourrions-pas y déceler les trois acteurs masculins de la création de l'homme chez les Grecs, à savoir respectivement Zeus, Prométhée et Épiméthée ? Ce dernier et Hœnir possèdent en effet des traits de caractère assez proches : ils sont par exemple tous deux impulsifs et un tantinet stupides. Dans la *Völuspá*, on apprend que le premier couple d'humains, créé à partir de deux souches d'arbres échouées sur le rivage de la mer, se nommait Askr[53] (proprement : ''frêne'') et Embla (''sarment de vigne''), respectivement le premier homme et la première femme. Là encore les hommes sont issus de la Terre, par l'entremise des souches d'arbres.

Odin leur fournit le souffle, Hœnir les sens et enfin Loki le sang.[54] Là encore les liens subtils remontent à la surface de notre étude : rappelez-vous que dans les mythes sumériens l'on utilise le sang d'un dieu Alla ou celui de Kingu (vaincu par Marduk champion du pouvoir patriarcal mené par An et Enlíl) voire celui d'un Igigi (Wē) pour lancer la création de l'humanité. Dans l'*Edda poétique*, c'est Loki alias Zeus(2)-Enlíl-Marduk(1) qui apporte le sang à l'humanité comme c'est An et Enlíl qui choisissent la victime sacrificielle en ancienne Mésopotamie. Odin fournit le souffle à la manière des déesses assistant Enki-Éa à Sumer-Akkad ou encore Prométhée en Grèce (Athéna) voire Khnum en Égypte antique (Hékat). Dans l'*Edda poétique*, pas d'assistante à Odin, il assure seul cette transmission de l'esprit dans le corps des hommes. Enfin, dans ce même corpus, Hœnir est en charge des sens à donner à l'humanité faisant écho à Épiméthée qui répartit (de façon désordonnée) ''les qualités et les défauts''dans le règne animal, laissant les premiers hommes pratiquement dépourvus de ces derniers selon Platon. Est-ce là une façon de rapprocher les premiers hommes des animaux ? vision que les dieux avaient de l'humanité primordiale ?

---

[52] https://www.academia.edu/1793106/Lokrur_Lóðurr_and_Late_Evidence
[53] Le protosumérien nous informe avec pertinence sur le rôle du premier homme : AS(cage, chaînes)-KÚR(être différent, étranger), soit ''l'être différent enchaîné''.
[54] Régis Boyer, *Les Vikings*, Éd. Tempus, 2015, page 343.

Si Zeus(2) est Enlíl-Loki et que Prométhée est Enki-Odin, à qui correspondrait Épiméthée-Hœnir ? J'y vois l'hypostase de sentiments, de comportements à la fois partagés par Enlíl et par Enki : l'empressement, l'incertitude, l'approximation. L'Emeša-protosumérien nous dit plutôt qu'il s'agissait d'Enki-Prométhée, puisque Hœnir peut se décomposer en : ḪUN(être calme)-IR(pleurer, se lamenter), soit "l'être calme qui pleure ou se lamente". Ce qui correspond parfaitement au ressenti d'Enki-Sa'am quant au sort réservé à sa "création" tout au long du tome 2 des *Chroniques du Ǧírkù*.

La suite de la légende de Pandore (et de sa fameuse boîte), vous la connaissez : malgré les avertissements de son époux, Pandore ouvrit la jarre contenant tous les maux du monde capables d'affliger le genre humain – jarre spécialement conçue par Prométhée pour protéger ses créatures – : travail, vieillesse, maladie, folie et autres joyeusetés. Tous ces maux se répandirent comme une nuée et attaquèrent les mortels. Seule l'Espérance demeura enfermée dans la jarre. D'autres versions du mythe prétendent que la trompeuse Espérance s'évada elle aussi de la jarre, dissuadant les hommes, par ses mensonges, d'un suicide général ; leur imposant donc leur vie misérable et servile.[55] Dans le cas des "Fils de la Terre" comme dans celui de la création de Prométhée, les hommes sont toujours à l'image des dieux à l'exception près qu'ils ne bénéficient pas de l'immortalité accordée par le nectar et l'ambroisie. Pindare précise bien : *"Il est une race d'hommes, une race de dieux ; et c'est une même mère qui nous donna le souffle"*.[56]

Notons qu'Athéna est présente dans le processus de création de l'homme et de la femme, respectivement par Prométhée et Héphaïstos. Nous avons déjà dit qu'elle devait entretenir archaïquement une relation avec ce dernier, désavouée plus tard par les habitants de la cité dont elle fut la déité poliade. Son lien créateur avec Prométhée nous confirme deux choses, l'une qu'elle entretenait le même type de commerce avec Prométhée qu'avec

---

[55] Hésiode, *Les Travaux et les Jours*, 44-105 & *Théogonie*, 565-616 ; Scholiaste d'Apollonios de Rhodes, II, 1249.
[56] Pindare, *Néméenne*, VI, 1.

Héphaïstos, l'autre qu'il serait idiot de voir deux protagonistes surnaturels différents alors que le fils et le cousin de Zeus sont si proches en fonctions, statuts et attributions. Rappelons que Prométhée comme la Titanide Thémis (parfois présentée comme sa mère) se rangèrent aux côtés des Olympiens lors de la Titanomachie, abandonnant leur propre ''famille''de Titans.

Même si cela n'est pas point l'objet de cet essai, il est pertinent de signaler que dans la version talmudique de la Création, l'archange Michel, à l'image de Prométhée, crée Adam à partir de poussière sur l'ordre de Yahvé qui lui insuffle ensuite la vie pour enfin lui donner Ève qui, à l'instar de Pandore, sera à l'origine des malheurs de l'humanité.

Pour en terminer avec Prométhée, sachez qu'il existe dans les régions caucasiennes des dizaines de mythes en rapport avec ce protagoniste. Ces mythes présentent des biographies plus ou moins identiques à celle du fils de Thémis. L'une d'entre elles, en provenance de Géorgie, est assez troublante. Le personnage central en est Amiran, un symbole, comme Prométhée, de libération d'un ordre supérieur. Il défia en effet les dieux en offrant aux mortels la connaissance de la métallurgie. Mais le plus troublant est son lien avec Dionysos. Si, comme nous le supposons Dionysos(1) est Enki-Osiris – et donc Prométhée, vous l'aurez compris –, Amiran est le trait d'union entre le frère d'Épiméthée et le fils de Sémélé. Jugez plutôt : Amiran était le fils de la déesse de la chasse Dali et d'un chasseur, prématurément prélevé de son ventre par un certain Sulkalmah ; il fut, durant ses aventures, avalé par un dragon mais de l'intérieur, il parvint à déchirer les chairs de l'animal fantastique pour revenir au jour ; lorsque ses deux frères mortels d'adoption furent tués par de mauvais esprits, il mit fin à ses jours pour s'apercevoir qu'il revenait systématiquement à la vie ; enfin, entraîné depuis sa petite enfance par Sulkalmah, il chassait des géants (à la façon de Dionysos dans la Gigantomachie). Son horrible châtiment d'être attaché à une montagne lui fut imposé par le dieu Ghmerti lorsque Amiran[57] était allé trop loin dans son insolence envers les dieux, défiant et insultant ces derniers.[58]

Nous avions évoqué l'Âge d'or dans notre commentaire sur *Politique* de Platon. Les Grecs, selon Hésiode, considéraient que les hommes étaient passés par cinq âges (ou plutôt cinq races), chaque période était associée à un métal, le tout allant en se dégradant à mesure que nous nous rapprochons du présent. Sous l'Âge d'or, gouverné par Kronos, les hommes vivaient quasiment comme les dieux. Ils se nourrissaient des fruits que la terre fournissait en abondance et ne connaissaient ni maladie, ni vieillesse, ni mort. Cette race d'or disparut lorsque Zeus détrôna Kronos ; ces hommes devinrent les bons génies des mortels. La seconde race est celle d'argent, mise en place par les Olympiens. La durée de vie de l'homme de cet Âge est diminuée, les saisons apparaissent, avec leurs températures extrêmes et éprouvantes ; les hommes deviennent sédentaires. À cause de son impiété – ne sacrifiant pas aux dieux –, Zeus se débarrasse de cette race. Suit un Âge de bronze aux hommes forts, insolents et violents, prompts à se faire la guerre. Ils disparurent d'eux-mêmes mais l'on dit aussi qu'ils périrent par le Déluge de Deucalion envoyé par Zeus. Suit une race intermédiaire entre l'Âge de bronze et l'Âge de fer. C'est la race des héros et des demi-dieux issus de dieux et de femmes mortelles.[59] Ce sont les rois des cycles légendaires, au cœur plus noble que celui des hommes de la race qui les précéda. Ils finiront aux Champs-Élysées, comme tous les héros de ce temps-là.[60] Le dernier Âge, stade ultime de dégradation, représente les temps historiques où les hommes sont cupides et perfides ; la justice et la vérité s'étant définitivement évaporées de leurs cœurs.

---

[57] Le décryptage du théonyme d'Amiran par le protosumérien entérinera notre supposition : AM(seigneur)-ÌR(serviteur, esclave)-AN, soit "le Seigneur, serviteur de AN".
[58] Mikheil Kvesselava, *Anthology of Georgian Poetry*, Éd. University Press of the Pacific, 2002, page 167 et suiv.
[59] Épisode identique à celui de la **Genèse** (6 : 2-4) où les fils de Dieu trouvent belles les filles des Hommes ; qu'ils épousèrent. De leurs unions naquirent les Géants. Soit les demi-dieux Neferu-Dogan du point de vue des *Chroniques* de Parks.
[60] Hésiode, *Les Travaux et les Jours*, 109-201 & *Scholies*.

Retrouver des âges associés à des métaux n'est pas une spécificité de la Grèce ni d'Hésiode. Il est question dans la tradition hindoue de quatre âges du Monde, associés ici à des couleurs : le blanc, le rouge, le jaune et le noir. L'humanité, elle, passe par quatre âges, le Sat yuga (âge de la sagesse, de la paix et du bonheur), le Treta yuga (âge du savoir séparé du bien-être), le Dvapara yuga (âge de l'apparition de la négativité), avant d'arriver à l'âge de la guerre et de la négativité pure, le Kali yuga. Le Bhagavadgītā, partie du Mahābhārata écrite autour du début de l'ère chrétienne, leur attribue une durée. De plus ces âges sont cycliques et reviennent donc à des intervalles de temps déterminés à l'avance. Ils ne sont donc pas tout à fait superposables aux notions hésiodiques.

Dans le zoroastrisme, Ahura Mazda révèle le futur de sa religion et comment se répartiront les mille ans qu'elle durera en prenant l'image d'un arbre à quatre branches : une branche d'or, une d'argent, une d'acier et enfin une de fer. Enfin chez les Mayas Quichés il est dit dans le Popol Vuh qu'il y eut une création d'hommes en quatre étapes.[61] Dans ce cas précis, nous pouvons quasiment superposer le mythe grec du livre sacré maya :

Mythologie grecque	**Mythologie maya**
1. Race d'or, immortelle, mais qui s'évanouit à l'arrivée des Olympiens. Les hommes se nourrissent des fruits que la Terre fournit en abondance.	1. Les dieux créent les animaux. Incapables de parler et donc de prononcer le nom des dieux, ils sont condamnés à servir de nourriture.
2. Race d'argent mise en place par les Olympiens. Les saisons apparaissent affaiblissant les hommes. Impies, les hommes disparaissent d'eux-mêmes ou sont supprimés par Zeus.	2. Les dieux modelèrent des hommes à partir d'argile. Mais ils n'avaient pas de structure et se dissolvaient dans l'eau. Ils ne pouvaient ni parler ni bouger. Les dieux les laissèrent redevenir de la boue.

---

[61] *Popol Vuh*, L3 :C2 :P2 : *"Il est dit qu'ils furent uniquement faits et formés. Ils n'étaient pas nés d'une femme, ni engendrés par le Créateur ni par le Fabricant ni par les Grands Ancêtres. Ils furent seulement créés par un prodige..."*

3. Race de bronze d'hommes violents et insolents entre eux et envers les dieux. Zeus s'en débarrasse par le Déluge de Deucalion. L'on dit aussi que la mort noire s'empara d'eux.	3. Les hommes de bois sont créés. Ils se meuvent et parlent mais ne vénèrent pas les dieux. Ils les firent disparaître par un Déluge de pluie noire.
4. Période intermédiaire : race des héros et des demi-dieux. Épopées et cycles héroïques (Héraklès et Iphiklès, Thésée et Pirithoos…).	4. Période intermédiaire : aventures des mythiques héros-jumeaux Xbalanque et Hunahpu.
5. Race de fer. Les hommes sont encore diminués. Durée de vie en dessous de 100 ans et capacités en deçà de celles des dieux. C'est l'humanité actuelle.	5. Création des hommes de maïs par les dieux. Parfaite création, ils vénèrent les dieux. Ce sont les Mayas Quichés qui se prétendent formés de quatre types de maïs : le blanc, le jaune, le rouge et le noir. Ces hommes sont trop parfaits aux yeux des dieux qui les diminuent en "voilant la vue". Ainsi ne chercheraient-ils pas à devenir des dieux eux-mêmes.

Il est à se demander s'il n'y eu pas contact culturel tellement les traditions tendent à se confondre. Notons que les quatre couleurs de maïs supposés constituer les Mayas Quichés, qui sont l'humanité actuelle, sont les quatre couleurs des Mondes de la tradition orale et écrite hindoue (blanc, rouge, jaune, noir). Ces couleurs figurant – est-ce un hasard ? – également les quatre couleurs de peau de l'espèce humaine actuelle.

Il convient maintenant de rappeler l'approche anthropogonique des proses orphiques. Bien que n'appartenant pas à la mythologie hellénique à proprement parler, l'Orphisme n'en complète pas moins certains aspects. Rappelons ce que nous avons déjà dit dans le chapitre *Dionysos* du tome 2. Avant d'être appelé le "Père de la libération", il portait le théonyme de Zagreus. Il était le fils de Zeus et de Perséphone, s'étant unis sous la forme de serpents. Poussée par la jalousie, Héra envoya des Titans se débarrasser du rejeton issu d'un commerce amoureux non légitime de son époux volage. Les Titans appréhendèrent le tout jeune Zagreus qui, pour leur échapper, se métamorphosa en divers animaux. C'est finalement sous la forme terminale d'un taureau qu'ils le mirent à mort avant de consommer sa chair. Les meurtriers furent dans l'instant foudroyés par Zeus lorsqu'il apprit la situation. Le cœur de Zagreus fut sauvé du festin barbare des Titans par Athéna qui le plaça dans une réplique de plâtre avant de donner vie à Dionysos ; une autre version fait réassembler les morceaux restants du bambin pour le coudre dans la cuisse de son géniteur (la suite étant connue). Enfin, des cendres des Titans consumés par la foudre divine naquirent les hommes. À la fois souillés par l'acte des Titans et touchés par la grâce divine de Zagreus ; descendants de forces primordiales archaïques mais aussi d'essence olympienne ; dans tous les cas nés de la Terre.

***

Que pouvons-nous rapprocher à présent des travaux et visions d'Anton Parks ? Les Gina'abul renégats ainsi que Sa'am-Prométhée et Sé'et-Athéna arrivèrent sur Terre il y a environ 300 000 ans. À cette époque il existait déjà des Ugubi (singes) et des Ukubi (genre Homo). Les deux types d'humanoïdes avaient été créés par les émissaires de la source (dont les Amašutum de Nuréa) et modifiés régulièrement par eux-mêmes ou bien par les Kingú qui les utilisaient comme esclave (et, plus grave, comme source alimentaire !).

Il existait deux types d'Ukubi, l'Ukubi'im (Néandertaliens) et l'Ukubi- Ádam (Homo Erectus). Il y eut diverses modifications des deux genres à la demande du pouvoir patriarcal Ušumgal-Annuna afin d'assister (voire de remplacer à terme) les Nungal-Igigi dans leurs tâches ingrates. Bien qu'Enlíl souhaitait voir les Ukubi-Ádam améliorés avec les gènes de Kingú verts (souche ouvrière du Bestiaire céleste), Sa'am-Enki et Nammu-Nuréa se basèrent sur l'Ukubi'im (déjà équipé de gènes de l'humanité primordiale supérieure, les Namlú'u, ainsi que du patrimoine génétique Ama'argi). Le projet ne passa pas, le modèle était trop éveillé et intellectuel au goût d'Enlíl.

Enki et Nammu se soumirent donc à la volonté de l'administrateur territorial et produisirent le modèle que ce dernier avait à l'esprit. Un projet indigne car il se basait sur une créature déjà plus bestiale que l'Ukubi'im, et qui serait doublée d'une nature servile apportée par les gènes des Kingú verts. L'Homo Erectus devint progressivement l'Homo Sapiens, ou Ukubi-Ádam Min.

Ne souhaitant pas en rester là, le couple de créateurs divins remanièrent clandestinement l'Ukubi'im et l'améliorèrent avec des gènes de Kingú. Ils distinguèrent les Ukubi'im ancestraux et les nouvelles souches en les nommant respectivement Ullegara et Annegara. Les Néandertaliens et les Sapiens cohabitèrent ainsi contre l'avis du pouvoir en place. Enki rendit d'abord les premiers sexués afin qu'ils se reproduisent d'eux-mêmes (ce qui n'était pas le cas jusque là) et leur enseigna la Sexualité Sacrée du Peuple du Serpent. Lui et ses Nungal codifièrent ensuite les langues des hommes directement dès leur implantation dans la réserve naturelle de Kankala (Afrique) afin de détourner les premières tribus autonomes du pouvoir patriarcal.[62] C'est le fameux langage suméro-akkadien (ou protosumérien) que nous utilisons tout au long de cette série d'essais pour décrypter le sens caché des mots anciens. Nous savons ce qu'il advint des Néandertaliens, ils s'éteignirent aux alentours de -30 000 ans au profit de notre espèce. Selon Parks l'extinction des premiers fut voulue au profit des seconds.[63] Les modifications génétiques des deux souches se poursuivirent, qu'elles fussent officielles ou clandestines. Aboutissant notamment à l'élaboration de races aux diverses couleurs de peau (les souches originelles étant toutes à peau noire), à la modification de la taille de la boîte crânienne, à la désactivation de séquences génétiques afin de rendre les Ukubi moins proches des dieux Gina'abul (ADN poubelle) et apportant divers autres détails sur les hommes au cours des millénaires. Il serait vain de reprendre ici toutes les informations portées par *Ádam Genisiš*, le plus simple serait que le lecteur relise le livre si des détails lui échappent. Retenons qu'il y eut quatre créations humaines majeures résumées ci-après par Anton Parks :

> *"1- Celle des Kadištu (Elohim), au service de la Source, qui conçurent en plusieurs phases créatrices les Namlú'u avant l'arrivée des Amašutum dans la communauté planificatrice.*

---

[62] Anton Parks, *Ádam Genisiš*, op. cit., pp. 283-290.
[63] Ibidem, page 296.

2- La création, par les Kingú (royaux Gina'abul), des Ugubi (singes) et des différents types d'Ukubi (genre Homo) qui aboutiront à l'Homo Erectus.
3- Celle des Amašutum (Elohim) lors de leur venue sur Terre qui créèrent le type Homo Neanderthalensis (NDA : Ukubi'im) *à partir du singe des royaux Gina'abul mélangé à des gènes Amasutum.*
4- Comme nous le verrons, l'association des Gina'abul mâles et des Amašutum (collaboration Yahvé-Elohim dans le chapitre 2 de la Genèse) qui transformera l'Homo Neanderthalensis et créera plus tard l'Homo Sapiens."[64]

Dans tous les cas de figure, nous sommes face à une création de nouveaux prototypes humains basés sur des créations antérieures.

Les deux Alla divins immolés dans la mythologie mésopotamienne sont les deux projets nommés plus loin Annegarra et Ullegarra, soit les Néandertaliens archaïques et ceux qui ont côtoyé les Homo Sapiens. Le terme Alla n'est pas bien compris par les experts. Nous pouvons le décoder de deux façons, AL(image)-LA(désir), soit "l'image désirée" nous démontrant que les dieux souhaitaient réaliser deux projets distincts de clonage. Voire AL(houe, pioche)-LÁ(porter, prendre), soit "ceux qui porteront la houe ou prendront la pioche" indiquant sans détour que ce sont des créatures-esclaves qui émergeraient de ce mélange dieux / argile. Anton Parks parle également de ces deux mystérieux Alla dans le tome 2 de ses *Chroniques*.[65] Il est bien question dans d'autres mythes de deux personnages surnaturels différents pour servir de base à la création de l'homme : Wē (appartenant aux Igigi-Nungal, le clan des planificateurs) et Kingu (de l'éponyme Kingú vert, souche ouvrière Gina'abul). Ce qui reprend parfaitement l'idée selon laquelle Sa'am-Enki souhaitait un esclave humain au génotype plutôt composé de souches

---

[64] Ibidem, page 75.
[65] Ibidem, page 215.

planificatrices alors que son supérieur Enlíl réclama (et obtint) un humain composé de gènes de serviles travailleurs.

Résumons les différentes créations des souches humaines et leurs modifications via le schéma ci-après réalisé conjointement par feu le scientifique Gerry Zeitlin (astrophysicien, ami des Parks) et Anton Parks :

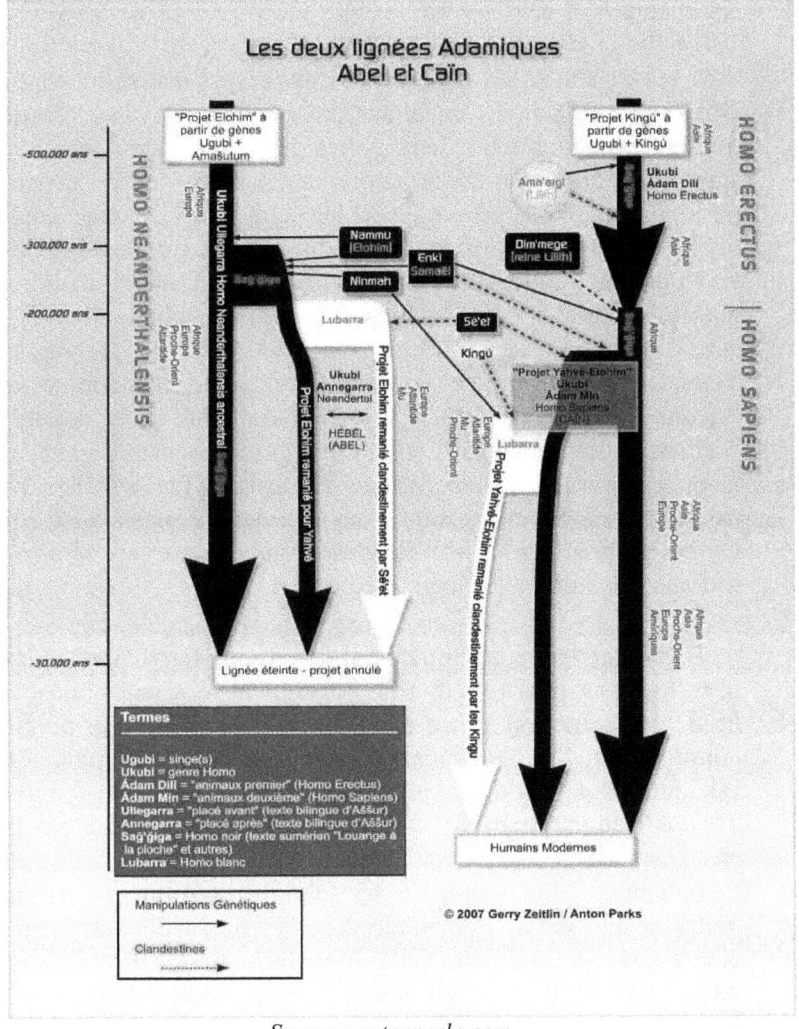

Source : antonparks.com.

Nous pouvons résumer à notre tour les différentes informations rassemblées par les divers récits mythologiques résumés ci-dessus et les confronter avec les récits de Parks.

Après la création du Ciel et de la Terre (cosmogonie) eut lieu la théogonie, ou la création des dieux. Après les premiers conflits émaillant la société divine, un nouveau type de créature apparaît sous l'impulsion d'un ou de plusieurs dieux. Nous avons vu dans les chapitres II et III du tome 1 de *Quand les dieux foulaient la Terre* que la séparation symbolique du Ciel et de la Terre figurait sans doute la scission d'engeances divines : l'une demeurant sur Dubkù/Uraš, l'autre s'en allant dans les étoiles. Les créations divines évoquées dans les mythes nous présentent également symboliquement les diverses sous-races du Bestiaire Céleste, et parfois les humains primordiaux, les Namlú'u (Cyclopes dans les mythes grecs). Enfin les conflits mythiques entre groupes de déités archaïques et familles plus récentes sont des échos des nombreuses guerres et autres conflits ayant touché les Gina'abul – et les Mušidim avant eux (Titans / Olympiens, Géants / Olympiens, Tiamat+Kingu / Marduk, ...). La Titanomachie était, comme nous l'avons décrypté dans le chapitre III du tome 1, la défaite de Tiamata et des Kingú par le clan Ušumgal-Anunna mené par An et Enlíl. Cet épisode est décrit dans les trois mythologies qui nous occupent présentement. Rappelons que dans l'*Enūma Eliš*, Enki-Éa est le précieux conseiller des grands dieux, au service de Marduk qui vaincra l'armée de Tiamat à lui seul.

Dans *Supersage*, a contrario, il s'opposera farouchement à son frère Enlíl sur plusieurs motifs, notamment le labeur imposé aux Igigi (ses protégés) et au sort misérable réservé aux premiers hommes par Enlíl lui-même, qui ne les supporte plus. Chez Hésiode, nous retrouvons le même schéma : Prométhée- Enki et Thémis-Nammu, malgré leur allégeance à la souveraineté céleste en place (Titans-Tiamata+Kingú) sont dans ''l'obligation''d'œuvrer pour les Olympiens-Anunna – Hésiode précisant que leur don oraculaire leur fit connaître avant l'heure la victoire des Olympiens. Cela n'empêchera pas Prométhée de rentrer en conflit avec son cousin Zeus sur la question humaine, comme nous l'avons vu. La relation Enki-Enlíl peut également se refléter, dans celle des deux frères d'Atlas, Prométhée-Épiméthée. Souvenez-vous qu'Épiméthée est un ''imprévoyant'', un impulsif qui participe au projet de création des hommes de son frère mais qui, par son mariage avec la première femme, Pandore, est la cause de la libération de tous les maux sur l'humanité. Nous verrons qu'Enlíl n'est pas non plus étranger aux malheurs des hommes dans le prochain sous-chapitre...

Parfois, il est dit que l'Homme naît spontanément de la Terre, comme une plante – lorsqu'il n'est pas une création divine – c'est l'anthropogonie. Peu après son arrivée au Monde, comme pour les dieux avant lui il subit une extinction ; ce sera l'objet du prochain sous-chapitre.

Avant cela l'Homme vécut en harmonie avec la Nature et les dieux. Il ne craignait ni la maladie, ni la vieillesse, ni la mort. On parle d'un Âge d'or ou plutôt d'une race d'or. Cette ère existe quasiment dans toutes les mythologies qu'elles soient égyptienne, grecque ou mésopotamienne. Le Popol Vuh maya et l'hindouisme (sans parler des religions du Livre) y font également référence.

La race d'hommes vivant durant cet âge était quasiment l'égale des dieux et, selon Hésiode, disparut d'elle-même à la prise de pouvoir de Zeus sur Kronos. Si nous transposons ce mythe aux *Chroniques*, nous pouvons l'interpréter comme suit : l'âge de Kronos (âge d'or) était l'ère sous laquelle régnait encore Kronos(2)-Abzu-Abba, le roi des Ušumgal et souverain du genre Gina'abul. C'est sous son ''mandat'' que furent créés les Namlú'u, l'humanité primordiale, gardienne de la Terre et de nature éthérique. Hésiode les décrit parfaitement :

''*De même lieu naissent les dieux*
et les hommes qui meurent.
C'est en premier une race d'or
race d'hommes éphémères
que firent les dieux qui ne meurent pas,
qui ont leur maison dans l'Olympe.
C'était du temps de Kronos,
du temps où il régnait dans le ciel.

Et ils vivaient comme les dieux ;
le cœur insouciant,
sans peine, sans douleur ;
et la sinistre
vieillesse ne venait pas sur eux ;
bras et jambes toujours forts
ils se tenaient en joie,
les maux étaient loin.
Ils mourraient comme pris
par le sommeil ; tout pour eux était
beau ; la terre, d'elle-même
féconde, leur donnait
du fruit abondant et sans tache ;
de bon cœur, en toute paix,
ils menaient leur vie
au milieu de grands biens,
riches de troupeaux,
chers aux dieux qui ne meurent pas.
Mais lorsque la terre
eut caché cette race –
on les appelle démons purs,
qui vont de par le monde,
qui, nobles, détournent les maux,
qui protègent les hommes qui meurent ;
ils voient les jugements droits
et les méchantes actions ;
vêtus de brumes, ils errent
partout sur la terre ;
ils donnent la richesse ;
tel est leur royal privilège.'[66]

À l'arrivée des Ušumgal-Anunna sur la planète (suite au meurtre d'Abzu- Abba par Enki – sous influence d'An – et au complot contre Tiamat) les Namlú'u, comme les membres de la race d'or d'Hésiode, s'évaporèrent d'eux- mêmes, laissant la voie libre à l'engeance patriarcale. D'autres projets humanoïdes étaient déjà en place au moment de ce débarquement : les Ugubi et les

---

[66] Hésiode, *Les Travaux et les Jours*, v. 106-126.

Ukubi. Ces derniers figurent la race d'argent, nettement diminuée par rapport aux Namlú'u. Hésiode précise que la race d'argent fut créée par les Olympiens ; c'est la sous-race patriarcale des Kingú qui en réalité en sont à l'origine. L'on rapporte selon les mythes grecs, que Zeus s'en débarrassa ou qu'ils disparurent d'eux-même. La réalité ''parksienne'' est tout autre : ils furent remaniés en Ukubi'im (Néandertaliens) par les Amašutum. C'était la race de bronze, des hommes frappés par la maladie et la vieillesse, et restreints dans leur capacité par rapport aux dieux. Cette race de bronze fut remplacée, semble-t-il, simultanément, par deux races. Celle de fer soit les Ukubi-Ádam (Homo Erectus) puis Ukubi-Ádam Min (Homo Sapiens) en parallèle des Ukubi'im Ullegarra et Annegarra (Néandertaliens). Et celle des demi-dieux (ou héros) qui étaient les progénitures des hommes de fer et des dieux.

Ces divers ''projets'' d'humanités se retrouvent dans toutes les mythologies. Les créateurs et leur(s) assistante(s) sont souvent les mêmes, répondant à des protagonistes Gina'abul identiques :

Enki+Nintu/Ninmaḫ/Mammi ; Khnum/Osiris+Hékat ; Prométhée+Athéna. Ils sont chez Anton Parks Sa'am-Enki, Nammu-Nuréa et sa sœur Ninmaḫ. Il apparaît aussi clairement dans les mythes que les deux projets principaux de création (Ukubi'im et Ukubi-Ádam) émanent de deux engeances opposées ; une chtonienne portée par Enki, Khnum-Osiris et Prométhée (fils de Thémis, doublet de Gaïa(3)-Nuréa) et une céleste promue par Marduk/Anunna, Rê et Zeus (qui a supprimé une ou deux des races mythiques, selon les sources, pour les remplacer par de nouvelles). Le but de la création de ce ''sous-dieu'' est le même partout : servir et/ou vénérer les dieux. Et même si cela leur est difficile, les responsables de l'éducation des hommes et les pourvoyeurs des civilisations sont généralement leur(s) créateur(s) : Enki et Nidaba à Sumer, Osiris et Isis en Égypte, Prométhée et Athéna en Grèce.

Avant de discuter des destructions de l'humanité par les dieux, retrouvez ci-après une matrice, se voulant la plus exhaustive possible, résumant tout ce que l'on a pu dire et déchiffrer tout au long de ce début de chapitre :

Corpus / Motifs	Ancienne Mésopotamie	Égypte	Grèce	Chroniques du Girkù
Créateur(s)	Enki-Ëa / Marduk (*Supersage* / *Enûma Eliš*)	Khnum / Rê (Esna / *Mérikarê*)	Prométhée + Épiméthée (Hésiode / Platon)	Sa'am-Enki
Assistante(s) / Souffle de vie	Nintu / Ninmaḫ / Mammi (*Supersage* / *Enûma Eliš* / *Prologue du tournoi "Céréale contre Menu-bétail"*)	Hékat (Esna)	Athéna (Hésiode)	Nammu / Ninmaḫ
Commanditaire(s)	Anunna / Marduk / Nammu	Rê (*Sarcophages* / *Mérikarê*)	Olympiens (Hésiode / Platon)	Enlil + Enki (Nungal/Igigi)
Matériel divin	a. Source archaïque : Kingu (*Enûma Eliš*) b. Source récente : Wê (*Supersage*)	a. Larmes de Rê (*Sarcophages* / *Mérikarê* / *Ostracon du Caire*) b. Khnum	a. Cendres des Titans b. Esprit de Zagreus (Orphisme)	a. Gènes Kingū verts b. Gènes Anašutum/Ama'argi
Matériel terrestre	Argile (*Enki et Ninmaḫ*)	Argile	Argile (Eschyle / Platon)	Gènes Ugubi et Ukubi
Méthode / Moyen	Fabrique-chair (Uzumia) ou Matrice (Mammi)	Tour de potier	Modelage des dieux (Platon)	Matrices artificielles
Création Phase 1	Âge d'or de Dilmun (*Enki et Ninḫursag*)	Âge d'or de Rê	Race d'or du temps de Kronos	Namlú'u
Création Phase 2	(Seconde création de l'Homme ?) Multiplication des hommes. Impiété des hommes.	Phase de détérioration	Race d'argent (mise en place par les Olympiens)	Ugubi (singes) + Ukubi (genre Homo). Œuvres des Kingū
Création Phase 3	Multiples sortes de punitions divines envoyées par Enlil : famine, sécheresse, Déluge….	Âge de l'impiété (punition de Rê : Œil de Rê)	Race de bronze impie (supprimée par Zeus : Déluge)	Création des Ukubi'im (gènes Ugubi + gènes Amašutum)
Création Phase 4	Renaissance des hommes après le Déluge global. (*Supersage*)		Race de fer (actuelle) (mythe des races : Hésiode)	Modification Ukubi'im (Ullegarra/Annegarra) et Ukubi-Adam → Ukubi-Adam Min (Homo Sapiens)
But de la Création	Servir les dieux (*Supersage* / *Enûma Eliš* / *Enki et Ninmaḫ*)	Pourvoir aux besoins des dieux (*Ostracon du Caire*)	Vénérer les dieux (Hésiode)	Servir, nourrir et travailler pour les dieux Gina'abul
Responsabilité des hommes	a. Nidaba (nourriture/souveraineté) b. Enki (culture/civilisation/langage) (*Récit bilingue de la création de l'Homme*)	a. Isis-Aset b. Osiris-Ptah-Khnum	a. Athéna b. Prométhée (Hésiode / Eschyle)	a. Nammu puis Sé'et-Aset b. Sa'am-Enki-Osiris

2 - ...Avant d'être englouti par le Déluge

> *"Puis vient le déluge suite au vacarme que font les hommes d'autant plus que ces derniers ne cessent de se multiplier. (...) Enlíl décide d'en finir avec les hommes en déclenchant le déluge (...)"*
> **Extrait de *L'Épopée d'Atraḫasīs* (ou *Poème du Supersage*), version akkadienne, XVIIIème siècle av. J.-C.**

> *"Le courroux de Rê foudroya les hommes et s'abattit brutalement sur eux, les empêchant de fuir dans le désert où ils eussent été épargnés."*
> **Mythe égyptien de la punition de Rê sur les hommes.**[67]

> *"Prométhée eut pour fils Deucalion, qui régna sur la Phthiotide, et épousa Pyrrha, fille d'Épiméthée et de Pandore, la première femme que les Dieux créèrent. Jupiter voulant détruire l'espèce des hommes d'airain, Deucalion se fabriqua, par le conseil de Prométhée, un coffre, dans lequel il mit toutes les choses nécessaires à la vie, et s'y retira avec Pyrrha. Jupiter ayant fait tomber beaucoup de pluie du Ciel, la plus grande partie de la Grèce fut inondée (...)"*
> **Pseudo-Apollodore, *Bibliothèque*, VII, 703a-704a.**

Ce sous-chapitre sera plus dense que le précédent. En effet, il a tellement été dit (et répété) de choses, tant de théories ont tellement circulé, été débattues, vues, revues et corrigées, qu'il serait vain d'en faire l'exhaustif résumé dans ce simple bout d'essai.

Nous allons donc partir des postulats suivants :

---

[67] Nadine Guilhou et Janice Peyré, op. cit., page 62.

1- Il est inscrit dans la mémoire collective un ou plusieurs épisodes cataclysmiques menant à une brusque montée des eaux. Ces épisodes sont de l'avis général un lointain souvenir de la fin de la dernière période glaciaire (qui s'est terminée à -12 000 ans) qui vit le niveau des eaux de la planète monter drastiquement de façon plus ou moins violente.

2- Cette période cruciale pour le développement des civilisations humaines a été déclenchée (ou catalysée) par les passages répétés de la future planète Vénus (à l'époque le satellite de Mulge, expulsé de son orbite) à proximité de la Terre. Officiellement le réchauffement ayant mis fin à la dernière période glaciaire débuta il y a 21 000 ans.

3- Ces cataclysmes furent conservés dans les mythes comme un Déluge ravageur mais la Terre ne fut en aucun cas inondée jusqu'aux cimes des montagnes. Dans le cas contraire, nous ne serions plus là pour en discuter et la diversité animale ne serait pas à ce point riche, comme elle l'est encore aujourd'hui.

4- Il se produisit des crues locales, ponctuelles, d'un lac ou d'un fleuve indiquées parfois dans les mythes comme d'importants déluges (c'est le cas du mythe grec du Déluge d'Ogygès). Si tel était le cas pour les populations touchées, ces inondations sommaires n'en furent pas moins des épisodes insignifiants au regard de notre étude ; et loin d'être en rapport avec le Déluge d'ampleur biblique dont la référence est celui décrit dans les mythes de l'ancienne Mésopotamie. Il est fortement probable qu'avant d'être ''couchés à l'écrit'' par les Sumériens et les Babyloniens après eux, les mythes du Déluge aient été l'objet d'une très ancienne transmission orale comme on l'a discuté à la partie 3 du chapitre I du tome 1.

5- Les mythes mésopotamiens du Déluge (puisqu'il en existe plusieurs) sont les plus anciens découverts et, a priori, certains des textes les plus fiables à ce sujet. Leur caractère archaïque et la diffusion de la culture assyro- babylonienne aux régions avoisinantes depuis la protohistoire a fait des mythes locaux du Déluge un modèle de construction pour des récits tout à fait analogues (ou du moins très proches) qui, en toute logique, ne peuvent pas trouver leur place dans une étude comparative.

6- Il existe ainsi à nos yeux cinq grandes familles de Déluge :
A- la famille mésopotamienne dont les mythes sumériens et paléobabyloniens sont la source. Ces derniers donnèrent les mythes du Déluge au Coran et à la Bible (Noé). La mythologie biblique influença à son tour les corpus slaves (tradition lituanienne), germano-nordiques (*Eddas*) et irlando- celtiques (reine Cessair). Le Déluge de Deucalion fait bien entendu partie de cette famille. L'ancienne Mésopotamie a également influencé l'Inde antique (Manu / Satyrwata), la Perse (Yima), les traditions d'Asie centrale et autres cultures africaines (comme celles des Maasaï) dans des épisodes mythiques superposables au matériau source, à savoir les deux textes principaux maintes fois repris : l'*Épopée de Gilgameš* et l'*Épopée d'Atraḥasīs*. Dans tous les cas de figure précédemment cités, il est question de grandes inondations mais jamais d'île merveilleuse engloutie ; contrairement à la famille suivante :
B- la famille égyptienne rapportée par Platon dans ses célèbres *Critias* et *Timée*[68] ; et selon lui transmise à Solon par des prêtres libyens de Saïs. Bien que n'apparaissant pas spécifiquement dans la mythologie du Double-Pays, elle est présente dans les folklores des riverains atlantiques de Gibraltar aux Hébrides en passant par les Yoruba d'Afrique occidentale. Selon R. Graves, il est probable que des immigrants libyens aient également véhiculé ce mythe dans leur voyage vers l'Europe du Nord influençant sur leur passage des peuples du Maghreb, du Portugal, d'Espagne, de France et de Grande-Bretagne. En effet, nombre de ces contrées ont des légendes côtières en lien avec une île occidentale disparue sous les eaux suite à un grand cataclysme.[69] Les mythes africains appartiennent donc soit à cette famille soit à la première en fonction de la présence de l'engloutissement de l'île des dieux ou pas.
C- la famille sud-est asiatique et chinoise impliquant plusieurs récits disparates et sans lien évident entre eux. Certains mythes se rapprochent de la famille mésopotamienne en ce sens qu'il y est décrit une impiété des hommes punie par

---

[68] Platon, *Timée*, 6 & *Critias*, 9-10.
[69] Robert Graves, *Les Mythes grecs*, Éd. Le Livre de Poche, 2011, pp. 240-241.

le châtiment divin du Déluge auquel survit une poignée d'hommes ou un couple, aptes à repeupler la planète. L'évangélisation de cette partie du monde a sans aucun doute contaminé de précieuses légendes locales avec le contenu de la Bible ; faisant de cette famille peut-être une sous-famille à la première. Les mythes chinois ont, quant à eux, été influencés depuis l'origine par les mythes paléo-babyloniens véhiculés à travers l'Asie centrale par des migrations ou des invasions. C'est ici qu'il faut préciser que la géologie est rejointe par la mythologie comparée pour nier l'existence d'un Déluge universel. Il faut en effet constater que le Japon, pays qui a inventé le terme *Tsunami* et qui n'est pas exempt de tempêtes côtières en tout genre, n'a dans sa mythologie aucune trace d'un quelconque déluge ! Les seules légendes évoquant un événement comparable sont des influences tardives par les missionnaires chrétiens et des références aux mythes chinois.[70] Est-ce à dire que Vénus épargna le Japon ou bien qu'à l'époque de ces événements célestes il n'y avait pas d'habitants sur l'archipel nippon... voire qu'il n'y avait pas encore d'archipel nippon, du moins tel qu'il se présente aujourd'hui ? Le mystère reste entier.

D- la famille océanique, un peu spéciale dans le sens où il est question d'archipels ou d'îles dans une région du globe particulièrement touchée par des typhons et des Tsunamis. Là encore les récits ne concordent que rarement.

E- la famille amérindienne qui, elle, *a contrario* des deux précédentes, présente des caractéristiques communes du nord au sud du continent américain. Il est surprenant de retrouver sur ce continent des points communs avec la famille mésopotamienne comme ce fut le cas dans le sous-chapitre précédent concernant le mythe des différentes races d'homme des Mayas Quichés et celui des Grecs.[71] Il est question d'un châtiment des hommes qui paient globalement pour les agissements de certains, d'une pluie diluvienne envoyée par un dieu, de survivants embarquant dans une embarcation de

---

[70] http://ebisu.revues.org/493
[71] Retrouvez sur ce le site web suivant une base de données à jour de tous les mythes du Déluge répertoriés dans le monde :
http://www.talkorigins.org/faqs/flood-myths.html.

fortune et d'une survivance post-diluvienne. Nous reposons donc la question de contact(s) entre ces populations natives d'Amérique et celles sinon de Mésopotamie mais du moins d'Europe occidentale. À moins que la transmission ait eu lieu par les migrants ayant franchi le détroit de Béring ; ce qui donnerait à la tradition orale du Déluge des familles A et E une très grande ancienneté et un berceau culturel peut-être différent de celui qui a vu naître l'*Épopée de Gilgameš* et l'*Épopée d'Atraḫasīs*. Nous reparlerons des contacts entre cultures précolombiennes et peuples venus du Vieux Continent dans le chapitre II.

À partir de là tout est possible, c'est peut-être un très antique mythe *pré-sortie d'Afrique*[72] de l'homme moderne – que les dérèglements climatiques de la fin de la dernière période glaciaire réactualisèrent – ou un mythe issu de l'incroyable carrefour multiculturel qu'était l'Eurasie occidentale, région qui a vu naître les plus anciennes habitations (Çatal Höyük, env. -9 000 ans), le temple le plus vieux jamais bâti (Göbekli Tepe, env. -11 000 ans) et selon, certaines recherches récentes, une zone qui aurait subi un véritable déluge d'ampleur phénoménal.

Il y a environ 7500 ans, suite à la fin de la dernière période glaciaire le niveau de la Mer Noire a augmenté de 150 mètres, et ce, en quelques mois ! Des coquillages d'eau salée ont remplacé des coquillages d'eau douce à cette époque, démontrant que la Mer Noire était un lac avant ces événements. Les populations de cette région, comme nous l'avons vu, nettement plus avancées que les

---

[72] L'homme moderne a pu conserver dans sa mémoire profonde le souvenir tenace de sa quasi- extinction, ce qui ne manqua pas d'arriver au cours de son parcours sur Terre. Ainsi la (relativement) récente catastrophe de Toba (du nom du supervolcan de l'île de Sumatra en Indonésie, entré en éruption il y a environ 73 000 ans) aurait marqué un refroidissement climatique entraînant une mini apocalypse pour la faune et la flore de la planète ; à commencer par Homo Sapiens. Des éléments génétiques suggèrent ainsi que tous les humains existant de nos jours descendraient d'un petit groupe de quelques milliers d'individus vivant en Afrique orientale à une période contemporaine de ladite catastrophe. Source :
http://www.futura-sciences.com/planete/actualites/climatologie- eruption-toba-aurait-change-climat-decime-nos-ancetres-21610/

sociétés préhistoriques voisines, se virent dans l'obligation de fuir la zone ; emportant avec elle le récit de cet épisode extraordinaire de leur histoire. Ce déplacement inattendu aurait même, selon certains spécialistes, précipité la révolution néolithique.[73] Ce mythe du Déluge, d'ampleur universelle, du moins pour cette société humaine précise, devint ainsi un "classique"des traditions orales des populations qui ont vu les émigrés eurasiatiques que nous appellerons les riverains de la Mer Noire débarquer sur leur territoire. Ces réfugiés climatiques seraient à l'origine de l'impulsion civilisationnelle fulgurante débutée 3500 ans avant notre ère en devenant/influençant les Égyptiens prédynastiques, les protoSumériens et les peuplades proto-indo-européennes. Les futures hordes indo-européennes reprirent certainement à leur compte ce récit catastrophiste et le répandirent par l'entremise de leurs équipées invasives sur l'Europe occidentale, l'Asie Mineure et l'Asie centrale. Mais tout cela, bien entendu, reste une hypothèse très personnelle.

Ouvrons une rapide parenthèse sur l'origine des Indo-Européens. La thèse la plus soutenue aujourd'hui est celle dite des Kourganes, du nom de ces tumuli ou tertres où l'on enterrait les défunts. Les diffuseurs de la culture des Kourganes seraient ainsi les proto-Indo-Européens, dont le foyer d'origine serait la Steppe pontique située au nord de la Mer noire (tiens, tiens !). Avec eux se serait répandue la pratique d'édification de kourganes, ou tumuli, sur le continent eurasiatique – de l'Irlande jusqu'à la Chine. Cette thèse, émise pour la première fois par l'éminente Marija Gimbutas, fut longtemps concurrencée par d'autres théories voire résolument discréditée faute de preuves archéologiques mais elle vient d'être redorée par les études génétiques les plus récentes.

Un papier de Wolfgang Haak, publié en février 2015,[74] confirme l'hypothèse de la Steppe pontique comme berceau de la culture Kourgane. L'étude a porté sur l'analyse ADN de 119 squelettes européens appartenant à différentes cultures allant du Mésolithique à l'Âge du Bronze. Commentant les résultats de ces

---

[73] William Ryan et Walter Pitman, *Noah's Flood : The New Scientific Discoveries About The Event That Changed History*, Éd. Simon & Shuster, 2000.
[74] http://biorxiv.org/content/early/2015/02/10/013433

analyses, Bernard Sécher indique que ceux-ci : *"montrent que les échantillons des kourganes de l'Âge du Bronze des Steppes (BAK) et de Sibérie (BAS), ainsi que de la culture des Catacombes (CAT) sont reliés aux échantillons chasseurs-cueilleurs de l'est de l'Europe (HGE) et du nord de l'Europe (PWC) et sont séparés des échantillons du Néolithique Ancien et Moyen d'Europe Centrale. Les échantillons de la culture Yamnaya sont proches de ceux des cultures Cordée, Campaniforme et d'Unetice. Ces résultats supportent une contribution des groupes orientaux à la génétique d'Europe Centrale à la fin du Néolithique vers 2500 av. J.-C. Cette migration n'était donc pas seulement d'origine masculine."*

Nous pouvons donc supposer que l'arrivée des Indo-Européens sur l'Europe de l'Ouest ne s'est peut-être pas produite selon l'imagerie de Gimbutas ; à savoir que les Indo-Européens n'étaient éventuellement pas que des envahisseurs pastoraux et nomades à cheval. Il semblerait que des familles entières aient migré depuis la Steppe pontique puisque – outre les haplogroupes du chromosome Y, R1a et R1b – des haplogroupes mitochondriaux des peuples des Steppes se sont mêlés étroitement avec ceux des populations d'Europe centrale de l'Âge de Bronze et du Néolithique. Et Sécher de conclure que : *"ces résultats supportent une préhistoire européenne ponctuée par deux migrations majeures. D'abord l'arrivée des premiers fermiers au début du Néolithique en provenance du Proche-Orient, et ensuite l'arrivée des pasteurs Yamnaya à la fin du Néolithique en provenance des Steppes. (…) Ces résultats fournissent de nouvelles données au sujet du débat de l'origine et de l'expansion des langages indo-européens en Europe. Le meilleur argument de la théorie Anatolienne est que la propagation des langues indo-européennes a dû suivre une migration importante. Cependant ces résultats génétiques montrent qu'une seconde migration importante est apparue à la fin du Néolithique. Notamment les migrations Yamnaya ont remplacé environ les 3/4 de l'ascendance des habitants d'Europe Centrale. Une théorie alternative est <u>la théorie des Steppes qui propose que les langues indo-européennes sont arrivées avec les pasteurs des Steppes après l'invention des véhicules à roues. Les résultats génétiques donnent un argument convaincant à cette seconde théorie, en apportant la preuve d'une</u>*

migration massive il y a 4500 ans associée aux migrations Yamnaya, et à l'apparition de la culture Cordée."[75]

Le mot kourgane provient officiellement du tartare et désigne un tumulus. Son origine est plutôt à regarder du côté du sumérien : KUR(monticule, montagne)-GÁN(pièce de terre), GAN(mettre au monde, enfanter), soit ''le monticule de terre''ou ''la montagne de l'enfantement''. Définition exacte d'un tertre-tumulus pour la première décomposition et de la grande pyramide de Gizeh pour la seconde. Les kourganes ont-ils préfiguré les pyramides ou sont- ils des modèles réduits reproduits d'après la grande pyramide d'Égypte ayant servi à réincarner Osiris dans le corps d'Horus ? Dans tous les cas on y enterrait le corps du ou des défunts dans l'optique d'une éventuelle résurrection. Comme les pyramides-tombeaux[76] des pharaons égyptiens, les tombes à kourganes des chefs indo-européens contenaient les plus beaux objets, les plus belles parures, souvent même des sacrifiés humains – serviteurs, épouse – ou animaux ; généralement les chevaux du régent. Avant et après l'inhumation du corps du défunt, l'on y pratiquait des rituels funéraires élaborés lors desquels les sacrifices et crémations n'étaient pas rares. Les plus importants kourganes tenaient lieu donc de sites cultuels. Il existait trois types de kourganes, l'un d'entre eux nous intéressant plus que d'autres : celui qui était élevé sur le sol et non creusé. Ce type de kourganes présentait la particularité d'être parfois entouré d'un cercle de galets... C'est précisément ce que l'on retrouve sur certains tumuli présentés dans le dossier *Dionysos* du tome 2 ! La croyance en la métempsychose, ou vie de l'âme après la mort, des bâtisseurs de kourganes est confirmée par la position des corps à l'intérieur des chambres sépulcrales : ceux-ci ont toujours la tête tournée vers l'Orient, soit

---

[75] http://secher.bernard.free.fr/blog/index.php?post/2015/02/11/Migration-massive-des-Steppes-vers-l-Europe-li%C3%A9e-%C3%A0-la-propagation-des-langages-Indo-Europ%C3%A9ens
[76] Pour ceux qui douteraient de la fonction funéraire des pyramides égyptiennes, il existe des études assez récentes démontrant la présence évidente de momies ou fragments de momies au sein des édifices de pierres les plus célèbres du Double-Pays. Voire ces deux études :
http://puvodni.mzm.cz/Anthropologie/downloads/articles/2001/Strouhal_2001_p15-23.pdf (anglais) et
https://www.academia.edu/2543422/Las_momias_de_las_pirámides (espagnol).

où le soleil meurt avant de ressusciter à l'Ouest. Est-ce surprenant de découvrir que le vocable KUR qui désigne l'élévation de terre, le mont, servait en sumérien à définir l'Est ou encore l'Autre Monde ? bien sûr que non. Nous verrons également dans le chapitre suivant que c'est précisément la route prise par le héros Gilgameš pour se rendre sur l'île de la Mort en quête d'une certaine plante d'immortalité. La ressemblance entre les kourganes et les pyramides va même plus loin : il a été découvert dans l'Altaï des kourganes contenant pour certaines des corps embaumés ; vidés de leurs organes et remplis d'herbes diverses.[77] Encore une fois nous posons la question du lien de dépendance entre les peuples édificateurs de kourganes et les bâtisseurs de pyramides.

Ci-après une vue schématique du monde tel qu'il était perçu par les Sumériens et les Akkadiens (contient des informations liées à l'*Épopée de Gilgameš* détaillée au chapitre II) :

---

[77] Zainullah Samashev, Galia A. Bazarbaeva, Gulia S. Zhumabekova, Henri-Paul Francfort, *Le kourgane de Berel'dans l'Altaï kazakhstanais*, Arts asiatiques, 2000, Volume 55, Numéro 1, pp. 5-20.

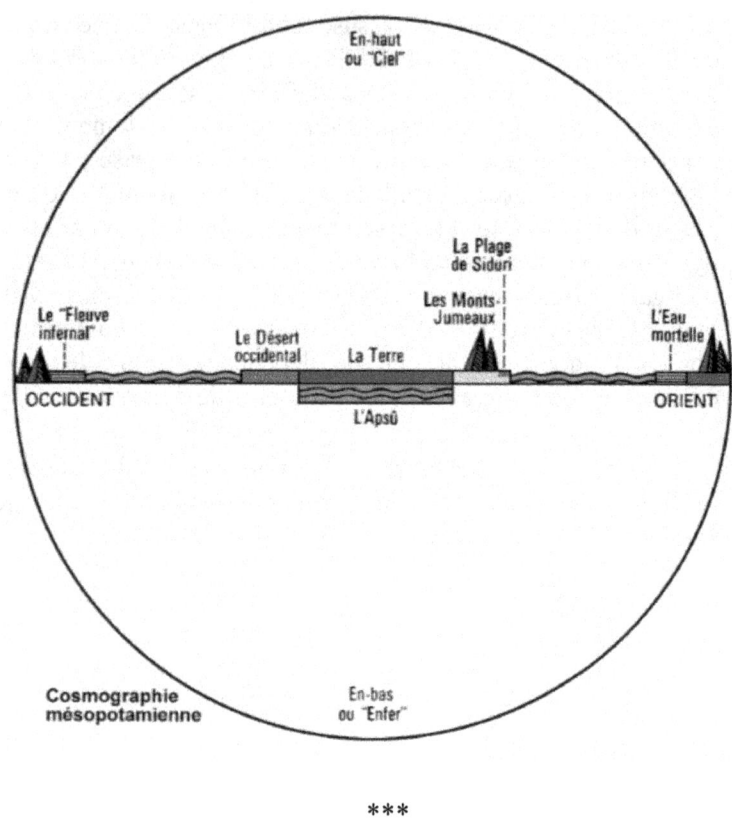

***

Revenons à présent sur la généalogie génétique et les haplogroupes que nous avions introduits au chapitre I du tome 1 de *Quand les dieux foulaient la Terre*. Ci-après une carte d'Europe, d'Afrique du Nord et d'Asie Mineure des haplogroupes qui dominent présentement les différentes régions qui nous occupent :

Carte présentant le principaux haplogroupes du chromosome Y rencontrés en Europe (source : https://fr.wikipedia.org/wiki/Haplogroupe_R1b).

La majorité des Européens d'aujourd'hui appartiennent aux haplogroupes R1a et R1b. Ce sont des haplogroupes typiquement indo-européens – puisque majoritairement présents dans les régions où les langues indo-européennes sont parlées – que nous retrouvons (ou retrouvions) chez les populations balto- slaves, germaniques, italo-celtiques, arméniennes, indo-iraniennes et même hittites (Anatolie) ! Précisément les peuples dont on sait qu'ils véhiculaient des dieux et des mythes patriarcaux ayant influencé les territoires grecs jusque-là sous gouvernance de sociétés matrilinéaires. L'haplogroupe I qui composait la majorité des Européens de l'époque mésolithique (protoEuropéens) existe toujours majoritairement en Sicile, dans la région des Balkans et dans les pays scandinaves. Enfin l'haplogroupe J auquel appartenaient les Mésopotamiens, les Sémites, les Caucasiens et les Gréco-Anatoliens survit toujours majoritairement chez les hommes en Grèce, en Turquie et dans le sud de l'Italie. Les Pélasges des légendes devaient certainement appartenir à l'haplogroupe I avant d'être phagocytés par des migrants de l'haplogroupe J en provenance d'Anatolie ou de Palestine ainsi que de peuplades nord-africaines (Égypte ?) certainement passées par le Moyen-Orient dont l'haplogroupe E-V13 se retrouve toujours aujourd'hui dans le nord de la Grèce, mais encore en Albanie et en Macédoine. Tout nous démontre que la Grèce a été ce théâtre méditerranéen d'échanges commerciaux et culturels que nous dépeignaient les mythographes et les chroniqueurs antiques.

Où voulons-nous en venir avec ces constats ? Premièrement que la génétique devient une aide supplémentaire à l'archéologie, à l'anthropologie et à la mythologie comparée. Les voies ouvertes par l'étude des haplogroupes permettent de valider ou d'invalider nombre d'hypothèses élaborées sur la base des mythes et légendes. Dans le cadre de cet essai nous pouvons nous aider de ces recherches pour confirmer que la majorité mythes antiques étudiés – auquel le mythe du Déluge appartient – dans des corpus particuliers sont rarement indigènes à ces corpus ; ils sont le fruit d'importations successives et de brassages culturels du fait des incessants mouvements migratoires de l'espèce humaine. Ainsi, quoique n'étant pas certain de l'origine caucaso- anatolienne du récit originaire du Déluge, elle n'en demeure pas moins, à nos yeux, la piste de recherche la plus convaincante. Et ce, pour plusieurs raisons :

1- C'est une zone habitée par Sapiens depuis sa sortie d'Afrique.
2- C'est la région qui a vu naître les premières habitations et lieux de culte, les autochtones étaient en avance sur leur époque.
3- À la fin de la dernière période glaciaire, la région de la Mer Noire a connu un ou plusieurs épisodes diluviens majeurs.
4- De nombreuses sociétés ont habité et/ou traversé cette région comme le prouvent les haplogroupes présents sur place (Indo-Européens, Sémites voire nord-Africains).

5- Les riverains de la Mer Noire ont pu fuir les conditions désastreuses de leur foyer d'origine pour s'éparpiller en Mésopotamie, en Afrique du Nord et en Europe de l'Est. D'autres ont pu rester sur place et réinvestir d'autres secteurs de ce vaste territoire ceinturant la Mer Noire.
6- Bien que sans écriture, leurs traditions orales ont pu survivre des siècles voire des millénaires pour parvenir à être gravées sur les tablettes des Sumériens puis des Babyloniens avant que ces derniers n'influencent de leur culture toute la région de croissant fertile. Parfois des récits autochtones du Déluge provenant du fond des âges (transmis par les réfugiés climatiques de la Mer Noire) ont pu, suite aux contacts d'avec l'Orient babylonien, se mélanger à des mythes semblables à plus d'un titre ancrés dans la culture locale par les mêmes émigrants provenus des bords de la Mer Noire ; ''raccrochant les wagons de l'histoire'', dirons-nous.
7- De proche en proche, par un diffusionnisme motivé par les migrations de Sapiens, le mythe du Déluge (et celui de la création des hommes, notamment) a pu atteindre l'Asie centrale, puis l'extrême Orient avant de traverser le détroit de Béring et ainsi se répandre aux futures populations amérindiennes.

Le fait que les grandes civilisations que furent Sumer, l'Égypte antique ou celle de la vallée de l'Indus émergèrent ''de nulle part''quelques siècles à peine après les épisodes diluviens touchant les rives de la Mer Noire nous conforte dans notre hypothèse.

***

Que nous disent à présent les mythes et les travaux/visions d'Anton Parks à ce sujet ?

Selon les *Chroniques du Ğírkù*, Enki-Osiris fut tué à Abydos au même moment que la planète Mulge fut détruite, il y a environ 12 000 ans. Le commanditaire de ces deux actes odieux n'était autre que le rejeton/clone d'Enki, Enlíl. Au niveau céleste, plus rien n'était contrôlable : Mulge-Tab, le satellite de Mulge, expulsé de son orbite effectua une partie de billard au sein du système solaire : Mars se vit privé de son atmosphère, la Terre frappée de cataclysmes à chacun des passages de la future Vénus près d'elle. Tant les hommes que les dieux Gina'abul étaient frappés d'effroi. Les premiers jugeant ces désordres célestes comme un châtiment de leurs dieux et maîtres. Les seconds, aussi effrayés que les premiers, puisque mortels tout comme eux, cherchant à prévoir quand le ciel allait leur tomber sur la tête et réalisant des abris souterrains pour s'en prémunir. Ce sont les cités souterraines de Derinkuyu ou encore de Nevşehir (découverte très récemment) que l'on trouve dans la région de la Cappadoce (appelée Kursig par les dieux Gina'abul[78]) en actuelle Turquie.

Cité souterraine de Nevşehir, région de la Cappadoce (Turquie centrale). Découverte en 2013 et supposée être l'œuvre des Byzantins, elle était capable d'accueillir des milliers d'âmes.

C'est dans la même région que des Nungal/Adinu avaient trouvé refuge auprès de leur souveraine Ninmaḫ[79] comme nous l'avons précisé dans le dossier *Héra* du tome 2.

À l'époque de l'établissement de la colonie Gina'abul sur la Terre, Kalam (qui deviendra le nom de Sumer) englobait toute la

---
[78] Anton Parks, *Le Réveil du Phénix*, op. cit., page 84.
[79] Ibidem, page 126.

Mésopotamie, l'Assyrie jusqu'au Taurus. La plaine de l'Edin était approximativement la région que se partageraient plus tard les Assyriens et les Hourrites.[80] Quant à l'Eden, le fameux jardin, il se trouvait dans l'actuelle province d'Eruh (région du Taurus oriental) et la montagne des dieux Gina'abul, la fameuse Kharsağ, serait aujourd'hui le mont Karadag qui se trouve en Turquie, dans la tranche Est du Taurus.[81] La grande région du Taurus, et plus particulièrement ses monts, était nommée Dukug par les dieux, en hommage aux Pléiades (Dukù), leur foyer céleste.[82] Parks place la demeure souterraine d'Enlíl et de ses Anunna (l'Ekur) dans le Kursig (Cappadoce).[83] Tout cela revient à dire que depuis l'aube de Sapiens, les dieux-créateurs sont présents dans cette région qui deviendra également le lieu de domestication sans précédent d'espèces végétales et animales en tout genre. Et, plus tard, une région d'intenses échanges multiculturels.

La région du Taurus et l'Anatolie[84] dans son ensemble a été une région fortement peuplée de dieux de diverses engeances et de leurs serviteurs (qui deviendront des riverains de la Mer Noire et des habitants de la future Anatolie). Un autre lieu de civilisation a prospéré en parallèle grâce à Enki, Kemet, qui deviendra l'Égypte. Les traces d'occupation de ces deux régions sont devenues diffuses et incertaines. Les cataclysmes provoqués par Mulge- Tab n'ont rien arrangé. La déglaciation engendra une montée globale du niveau des océans, l'A'amenptah d'Osiris s'en trouva presque complètement détruite ; il n'en reste aujourd'hui que les îles Canaries.[85] Le Nil, le Tigre, l'Euphrate et la Mer Noire finirent de compléter le tableau apocalyptique avec leurs violents débordements et l'invasion des terres environnantes de tonnes

---

[80] Id., *Eden*, op. cit., page 138.
[81] Ibidem, page 104, 141.
[82] Ibidem, page 84.
[83] Id., *Le Réveil du Phénix*, op. cit., page 186.
[84] Du turc *Anadolu*, emprunté au grec *Anatolè* désignant le Levant, l'Orient. Ce terme possède pourtant, lui aussi, un sens caché. Déchiffrons-le avec le protosumérien : AN(Ciel, dieu)-A$_5$(créer, bâtir, fabriquer)-DUL(protection, cacher), DUL$_6$(crevasses, cavernes, monticules)- É(maison, temple, propriété), E$_{11}$(descendre), soit ''le lieu où les dieux célestes ont bâti des cachettes où descendre, des maisons dans les cavernes et des temples sur les monticules''.
[85] Id., *La Dernière Marche des Dieux*, op. cit., page 67 et suiv.

d'eau et de boue. Comment trouver la trace d'une antique présence humaine sous ces épaisses couches sédimentaires ? Vénus se stabilisa à son emplacement actuel vers 3500 av. J.-C. peu de temps après son dernier passage dévastateur près de la Terre, précisément au moment où le dernier conflit entre Heru/Horus et son oncle Seth/Enlíl et leurs troupes respectives (Shemsu/Anunna), décrit dans les *Chroniques*, éclate.[86] Aux alentours de 3500-3000 av. J.-C. renaquirent les grandes civilisations : Sumer, Égypte antique et vallée de l'Indus. La menace de l'Œil du Son s'est évanouie et les dieux laissent la place aux monarchies humaines. L'écriture fait son apparition et les langues (basées sur l'Emeša) se spécialisent et s'éloignent les unes des autres à raison que passent les siècles.

***

Que disent à présent les mythes au sujet du Déluge ? Nous n'étudierons que les corpus mésopotamiens, égyptiens et grecs, comme à notre habitude. Nous commettrons une petite incartade à cette règle en évoquant de nouveau le Ragnarök germano-scandinave.

Comme nous l'avons précisé plus haut, les deux plus anciens textes du Déluge sont l'*Épopée de Gilgameš* et l'*Épopée d'Atraḫasīs* (appelé aussi *Le Poème du Supersage* ou plus communément *Supersage*). Le premier semble être le plus ancien puisque daté dans sa version sumérienne à 2700-2600 av. J.-C. Nous en étudierons la classique version babylonienne. Il y a d'autres textes gravés sur tablettes qui exposent le récit mythique du Déluge mais tous semblent prendre racine dans le même terreau. *Supersage* (traduction litt. du terme *Atraḫasīs*) apporte des éléments supplémentaires par rapport aux autres textes notamment la cause première du Déluge :

"*Et la population multipliée.*
[Comme un taur]eau, le pa[ys] tant donna de la voix

---

[86] Id., *Le Réveil du Phénix*, op. cit., pp. 326-363.

Que le dieu-souverain fur incommodé [par le tapage].
[Lorsque Enlíl eut ouï] leur rumeur,[87]
[Il s'adressa a]ux grands dieux :
"La rumeur des humains [est devenue trop forte] : (...)
[Commandez donc] que leur vienne l'Épidémie."[88]

Le premier fléau d'Enlíl contre l'humanité était lancé. Atraḫasīs, un dévot d'Enki-Éa, s'inquiète de cette épidémie et s'en va questionner son dieu à ce sujet. Le dieu de la sagesse lui donne les indications pour apaiser le courroux des grands dieux en s'appliquant à ne plus vénérer que celui qui est responsable des maux actuels. Namtar, responsable de l'épidémie, s'en trouve si flatté qu'il retire le fléau. Mais les humains prospèrent de nouveau, ils se multiplient et leur rumeur dérange de nouveau Enlíl. Cette fois il envoie sur eux Sécheresse et Famine. Le même petit jeu s'opère et les malheurs des hommes s'envolent grâce au concours d'Enki-Éa. Les complices de ce dernier sont convoqués par Enlíl qui n'apprécie guère de se voir doublé. Les réprimandes amusent Enki qui se moque de son frère. Et après qu'Enlíl eut réitéré ses reproches à Enki, il décida du Déluge. Enki s'oppose farouchement à détruire ses créatures qui, il le rappelle, furent inventées pour soulager les dieux dans leurs tâches.

Mais les dés sont jetés ; le Déluge est lancé. Enki aura pris soin d'avertir son dévot Atraḫasīs du sort réservé à lui et à ses semblables afin qu'il bâtisse une arche apte à le sauver lui et sa famille. Il s'exécute avant que le Déluge ne s'abatte sur la Terre. La tempête se déchaîne, les hommes tombent comme des mouches, même les dieux sont épouvantés. Enki et Nintu sont horrifiés de voir périr leurs chères créatures. La pluie s'abat par trombes sans interruption pendant sept jours et sept nuits. Lorsque le Déluge stoppa, Atraḫasīs et ses proches accostèrent sur les flancs d'un mont et offrirent un sacrifice aux dieux. Les dieux mourant eux-même de faim s'invitèrent au banquet ; même Enlíl fut attiré par l'odeur du festin. À la vue de la survie de mortels, il rentra dans

---

[87] Dans l'*Épopée d'Erra*, la ville d'Akkad est ravagée par ce dernier au seul motif que les hommes négligeaient leurs devoirs envers les dieux.
[88] *Poème du Supersage*, VII, lignes 354-360 (trad. J. Bottéro in *Lorsque les dieux faisaient l'homme*, op. cit., page 541).

une colère noire invoquant le serment unissant les Igigi et les Anunnaki. Il se déclara trahi par les Igigi qui ont assisté les têtes noires. Enki revendiqua la responsabilité du sauvetage et il prit des mesures, assisté de Nintu, pour éviter la surpopulation des hommes : il leur impose la mort (étaient-ils immortels comme les dieux ?), l'infécondité de certaines femmes ainsi que la mort subite des nourrissons.

Dans le texte *le récit du Déluge en sumérien*, Atraḫasīs (le Supersage), est remplacé par Ziusudra ("Vie-de-jours-prolongés"") mais le déroulement est quasiment identique. Enki et Nintu s'opposent fermement à la destruction du genre humain, menaçant les grands dieux de rétablir les têtes noires :

"*Je m'o[ppose] à l'anéantissement de mes hommes,*
Et, pour Nintu, je (r)établirai mes créatures,
Je (ré)installerai la population chez elle"[89]

Plus loin, il est question de l'implantation post-diluvienne des premières monarchies humaines, des premières cités-États aux diverses divinités poliades (lignes 88-98). C'est bien entendu Enki qui en fut l'instigateur. Ce dernier, après le Déluge dévastateur dont Ziusudra fut sauvé grâce aux précieux conseils du dieu civilisateur, décida de rendre la vie aux hommes (ligne 253) :

"*Et Enki fit de nouveau sortir de terre*
Les êtres vivants."

Enfin dans la tablette XI de la célèbre *Épopée de Gilgameš*, ce dernier dans sa quête obsessionnelle de l'immortalité rencontre le rescapé du Déluge, se nommant ici Uta-napištī. Ce dernier lui fait part de son histoire et sans détour dénonce les responsables du Déluge universel :

"*[Les instiga]teurs en étaient Anu, leur père ;*
Enlíl-le-preux, leur souverain ;

---

[89] *Le récit du Déluge en Sumérien*, lignes 38-40 (trad. J. Bottéro in *Lorsque les dieux faisaient l'homme*, op. cit., page 564).

*Leur préfet, Ninurta
Et Ennugi, leur contremaître.* ''[90]

Les coupables sont mis au grand jour, comme Enlíl avançait sabre au clair dans son projet dévastateur dans les deux précédents mythes cités. Ici Anu, Ninurta et un obscur Ennugi (apparemment divinité de l'irrigation, membre des Anunna) furent aux manettes.

Comme dans les autres textes, Éa conseille à Uta-napištī la création d'un grand bateau afin d'y installer quelques hommes et toutes les espèces animales connues. Le Déluge se produit et effraie les dieux, dont certains regrettent leur décision tout en allant *"escalader le ciel d'Anu"* (lignes 113-124). Le Déluge dure sept jours et sept nuits. Après quoi les terres commencent à reparaître. Uta-napištī en eut la confirmation en envoyant plusieurs fois de suite un oiseau hors du bateau (successivement une hirondelle, une colombe puis un corbeau). Le corbeau, troisième tentative, ne revint jamais sur l'embarcation, démontrant qu'il avait trouvé une terre immergée. Uta-napištī débarqua enfin pour sacrifier aux dieux. La suite de l'histoire, vous la connaissez. Dans les trois cas de figure, Uta-napištī, Ziusudra comme Atraḫasīs furent immortalisés par un Enlíl qui les félicite (à contrecœur) pour la bravoure de leur acte. Il s'agit surtout pour le souverain des dieux de se dédouaner de ses actions pour mieux les reporter injustement sur Enki-Éa qui est accusé de porter la responsabilité du Déluge dans les trois mythes.

Répétons que l'arme ultime d'Enlíl au service des grands dieux est le Déluge, au même titre que Marduk dans l'*Enūma Eliš*, tablette VI, lignes 125-126 :

*"Celui qui, de son Arme ''Déluge'',
A vaincu les fauteurs-de-trouble
Et sauvé de leur grande-détresse
Les dieux, ses pères !"*

---

[90] *Épopée de Gilgameš*, tablette XI, lignes 15-18 (trad. J. Bottéro in *Lorsque les dieux faisaient l'homme*, op. cit., page 569).

Les deux protagonistes divins sont selon ces textes exactement le même personnage sous deux appellations différentes.

Nous pouvons enfin constater que l'esprit de révolte des Igigi a été transmis aux têtes noires, leurs substituts, héritiers de Wē (homophone de l'akkadien désignant l'entendement, rappelons-le), l'Igigi immolé pour en récolter la chair et le sang et ainsi façonner les hommes. Le *Poème du Supersage* nous le confirme par une assertion de Mammi précisant qu'il a été *"concédé aux hommes la rumeur du pullulement"* (ligne 242) ! Le bruit produit par les hommes pourrait également être perçu comme une forme d'*hybris* ; les dieux n'appréciant guère l'orgueil des hommes de se croire supérieur à ce qu'ils sont décidèrent alors de leur envoyer le Déluge, un pouvoir si puissant qu'il échappe à leur propre maîtrise.

Pour conclure avec l'ancienne Mésopotamie, sachez qu'il existe un mythe sumérien dans lequel Inanna, incarnation de Vénus, est décrite avec tous les arguments faisant de la planète une menace pesante pour l'équilibre du monde :

"Ô ma souveraine, lorsque tu te dilates comme le ciel,
Lorsque tu t'élargis comme la terre,
Que tu poins comme le Soleil,
En ouvrant tes immenses bras de lumière,
Que tu circules là-haut, diffusant épouvante et effroi,
Que, de ton éclat aveuglant, tu illumines la terre,
(…)
Lorsque, parmi les combats, tu dresses avec orgueil ta tête
Telle une arme dévastatrice,
Alors les têtes-noires font retentir leur chant (…)"[91]

Comment être plus clair sur la nature ravageuse de l'astre voyageur (qui deviendra Vénus) dans ce mythe où la future planète apparaît comme dilater le ciel, s'élargir comme la terre, poindre comme le Soleil et *"diffusant épouvante et effroi"*?

---

[91] *La Victoire d'Inanna sur l'Ebiḫ*, lignes 10-19.

***

Les textes du temple d'Edfu, en partie traduits par Anton Parks dans *La Dernière Marche des Dieux*, offrent une vision égyptocentrée de la situation. Ceci n'est pas moins vrai pour les textes précédemment cités (qui impliquent les hommes et les dieux présents dans la région mésopotamienne et du Taurus au moment des faits). Voici ce que les Égyptiens ont retranscrit de l'épisode du Déluge et du passage de la future Vénus :

"L'Œil du Son tomba [et s'étendit] sur les flots. Issu d'un désastre, il créa le déluge et la vague de combat. Lorsque la lumière apparut de nouveau et que les eaux primordiales Uâret resplendirent, Wa et A'â, les deux créatures divines et compagnons du Cœur Divin émergèrent des flots stabilisés."[92]

La suite, vous la connaissez, les Shebitiu dirigent la reconstruction du domaine divin tandis que Heru, fils d'Osiris traque et abat sans merci les partisans de son oncle Seth, qui attaque effrontément le lieu à peine rebâti suite au Déluge. Les Shebitiu sortant des eaux pour apporter leur savoir aux survivants est une réponse aux Abgal/Apkallû des *Sept Sages* de Bérose qui apportent la connaissance aux monarchies post-diluviennes et dont Uan/Oannès (pendant du Wa égyptien) est le premier ambassadeur.

C'est à notre connaissance le seul morceau mythologique égyptien qui nous soit parvenu parlant d'un Déluge. Les *Textes des Pyramides* évoquent cependant un Horus qui, d'un point de vue céleste, pourrait être la cause d'un drame aux allures semblables : *"tu* (NDA : le roi) *t'élèveras vers l'Œil de Rê, vers ce tien nom qu'ont créé les dieux, d'Horus Celui de la Dat* (NDA : la Dat est la chambre funéraire du roi), *d'Horus Celui qui les a détruits, d'Horus Celui qui les a frappés, d'Horus Celui qui les a noyés"*.[93] Le Nil avait souvent tendance à déborder mais ses crues étaient

---

[92] *Section E. du temple d'Edfu*, VI, 181, 11-15 (trad. A. Parks in *La Dernière Marche des Dieux*, op. cit., page 67).
[93] *Textes des Pyramides*, [612] § 1734b-c.

bénéfiques. Le reste de l'Égypte est un grand désert sans source ou point d'eau d'importance. Si Déluge universel il y eut, certes le Nil dut déborder, mais les Égyptiens en conservèrent un autre souvenir : celui de la disparition du domaine des dieux, l'Amenti.

Il s'agit, avant d'évoquer l'Amenti, de parler de Rê et de sa colère. Dans la mythologie du Double-Pays, il est dit que les hommes, voyant Rê devenir un vieillard, perdirent la foi et diminuèrent leurs offrandes et leurs vénérations. Afin de mettre terme à cette impiété galopante, le dieu suprême décida de punir les mortels et, sur les conseils de l'assemblée des dieux, leur envoya son Œil – sous l'apparence d'Hathor (personnification locale de Vénus). Chatte douce et langoureuse, la déesse pouvait prendre l'identité de Sekhmet, lionne avide de sang ; objectif non dissimulé de Rê. En confiance car sous les auspices favorables de son père, Sekhmet effectuait un véritable carnage. Alimentée par le sang et la souffrance des hommes, elle était devenue insatiable. Tant et si bien que Rê lui-même était épouvanté : *"Les hommes sont suffisamment punis : ils ont subi ma colère et sont soumis !"* Mais Sekhmet était incontrôlable et n'écoutait plus, les ruelles des villes du Double-Pays se changeaient progressivement en ruisseaux pourpres. Rê implora sa fille, lui offrit des présents pour détourner son attention mais rien n'y faisait. La population humaine devenait rare à présent, bientôt les hommes cesseraient d'exister. La seule méthode qui parvint à calmer Sekhmet fut de lui donner à boire de la bière teintée de rouge, lui laissant croire qu'elle boirait du sang. Elle but tant et plus, jusqu'à s'enivrer et enfin sombrer dans un sommeil comateux. Sekhmet redevint Hathor et cessa les massacres.[94] Quel que fut le corpus mythologique de la planète, l'œil d'une divinité a toujours été un astre, les plus mis en avant étant bien entendu ceux qui rythmaient les jours et les nuits de nos ancêtres.[95] Dans le cas présent Rê, qui personnifie déjà l'atmosphère en général et le Soleil en particulier,

---

[94] Nadine Guilhou et Janice Peyré, op. cit., pp. 61-63.
[95] Exemples : en Inde, Sūrya était l'œil de Varuna, chez les peuples germaniques et scandinaves celui d'Odin est le Soleil comme c'est le cas chez les Grecs où Hélios est parfois nommé l'œil de Zeus. Chez les Perses, les yeux d'Ahura Mazda étaient le Soleil et le Lune, comme c'était le cas pour Horus le Faucon chez les Égyptiens.

envoie lui-même son œil qui est Hathor. Or l'on sait aujourd'hui que Hathor, justement assimilée à Aphrodite, personnifiait la planète Vénus (le nom d'Aphrodite chez les Romains). La boucle est bouclée : le mythe décrit les ravages causés par la planète Vénus envoyée par les dieux pour punir les hommes.

L'Amenti est une notion déjà évoquée largement dans le chapitre VIII du tome 2 consacré à Hadès. Comme pour ce dernier, dont le nom évoque le lieu éponyme, Amenti provient de Imentèt (devenant Amentet puis Amenti), personnification féminine de l'Ouest ; le théonyme de la déesse se traduisant par "Celle de l'Ouest". Elle était une divinité funéraire, du royaume des morts. Un rôle qui échouera plus tard à Hathor, la gardienne de l'Occident. Cet Occident est logiquement un royaume des morts, un royaume souterrain : les Anciens y voyaient le Soleil y pénétrer quotidiennement pour ressortir du ventre fécond de Nut à l'Orient, parcourant durant la nuit les immensités de la Duat inférieure emplies de dangers. Au premier rang des menaces qui pouvaient inquiéter Rê se plaçait Apophis, le serpent du chaos, que se chargeait de repousser Seth qui, de sa lance, nettoyait la route de la barque céleste (voir chapitre III du tome 2). Les mythes racontent que Rê imposa à Thot de le remplacer durant son voyage dans la Duat ; il devient ainsi le luminaire nocturne dont le bec de l'ibis, personnification du dieu, est un symbole.

Au sein de la région de l'Amenti, de l'Ouest, existait l'Aaru évoquée dans le chapitre dédié à Hadès dans le tome 2 et désignant l'équivalent de l'île des Bienheureux ou Champs-Élysées des Grecs mais également les jardins d'Ialu égyptiens, réponse au jardin des Hespérides hellénique. Ces jardins sont des lieux de villégiature privilégiés où règnent l'harmonie et la paix. Soit l'on y trouve les fruits qui garantissent l'immortalité soit l'on y coule des jours heureux après sa mort. Dans tous les cas, il s'agit d'une île merveilleuse située au-delà des colonnes d'Hercule, donc dans l'Océan atlantique. Il s'agit bien entendu de l'Atlantide de Platon, lieu mythique ravagé par un extraordinaire cataclysme et dont les survivants parcoururent le continent africain pour trouver refuge au sein de la cité sacrée d'Osiris, Abydos.

Nous ne reviendrons pas plus ici sur la destruction de l'archipel des dieux par le passage de la future planète Vénus. Depuis le tome 2 des *Chroniques*, c'est un thème largement développé et argumenté par Anton Parks pour que tous les lecteurs de cette série d'essais en soient convaincus.

***

Reparlons à présent brièvement de Prométhée. Son fils par Pronia, Deucalion est le héros du mythe hellénique du Déluge – l'équivalent local de Uta-napištī/Ziusudra/Atraḫasīs. Lui et sa femme Pyrrha, fille de Pandore et d'Épiméthée, furent avertis par le créateur des hommes, comme dans les mythes suméro-babyloniens, du projet de Zeus ; soit l'imminence d'un Déluge global dont le but est la suppression pure et simple des mortels. Le mythe grec appartenant à la famille A, soit la famille mésopotamienne, nous ne nous étonnerons pas du caractère superposable des divers récits voisins. Nous pensions au début à un récit mythologique tardif, puisque retrouvé dans les *Métamorphoses* d'Ovide ou la *Bibliothèque* du Pseudo-Apollodore, mais c'était sans compter sur un passage de la IXe *Olympique* de Pindare qui repoussa le mythe du Déluge grec au moins jusqu'au Ve siècle avant notre ère. La transmission orale de celui-ci ayant propagé le mythe depuis Babylone tout en le conservant jusqu'à ce que des mythographes plus récents se l'approprient enfin. Nous retiendrons ici le texte du Pseudo-Apollodore :

"Jupiter ayant fait tomber beaucoup de pluie du Ciel, la plus grande partie de la Grèce fut inondée, et tous les hommes périrent, à l'exception de quelques-uns qui se réfugièrent sur les hauteurs des montagnes voisines. Ce fut alors que se séparèrent les montagnes de la Thessalie. Toute la partie de la Grèce, en dehors du Péloponnèse et de l'Isthme, fut inondée. Deucalion ayant été ballotté par la mer pendant neuf jours et neuf nuits, aborda enfin au Parnasse ; la pluie ayant cessé alors, il sortit de son coffre, et offrit un sacrifice à Jupiter Phyxius. Jupiter ayant envoyé Mercure vers lui, lui permit de demander ce qu'il voudrait. Deucalion le pria de repeupler la

terre ; alors d'après l'ordre de Jupiter, ils jetèrent des pierres derrière eux ; celles que Déucalion jetait se changeaient en hommes, celles que Pyrrha jetait se changeaient en femmes. C'est de là que les peuples furent appelés, par métaphore, Λαοì de Λάας, pierre.''[96]

Selon Ovide,[97] c'est la Titanide Thémis qui, voyant le désespoir de Deucalion et de Pyrrha[98] de se retrouver seuls rescapés de leur espèce, leur conseilla de jeter par dessus leur épaule les ossements de leur grand-mère. Deucalion comprit que cette grand-mère était Gaïa, ses ossements étaient ainsi des pierres. L'humanité grâce aux conseils de Prométhée et de Thémis pouvait ainsi repeupler la Terre.

Notons le concept développé par le Pseudo-Apollodore de rapprocher laós / Λαοì ("peuple, nation") de làas / Λάας ("pierre"). Anodin, ce détail permet de lier les deux humanités : la prométhéenne née du dieu éponyme et les *autochtôn* nés du ventre de Gaïa. La première humanité finissant par donner naissance à la seconde. Il s'agit bien entendu d'une renaissance se produisant après une quasi-extinction. C'est un motif récurrent dans tous les mythes du Déluge universel. Ce qui nous confirme une fois de plus que le Déluge de Deucalion est d'influence orientale, c'est l'intervention de la sémantique. En sumérien le vocable NA désigne l'humanité et son homophone NA_4 définit une pierre, un caillou. Ce n'est pas tout : nous avions remarqué que les mythes de création de l'humanité par étapes/stades et sa destruction par un Déluge étaient arrivés chez les populations mayas de Mésoamérique. Quel que fût le moyen de transmission, il s'agit du même mythe. Une fois encore la linguistique va nous assister ; en maya, *pierre* se disait *tunich* quand l'homme était désigné par *uinic*, deux termes suffisamment proches

---

[96] Pseudo-Apollodore, *Bibliothèque*, I, 704a-706a.
[97] Ovide, *Les Métamorphoses*, I, 375-415.
[98] Sans surprise, le décryptage de Pyrrha par la langue des dieux est sans appel, elle fut celle dont la famille fut ''dispersée par le déluge''(de PÌR(disperser)-RA(déluge, inondations)) voire ''celle qui guida les nombreuses pierres ou apporta les nombreux mélangés''(de PÌR(pierres)-RA(guider, accompagner, apporter)-HÁ(nombreux, mélangés)). Ici les pierres et les mélangés désignent bien entendu les hommes.

phonétiquement pour ne pas y voir un lien avec le rapprochement conceptuel Λαοὶ / Λάας des Grecs. Enfin *tunich* était parfois diminué en *tun* qui, décomposé via le protosumérien, nous offre un fameux TU(mettre au monde, façonner)- UN(peuple), soit ''le peuple façonné ou mis au monde''!

Nous pourrions résumer quasiment tous les mythes du Déluge à la séquence suivante :

1- Âge d'Or marqué par la paix entre les hommes et les dieux.
2- Âge de l'Impiété faisant suite à un désintéressement des hommes pour les dieux et les services qu'ils sont censés leur apporter.
3- Décision d'un châtiment du dieu céleste/de l'atmosphère[99] (Anu+Enlíl / Rê / Zeus) suite à une décision d'un conseil divin.
4- Calamités intermédiaires imposées aux hommes dont le commanditaire est le dieu précité (Enlíl envoie Épidémie, Famine et Sécheresse / Zeus envoie Pandore qui libère tous les maux sur l'humanité).
5- Déluge/Carnage lancé par le dieu en question, en opposition à une déité créatrice des hommes (Enki-Éa+Nintu / Prométhée).
6- Perte de contrôle de la calamité lancée contre les hommes, même les dieux craignent pour leur survie (les dieux de Kalam sont effrayés par le Déluge / Rê ne maîtrise plus Hathor devenue la sanglante Sekhmet).
7- Apaisement et fin de la menace ou bout d'un certain temps ou pour d'autres causes (sept jours/nuits en Mésopotamie, neuf jours/nuits en Grèce, ivresse de Sekhmet en Égypte).
8- Humanité dévastée presque intégralement ''renaît de terre''pour repeupler la planète et redevenir fidèle aux dieux sous l'impulsion d'un couple de dieux (Enki+Nintu / Prométhée+Thémis : pourvoyeurs de conseils).

---

[99] Sans surprise, dans les Védas de l'Inde antique, c'est Indra qui envoya un Déluge contre les hommes, ces derniers refusant de lui rendre les sacrifices dus.

Tant en ancienne Mésopotamie qu'au Double-Pays nous retrouvons Vénus sous la forme Inanna / Hathor comme arme céleste déclenchant un carnage auprès des hommes (*La Victoire d'Inanna sur l'Ebiḫ* / Mythe de la colère de Rê). Une Vénus incontrôlable qui amène l'humanité au bord de son extinction. Une humanité qui se relèvera, mais obéissant cette fois à des rois humains. Anton Parks évoque sous l'identité d'un Asar dépité ces événements dans le tome 2 des *Chroniques* :

> *"Les Lu (l'humanité) se sont finalement relevés et se sont une nouvelle fois éparpillés sur la surface d'Uraš (la Terre), pareils aux grains de sable d'un lac asséché, pendant que notre descendance se dispute encore sans relâche les quatre coins de ce monde meurtri."*[100]

***

Comme promis, nous allons rapidement discuter du Ragnarök. Traduit généralement par le "Crépuscule des dieux", cet événement majeur des corpus mythologiques nordiques (germains et scandinaves) décrit dans l'*Edda poétique* et l'*Edda de Snorri* (l'*Edda* de Snorri Sturluson) – mais aussi dans la *Gesta Danorum* de Saxo Grammaticus –, présente un combat sans merci entre toutes les entités anthropomorphiques des temps anciens, une lutte ultime pour la propriété du Monde. Je laisse la parole à Régis Boyer qui en a traduit ici quelques strophes au souffle épique :

> *"Voici que Garmr aboie de rage*
> *Devant Gnípahellir*
> *La chaîne va se rompre,*
> *La bête va bondir.*
> *Je sais maints sortilèges,*
> *Plus loin en avant je vois*
> *L'amère destinée*
> *Des dieux de la victoire.*

---

[100] Anton Parks, *Ádam Genisiš*, op. cit., page 293.

Hrymr arrive de l'est,
Bouclier levé,
Jörmungandr se retourne,
Saisi de la fureur des géants ;
Le serpent fouette les vagues,
L'aigle miaule,
Níðfölr lacère les cadavres,
Naglfari est détaché.

Surtur arrive du sud
Avec la mort des branches,
Le soleil émane
De l'épée du dieu des morts ;
Les rocs s'entrechoquent,
Les monstres s'ébranlent,
Les hommes foulent le chemin d'enfer
Et le ciel se crevasse

Le soleil s'obscurcit,
La terre sombre dans la mer,
Les luisantes étoiles
Vacillent dans le ciel ;
Ragent les fumées,
Ronflent les flammes.
Une intense ardeur
Joue jusqu'au ciel."[101]

Et R. Boyer de commenter : "*Garmr est un chien, hypostase probable de Fenrir, qui garde le domaine de Hel (les Enfers, si l'on veut). Gnipahellir est l'ouverture du monde de Hel. Hrymr est un géant. Jörmundgandr est un autre nom du Grand Serpent de Midgargr. Níðfölr est l'aigle géant dont il est question au vers précédent. Naglfari est le vaisseau, fait des ongles des morts, qui*

---

[101] *Edda poétique*, Völuspá (47 – 57), traduction de Régis Boyer in *Les Vikings*, op. cit., pp. 379-380. Commentaire personnel : je ne saurai que trop conseiller cet ouvrage aux amoureux ou aux simples curieux du sujet du peuple viking. Régis Boyer est le plus grand spécialiste francophone que je connaisse sur la question et son dernier livre résume à merveille des décennies de recherches intensives sur les sociétés germano-scandinaves.

emporte les puissances du chaos. Surtr est le chef des géants de feu, la mort des branches : kenning pour "feu".[102]

Comment interpréter ce Ragnarök, ce "Crépuscule des dieux" ? Quelques passages de la *Völuspá* trahissent une contamination tardive par le Christianisme invasif du milieu du dernier millénaire. Cependant les spécialistes s'accordent à dire que l'*Edda poétique* possède un fonds traditionnel transmis oralement dans le nord de l'Europe depuis des époques reculées.

Tenons-nous là le témoignage qui acte les conflits ultimes entre les dieux et les hommes ? Avons-nous la réponse à une des questions qui taraude le plus les lecteurs d'Anton Parks ; à savoir : que sont devenus les Gina'abul ? Pour ma part j'en suis convaincu. Songez-y : les Gina'abul étaient sur Terre depuis des centaines de milliers d'années et nous avons laissé nos protagonistes dans le *Réveil du Phénix* au cours d'une inévitable guerre intestine, impliquant les hybrides-géants Neferu-Dogan et les hommes, sans aucune chance de capitulation d'un camp ni de l'autre. Que reste-t-il aujourd'hui ? Des hommes et plus aucun dieu foulant la Terre.

Deux phénomènes ont logiquement été à l'œuvre : le métissage prolongé des hybrides Nerefu-Dogan avec les hommes qui élimina progressivement les aspects typiquement Gina'abul et l'annihilation pure et simple des dieux Gina'abul. C'est précisément ce que le Ragnarök décrit. Dans les quelques strophes de la *Völuspá* traduits plus haut, nous avons :

➢ un avatar de Cerbère protégeant l'ouverture du Séjour inférieur, soit selon notre grille de lecture (relire le chapitre VIII du tome 2) l'ensemble des Shemsu-Urshu affiliés à Heru,
➢ Hrymr un géant de glace (une engeance Neferu sans doute) au service de Loki,
➢ Jörmungand servant d'allégorie la mer en furie – quand il ne figure pas Enlíl directement, que Thor soumet à sa puissance –,

---

[102] Ibidem.

➢ Níðfölr, un aigle géant que nous pourrions assimiler au vaisseau de Heru (relire le chapitre II du tome 2),
➢ Naglfari, un vaisseau de la mort piloté par le fourbe Loki (donc Enlíl), chargé de géants de glace au service du demi-frère de Thor,
➢ Surtur, leader des géants de feu, identifié à Héphaïstos par syncrétisme ; figurant certainement les forgerons d'Osiris-Asar et de Heru, les Urshu,
➢ sans oublier l'état cataclysmique du monde qui voit les étoiles vaciller, la terre sombrer dans la mer et le soleil s'obscurcir.

Ces descriptions nous rappellent que ces batailles finales entre les dieux et les hommes se sont déroulées en parallèle du passage de Mulge-Tab, alias la future Vénus.

Même si tout cela paraît désordonné et confus, nous y décelons bien un conflit entre deux camps opposés, chacun composé de dieux, de géants et de mortels. Lequel en sortira vainqueur ? Aucun. En revanche, seule une poignée de dieux survivra au Ragnarök qui marqua selon Saxo Grammaticus, autre grand chroniqueur des mythes scandinaves avec Snorri Sturluson, la victoire des hommes sur les dieux (*Gesta Danorum*, 3, 2, 10) : "*Le fait que les dieux furent battus par les hommes est peut-être difficile à croire, mais un rapport ancien en atteste l'authenticité.*"[103] Le Ragnarök et la mort de Baldr – que nous avions assimilé à Apollon-Horus dans le chapitre II du tome 2, souvenez-vous – marquèrent ainsi l'entrée du monde sans son dernier âge. L'âge de la race de fer d'Hésiode ? Si Baldr est Heru selon notre grille de lecture, est-ce à dire qu'il sera tué durant les conflits opposant ses troupes à celles de Enlíl ? Comme Baldr ressuscite après le Ragnarök, il est aussi probable qu'il soit un écho de Dionysos et donc l'âme de l'Assassiné : Osiris réincarné en Horus. Enfin, durant les conflits opposant les dieux et les hommes, Odin (alias Enki- Osiris) est tué par Fenrir. Le "Père de Tout" sera vengé par l'un de ses fils, Vidar, dont l'identité nous est révélée par la langue secrète des dieux : BI₆(déchirer en lambeaux)-DAR(fracasser, mettre en morceau) : "celui qui déchire en

---

[103] Saxo Grammaticus, *La Geste des Danois* (*Gesta Danorum*), trad. du latin par Jean-Pierre Troadec, Collection l'Aube des Peuples, Éd. Gallimard, 1995, page 105.

lambeaux, fracasse et met en pièce" est bien entendu le vengeur Horus !

Concluons avec le déchiffrage du terme en vieux norrois *Ragnarök* qui entérinera les révélations de Saxo sur la victoire des hommes sur les dieux et la nouvelle suprématie des mortels sur la Terre ; c'était bien l'événement qui permit : "l'assassinat des êtres hostiles pour restaurer l'humanité", de RA(assassiner)-AḤ₄(être hostile, ennemi)-NA(humanité)-RUK(restaurer) voire "le nettoyage qui fut bénéfique à l'humanité" de RAḤ(nettoyer, inonder)-NA(humanité)-RUK(bénéficier, bénéfique).

***

Avant de nous pencher sur la transmission de la souveraineté de la Terre aux monarques humains, dont les héros sont les archétypes, levons un mystère sur les populations mésoaméricaines que nous avons évoquées plus haut. Si, de notre point de vue, les mythes des Mayas et de leurs voisins sont à ce point semblables à ceux proches de nous c'est parce qu'ils auraient été transmis par leurs ancêtres qui auraient migré de l'Asie vers le continent américain via le détroit de Béring. Les études sur les haplogroupes démontrent que tous les lignages génétiques présents de nos jours sur le continent américain (du nord au sud) sont arrivés en une seule vague migratoire, ensuite complétée par plusieurs autres migrations ponctuelles (d'origine sibérienne) de populations restées majoritairement dans le nord du territoire. Ces lignages génétiques se seraient ensuite distingués les uns des autres à raison des diverses migrations intracontinentales. Tous les lignages ? Pas tout à fait. Vous êtes peut-être au fait des différents témoignages laissés par les Mésoaméricains trahissant la présence de phénotypes étrangers à la représentation classique des Amérindiens. Nous avons notamment retrouvé d'imposantes gravures de têtes finement sculptées par les Olmèques, culture-mère de toutes les civilisations précolombiennes d'Amérique centrale, dont les traits sont distinctement négroïdes.[104]

---

[104] http://www.cndp.fr/entrepot/index.php?id=1304

Tête sculptée olmèque retrouvée sur le site archéologique de La Venta (Mexique) daté entre 1000 et 600 avant notre ère. Le phénotype représenté est n'est clairement pas amérindien ! Source :
http://www.histoire-du-monde.fr/antiquite/amerique/les-olmeques

Il existe encore dans les écrits mythiques locaux les descriptions de divinités civilisatrices aux allures de gaillards scandinaves. On sait avec certitude aujourd'hui que certains Vikings et Goths parvinrent jusqu'au Nouveau Monde. C'est autour de l'an mille que Leif Erikson, un explorateur islandais, aurait établi une colonie nordique sur le continent américain en faisant escale par le Groenland. La description du phénotype caucasien au sein des cultures précolombiennes traduit-elle un écho de la présence passée de cette colonie viking ou bien d'autres voyageurs nord- européens ont-ils navigué jusqu'en Amérique centrale plusieurs décennies ou siècles après Leif Erikson ? Impossible de répondre avec certitude ; toujours est-il que des hommes caucasiens ont bien fréquenté des autochtones, ce qui ne manquât pas d'être introduit dans les légendes précolombiennes. Quant aux hommes, que l'on suppose noirs, dépeints par les têtes imposantes gravées par les Olmèques, ils n'ont rien d'un mythe !

Deux papiers publiés récemment (dans les revues scientifiques *Science* et *Nature*) et analysés par Bernard Sécher sur son Blog[105] prouvent qu'il y a une affinité génétique entre les populations australo-mélanésiennes – aux traits évidemment négroïdes, pensez aux aborigènes d'Australie – et certaines tribus d'Amazonie (notamment les Surui et les Karitiana). Mieux : cette migration serait plus ancienne que le premier peuplement supposé du Nouveau Monde par le détroit de Béring. Cela expliquerait notamment pourquoi nous attribuons une datation plus ancienne que la première migration humaine provenant de Sibérie à des squelettes d'hominidés retrouvés en Amérique centrale et du sud. Il faut en conclure qu'il y eut plusieurs migrations et explorations du continent américain : océaniques, d'île en île (Australo-mélanésiens voire Japonais) ; terrestres (Asiatiques passant par le détroit de Béring) et transcontinentales (Scandinaves, voire Celtes). Et ce, bien avant Christophe Colomb.

Enfonçons un peu plus le clou avec des découvertes commençant à dater (début des années 80) réalisées sur le site archéologique de Pedra Furada au Brésil. L'on y a découvert des ossements humains, des peintures pariétales et autres artefacts, le tout faisant remonter la première occupation du site à -60 000 ans ! Cela impliquerait, s'il s'agissait de Sapiens, à une sortie d'Afrique alternative à la route terrestre nord-africaine/moyen-orientale. S'il s'agit d'un autre Homo cousin de Sapiens, il est probable qu'il ait atteint le continent américain par bateau. Les peintures rupestres ornant l'abri sous grotte de Pedra Furada sont d'ailleurs les plus anciennes figurant un bateau ; on estime leur réalisation à 20 000 ans avant notre ère. Le célèbre paléoanthropologue français Yves Coppens estime pour sa part crédible un premier peuplement de l'Amérique du Sud par voie maritime depuis l'Afrique à une époque qu'il fait remonter jusqu'à 100 000 ans.[106]

---

[105] http://secher.bernard.free.fr/blog/index.php?post/2015/07/23/Affinité-génétique-Australo-Mélanésienne-chez-les-Amérindiens-d-Amazonie
[106] E. Peyre, C. Guérin, N. Guidon, et Y. Coppens, *Des restes humains du pléistocène dans la grotte du Garrincho, Piauí, Brésil*, Comptes Rendus de l'Académie des Sciences de Paris 327, 1998, série II, 335-360.

La traversée du Pacifique par Sapiens en des temps reculés depuis l'Australie (ou des îles d'Océanie) jusqu'à l'Amérique centrale paraît sinon improbable du moins extrêmement périlleuse. Mais il faut considérer ici trois paramètres :

1- une possibilité de naviguer d'île en île jusqu'à finalement atteindre un nouveau continent. Problématique : la distance à parcourir entre les îles du Pacifique les plus proches de la région australo-mélanésienne et le continent américain est immense. Dans l'état géologique actuel des choses, ces peuples partaient littéralement pour l'inconnu avec de fortes chances de ne jamais pouvoir revenir, ou simplement de survivre – mais que serait l'Homo Sapiens sans sa soif inassouvie d'exploration ? Nous verrons d'ailleurs dans l'ultime partie de cet essai que ces peuples possédaient les embarcations nécessaires pour des voyages en pleine mer.

2- cette migration australo-mélanésienne a été plus simplement réalisable que supposée puisque le niveau global des océans était nettement inférieur à celui que nous connaissons aujourd'hui. Il existait donc, au départ de cette migration, plus d'îles et d'archipels ; la superficie des îles actuelles était plus étendue. Il aurait pu ainsi exister un chapelet de terres immergées menant de proche en proche jusqu'au continent américain.[107]

---

[107] Il est quasiment acté aujourd'hui que des Polynésiens ont eu des contacts répétés avec les cultures précolombiennes durant la préhistoire ; les langues – et surtout les certitudes ! – se délient, le tout appuyé en renfort par les dernières découvertes génétiques indiquant que des habitants du Pacifique léguèrent quelques gènes et connaissances à leurs voisins de l'est : voir http://www.sciencemag.org/news/2014/10/epic-pre-columbian-voyage-suggested-genes et http://interactive.archaeology.org/tiwanaku/qanda.html.
Au-delà de la génétique, certaines preuves commencent également à faire leur apparition. Prenons pour exemple cet outil de jade vieux de 3300 ans attribué à la civilisation Lapita, donnée pour la plus ancienne des civilisations polynésiennes. Cet outil, donc, n'aurait rien d'exceptionnel à se retrouver en Nouvelle-Guinée si ce n'est que le gisement d'origine dudit jade proviendrait du Mexique ! Des voyages très longue distance en mer durant à une époque où cela était parfaitement exclu il y a encore peu de temps.
Source : http://www.livescience.com/18153-ancient-jade-tool-mystery.html
Nous évoquerons plus bas d'autres indices de contacts entre cultures du Japon (notamment) et d'Amérique du Sud.

3- les Hopis, dans leurs traditions orales, et Anton Parks dans ses écrits, mentionnent l'existence d'un continent nommé Kásskara. C'est le fameux continent de Mû des légendes, une île gigantesque se situant dans le Pacifique. Les Hopis prétendent que ce fut la terre d'origine des Amérindiens et qu'elle coula au fond des eaux suite à un cataclysme il y a environ 80 000 ans. Parks ne dit pas autre chose : les Sinumun (Amérindiens) après leur création dans les Pléiades furent déposés sur cette terre précise par les Gina'abul. La modification du climat réclamé par le régime Anunna-Ušumgal engendra un basculement des pôles magnétiques terrestres qui précipita Kásskara sous les flots, menaçant l'A'amenptah/Dilmun du même destin funeste. L'Atlantide subit une destruction partielle mais demeura viable.[108] Il ainsi logique de trouver des liens génétiques entre les populations habitant de part et d'autre de l'ancien continent de Mû : le continent ayant pu servir de ''passerelle''entre l'Amérique du Sud et les îles océaniques ; les survivants de son engloutissement ayant migré d'urgence sur les terres les plus proches d'eux : à l'ouest pour les futurs Australo-Mélanésiens, à l'est pour les futurs Amérindiens.

La question pertinente serait maintenant non pas de savoir si ces explorateurs antiques ont véhiculé leurs mythes et légendes avec eux – nous pouvons affirmer que c'est quasiment systématique – mais quel peuple a légué ses mythes aux autochtones, et à quelle période de l'histoire ? Étant donné que la famille du mythe du Déluge D (océanique) ne comporte qu'assez peu de points communs avec les familles A (mésopotamienne) et E (amérindienne), mais que ces deux dernières sont assez semblables dans leurs composantes, il semble évident que la famille mésopotamienne est à l'origine de l'amérindienne. Par quel mouvement migratoire ? Sans aucun doute celui débuté il y a mille ans par les Islandais et peut-être les Irlandais après eux. Nous savons que les mythes germano-celtiques du Déluge sont issus de la famille mésopotamienne. Ce serait donc peut-être par eux que les mythes du Déluge (et autres récits anthropogoniques et

---

[108] Anton Parks, *Le Réveil du Phénix*, op. cit., pp. 92-95 ; 181-185.

cosmogoniques) auraient pu être empruntés par certaines civilisations précolombiennes. Nous retrouvons peut- être une influence celtique chez les Mayas en l'une de leurs divinités majeures, Kukulkan. Il était l'équivalent du Quetzalcóatl[109] des Aztèques : un dieu civilisateur venu de l'Océan. Est-ce une coïncidence si le célèbre fils du dieu celte de la lumière Lugh (évoqué largement dans le chapitre consacré à Apollon dans le tome précédent) se nommait Cúchulainn ? Lui-même héros légendaire qui reprit les attributions de son père divin, lorsqu'il n'est pas vu tout simplement comme un doublet de Lugh. Nous verrons dans le chapitre II que ce sont peut-être directement des Grecs qui auraient tout simplement contaminé les mythes précolombiens ; ce qui expliquerait le nombre surprenant de similitudes entre les corpus locaux et ceux du Vieux Continent. Nous ré-évoquerons les questions de généalogie génétique et de migration de Sapiens dans la préhistoire lors de l'ultime chapitre de cet essai où nous élaborerons un scénario hypothétique de diffusion de la culture et des techniques héritées des dieux.

Puisqu'il s'agit à présent d'évoquer des héros, lançons-nous sans tarder dans leurs récits épiques !

---

[109] Quetzalcóatl pourrait se déchiffrer ainsi via le protosumérien : KÙ(saint, sacré)-ET(force armée, aile)-ZAL(fournir, distribuer)-KÙ(métal), KÚ(nourriture), KU(fondation, construire)-ÁT(glaive)-AL(pioche, bêche, houe), soit "le saint ailé (ou la force armée sacrée) qui distribue le métal, la nourriture, les constructions, les glaives et les outils à creuser". Ce décodage ne souffre d'aucune ambiguïté : il est bien un héros ailé et civilisateur !

CHAPITRE II

HÉROS ET DEMI-DIEUX

Les hommes ont été créés par les dieux pour les servir puis détruits par eux à plusieurs reprises, pour plusieurs motifs (prototypes défectueux, impiété récurrente ou autre raison). Après s'être relevés, les mortels pourtant aux ordres des dieux – ou les ayant éliminé en grande majorité comme le prétend l'épisode du Ragnarök dans la *Gesta Danorum* de Saxo –, se virent offrir la souveraineté des cités et des terres, propriétés des immortels.[110] Les premiers monarques furent de lignages divins, fruits de l'union de mortelles et de divinités masculines ; seuls aptes à défendre les intérêts de la société céleste.[111] Ce statut particulier fit des rois des personnages sacrés, placés parfois au rang des immortels – souvent après leur mort. Au fur et à mesure, des monarques non-demi-dieux se virent confier les fonctions suprêmes, permettant de régner sur le genre humain.

Les premiers, quoique fils de dieux, comme les seconds n'en restaient pas moins mortels. Leur quête éternelle sera donc de se rapprocher, de devenir semblables aux êtres ineffables les devançant et d'acquérir l'immortalité. Les demi-dieux sont issus

---

[110] Nadine Guilhou et Janice Peyré, op. cit., page 195.
[111] Deux documents doivent nous interpeller à ce sujet : la *liste royale sumérienne* et le *canon royal de Turin*, décrivant respectivement les dynasties ayant régné sur Sumer et le Double-Pays. Ce qui étonne ce sont les premiers souverains et la durée de leur règne, du côté égyptien, avant la dynastie régie par le premier Pharaon Menes, nous retrouvons une série de dieux (aux durées de règne abyssales selon notre mesure du temps) suivie de demi-dieux avant qu'une période sans souverain n'achève la période de souveraineté d'êtres célestes ou semi-célestes. À Sumer la durée de règne des rois antédiluviens donne, elle aussi, le vertige, certains ayant exercé leur autorité sur le pays plusieurs dizaines de milliers d'années, *"après que la royauté descendit du Ciel"*, en d'autres termes, lorsque les dieux laissèrent la Terre aux hommes.

d'une génération spéciale d'êtres humains, ils sont nés selon Hésiode en parallèle des hommes de la race de fer, des cendres des hommes de bronze. Selon Hésiode si le héros (du grec ancien ἥρως, hérôs) doit sa dénomination à son lien avec le divin, Homère, quant à lui, décrit le héros comme un homme qui se distingue par ses exploits, son courage et ses talents. Ainsi Achille et Ulysse, bien qu'ayant respectivement un père mortel n'en sont pas moins considérés comme deux des plus grands héros des cycles épiques d'Homère.

1 - Dénomination et Origines des Héros

> *"Entre autres preuves que je pourrais apporter que les Égyptiens n'ont point emprunté des Grecs le nom d'Hercule, mais que ce sont les Grecs qui l'ont pris d'eux, et principalement ceux d'entre eux qui ont donné ce nom au fils d'Amphitryon, je m'arrêterai à celles-ci : le père et la mère de cet Hercule, Amphitryon et Alcmène, étaient originaires d'Égypte ; bien plus, les Égyptiens disent qu'ils ignorent jusqu'aux noms de Neptune et des Dioscures, et ils n'ont jamais mis ces dieux au nombre de leurs divinités : or, s'ils eussent emprunté des Grecs le nom de quelque dieu, ils auraient bien plutôt fait mention de ceux-ci. En effet, puisqu'ils voyageaient déjà sur mer, et qu'il y avait aussi, comme je le pense, fondé sur de bonnes raisons, des Grecs qui pratiquaient cet élément, ils auraient plutôt connu les noms de ces dieux que celui d'Hercule. Hercule est un dieu très ancien chez les Égyptiens ; et, comme ils le disent eux-mêmes, il est du nombre de ces douze dieux qui sont nés des huit dieux, dix-sept mille ans avant le règne d'Amasis."*
> **Hérodote, *Histoire*, Livre II, 43.**

Nous le voyons, la frontière entre le monarque, le demi-dieux et le héros est assez floue. Dans tous les cas, c'est un personnage sacré jouant souvent le rôle d'intermédiaire entre le divin et le monde des mortels, le garant de la stabilité de l'Univers, de la Nature. Émanation de cette dernière, le dieu- taureau, fils-amant de la Terre-Mère, est le modèle du roi sacré, son avatar incarné au sein du peuple pour le guider et le sauver. Le roi sacré est donc un monarque mais aussi un guide spirituel. Nous parlons d'une époque où le religieux et le politique ne formaient qu'un bloc indissociable.

Toute la vie du Roi est ritualisée de son sacre à son élimination ; les épreuves, le mariage, la mort ou l'apothéose du héros sont là pour en témoigner : les événements de la vie de tous les héros sont calqués sur un modèle d'origine, ce modèle étant de nature divine, vous l'aurez compris. C'est Damu-Dumuzi-Tammuz chez les Suméro-Akkadiens, Osiris-Horus chez les Égyptiens, et Dionysos chez les Grecs. Nous pourrions ainsi dire que le premier héros est né dans la sphère divine avant de se propager, comme la royauté, dans l'univers des mortels. Il est ainsi logique de retrouver le héros dans la peau d'un demi-dieu qui, de fait, était le mieux placé pour régner sur les hommes. Dans le monde occidental, l'archétype du héros est Héraklès. Comme nous le verrons, il servit d'étalon à de nombreux doublets locaux faisant écho à sa vie et à ses exploits. Chez les anciens Mésopotamiens, le héros local est Gilgameš, né d'un roi mortel et d'une mère divine. Enfin nous retrouvons dans les traditions du Double-Pays certainement la plus fondamentale des notions de héros en la double personnalité d'Osiris-Horus.

Qu'est-ce qu'un héros ? Nous avons déjà en partie répondu à cette question en introduction de ce chapitre mais complétons notre argumentaire.

Un héros est, à l'origine, un dieu qui se distingue de ses semblables par ses actes ; des actes de bravoure, de courage mais également dans son rôle de guide, de civilisateur. Ainsi l'origine du héros remonte-t-elle sans aucun doute à l'Égypte antique, et au plus important dieu de son panthéon, Osiris. Si nous voyons assez mal un Osiris dans une posture héroïque c'est avant tout parce que la notion de héros a été galvaudée pour ne laisser place qu'à une figuration de surhomme qui frappe ses ennemis avant d'ouvrir la bouche. C'est tout à fait faux. Ou plutôt pas complètement exact. Le héros éduque et fait preuve de sagesse, il civilise par la parole ; lorsque tous les recours intellectuels ont échoué, il passe alors à l'action et combat physiquement pour éloigner la barbarie. Il ne faut pas oublier qu'Osiris était aussi un guerrier et les mythes prétendent qu'il était revenu de l'Amenti afin d'enseigner à son fils Horus les arts de l'intelligence et du maniement des armes afin, qu'un jour, il puisse défaire son oncle Seth.[112] Les deux divinités passaient ainsi des journées entières à s'entraîner lors de joutes verbales, tactiques et physiques. Au départ d'Osiris, Horus était devenu le prolongement de son défunt géniteur, à l'exception près qu'il usait moins souvent de diplomatie.

Dans le chapitre consacré à Apollon dans *Les Douze Dieux de l'Olympe*, nous avons vu quelques-unes des nombreuses divinités ayant des similitudes frappantes avec Horus le jeune – nous y reviendrons. Nous avons également souligné dans le dossier dédié à Dionysos la ressemblance entre ce dernier et Héraklès mais également avec Apollon. Nous en concluons qu'Apollon, Dionysos et Héraklès pourraient tous être qualifiés de héros et figureraient à l'origine un seul et même protagoniste surnaturel. Enfonçons une porte ouverte avec cette ultime citation du Dictionnaire de Daremberg et Saglio :

> "*Dionysos était considéré comme ayant ouvert et frayé à Hercule la voie que celui-ci avait ensuite suivie. Guerriers et vainqueurs tous deux, ils participaient à la fois à la nature divine et à la nature humaine ; tous deux ils s'étaient élevés à force d'exploits de la condition de héros à celle d'Olympiens. Tous deux avaient introduit à leur suite dans le ciel leur mère mortelle, l'un Sémélé, l'autre Alcmène. Le caractère de ce rapprochement est très nettement précisé par le vase où l'on voit Athéné conduisant Héraklès au ciel dans un quadrige, tandis qu'au bas est Dionysos couché, et par celui où Dionysos entre deux Satyres fait pendant à Hercule reçu dans l'Olympe.*"[113]

---

[112] Nadine Guilhou et Janice Peyré, op. cit., page 99.
[113] Charles Daremberg et Edmond Saglio, *Dictionnaire des Antiquités grecques et romaines*, Éd. Hachette, 1877, article Bacchus, XIV.

Ce protagoniste a tout lieu d'être Horus, fils d'Osiris, puisque tant le fils que le père ont été aisément identifiables à Dionysos, sans oublier l'Horus grec, Apollon qui a tous les aspects de son homologue égyptien.

Héraklès serait ainsi Horus (mais également Osiris). Nous allons pour cela décrypter le sens caché de son nom. Aucune étymologie satisfaisante ne s'est imposée concernant Ἡρακλῆς / *Hêraklês*, que l'on traduit généralement par la ''Gloire d'Héra''– définition parfaitement stupide lorsque l'on sait la haine que la déesse vouait au rejeton adultère de Zeus ! Le sens du nom d'Héraklès ne trouve guère d'intérêt si l'on reste sur les terres des Hellènes ou si l'on se réfère aux traditions préhelléniques. Il faut aller le chercher plus loin, plus au sud, en Égypte. Décomposons sans plus attendre Héraklès en rappelant que les voyelles n'étaient pas figurées dans l'écriture hiéroglyphique mais aussi que le ''L''n'existait pas dans la langue d'Horus, on le remplace généralement par le ''R'': Hr(Horus, le Roi, se préparer)-kA(âme, esprit, taureau)-rs(s'éveiller, veiller, vigilant), Hr-kA-rs (prononçable en Heru-ka-res ou Hera-ka-res) étant ainsi ''Horus, l'âme qui s'éveille''ou ''l'esprit qui se prépare à l'éveil''ou ''le Roi-taureau vigilant''voire ''celui qui veille sur l'âme du Roi (ou sur le Roi-taureau)''. Ne retrouvons-nous pas dans les textes mythologiques égyptiens d'Edfu, dans la célébration de la victoire d'Horus sur son oncle Seth, la déclaration suivante :

> ''*Viens à ma voix, mon père Osiris !*
> *Je suis ton fils Horus.*
> *Je suis le taureau, fils du taureau.*
> *Je suis l'héritier, fils de l'héritier.*
> *Je suis Horus, fils de Rê, le faucon qui sort de l'horizon du ciel* […]''[114]

Le taureau succède au taureau. Horus comme son géniteur est un dieu-taureau. Osiris est le taureau lunaire. Horus est lui le Soleil : le symbole bovin intervient ainsi dans deux cycles de mort-résurrection célestes : un cycle quotidien (alternance lune/soleil) et

---

[114] Nadine Guilhou et Janice Peyré, op. cit., page 420.

un cycle annuel (saisons, mort symbolique du soleil en hiver, résurrection au printemps). Dans les *Textes de Pyramides*, Horus est qualifié de "Taureau de Nékhen"[115] (nom égyptien de l'antique cité d'Hiérakonpolis dont nous reparlerons plus loin).

Nous ne reviendrons pas sur l'interminable symbolique du taureau dans ce chapitre. Précisons qu'Horus était aussi figuré par d'autres animaux puissants tels le lion (prédateur supérieur sur terre) et le faucon (l'équivalent du lion dans les cieux). Aussi redisons dans quelles autres divinités nous pourrions identifier Horus, fils d'Isis :

- Shed, "le Sauveur"divinité archère et dieu-enfant, au rôle prophylactique, on l'invoquait pour guérir des morsures de serpents et des piqûres de scorpions,
- Nefertum, associé au soleil, à la justice, à la magie et à la guérison, il est une déité associée au lion et au faucon,
- Montu, dieu solaire à tête de faucon associé à la guerre et aux armes dont le nom signifie "nomade",
- An-Her, divinité guerrière liée au Soleil figurée avec une tête de lion et vénérée aux côtés de Tefnut-Hathor,
- Resheph, d'origine cananéenne, c'est un dieu archer qui apporte le fléau mais soigne aussi les maladies. Il protège le pharaon et est figuré aux côtés de Min (alias Osiris) et de Qetesh (alias Isis-Hathor),
- Soped, qui veut dire "lumière de l'Orient"est un dieu guerrier, patron du Delta oriental. Sa tête est surmontée d'un triangle lumineux et permet à la lumière de l'Orient d'être présente ici-bas,
- Miysis, fils de Bastet-Isis, luttant auprès de Rê contre Apophis-Seth et dépeint sous les traits d'un lion,
- Harsomtus, l'Horus qui unit les Deux Terres, dieu-enfant au rôle protecteur associé à la fureur du lion,
- Khonsu, dieu lunaire et dieu-enfant protecteur du Pharaon, guérisseur et protecteur.

---

[115] *Textes des Pyramides*, [254] § 276a.

Que retenir de tout cela ? Que Horus et ses avatars étaient des dieux de la lumière, du soleil, de la justice. Des animaux associés à l'astre du jour sont là pour renforcer le trait : faucon et lion accompagnent ou symbolisent le dieu. Ces divinités sont souvent guerrières et sont munies d'un arc et de flèches. Autant de caractéristiques que l'on retrouve à la fois chez Apollon et chez Héraklès (protagonistes solaires et archers). Ces liens doivent se retrouver dans la sémantique grecque et égyptienne. Tout y est, effectivement. Si Héraklès provient de Hr-kA-rs, d'autres découvertes nous attendent : le terme *hérôs*, à commencer par lui, provient à n'en pas douter de Hr (Heru en égyptien), ''Horus'' en grec ou ''le Roi'', la proximité phonétique avec Éros, dieu-enfant archer, n'est pas non plus une coïncidence anecdotique. En Égypte, le théonyme Horakhty sonne familièrement à nos oreilles, il est ''l'Horus des deux horizons'', soit le fils solaire d'Osiris qui se lève à l'Est sous sa forme hiéraconcéphale. Horus/Heru a certainement donné Hélios, le Titan symbolisant l'astre du jour avant qu'Apollon ne lui dérobe sa place. Il peut être vu comme un œil qui voit tout, puisqu'il est qualifié par Homère de *''celui qui voit et entend toutes choses.''*[116] Nous renvoyant au mythique Œil d'Horus ou Œil Oudjat, symbole prophylactique égyptien. Cet œil n'étant autre que le Soleil ; nous avions déjà précisé que les yeux divins symbolisaient les astres.

Les mots grecs pour *faucon* (*hierax* et *hierakos*) sont eux aussi très proches du nom d'Horus et plus encore d'Héraklès. Bouclons la boucle avec le caractère solennel de ces fameux héros en rappelant que l'adjectif *sacré* se traduit en grec ancien par *hieros* qui donna notamment l'adjectif hiératique en français. Précisons aussi que le personnage d'Oreste fils du roi achéen Agamemnon (célèbre pour sa participation à la légendaire guerre de Troie) a aussi un nom phonétiquement assez proche de celui d'Horus. La traduction convenue d'Oreste nous avance qu'il est issu ''de la montagne''. Enfin son parcours est quasiment semblable à celui d'Horus fils d'Isis : son père est assassiné lâchement par son oncle Égisthe alors que ce premier prend un bain, sa mère est courtisée par Égisthe et, une fois devenu en âge de se venger, Oreste vengea

---

[116] Homère, *Odyssée*, XI, 109.

la mort de son géniteur en tuant son oncle. Dans sa lancée, il exécuta également sa mère, Clytemnestre, devenue l'amante d'Égisthe faisant écho à Horus qui décapita Isis dans un excès de colère.

Ici, trois figurations classiques de héros : à gauche une gravure d'albâtre du Musée du Louvre (vers 1000-612 av. J.-C.) représentant un héros – généralement identifié au roi d'Uruk, Gilgameš – dominant un lion, au centre le fameux Héraklès, tiré d'une céramique attique à figures noires et rouges (vers 510 av. J.-C. ; photo de Erich Lessing), couvert de la dépouille du lion de Némée et enfin Shed, le guerrier archer, avatar d'Horus – gravure sur calcaire du Musée du Louvre, vers 1200-800 av. J.-C. Dans tous les cas de figure, nous retrouvons le symbole léonin ainsi que les armes fétiches du héros qui nous concerne : la massue et l'arc.

L'image du dieu-héros inspira le demi-dieu puis le souverain mortel après lui. Durant sa vie, Pharaon était un Horus, à sa mort il était un Osiris. Pharaon était un roi sacré, un Prêtre-Roi, un Maître militaire, un Héros. Il apportait la civilisation, imposait la Loi, protégeait le peuple de la famine et le défendait contre ses ennemis. Osiris/Horus était ainsi le prototype du héros, du moins sémantiquement parlant. Du reste, nous pourrons sans mal le rapprocher de ses cousins grecs et mésopotamiens.

Quasiment toutes les biographies des héros participaient d'un schéma directeur comme suit :

➢ Naissance extraordinaire (dieu géniteur métamorphosé, père absent, union par subterfuge) suivie d'une enfance menacée nécessitant la dissimulation de l'enfant ou de l'identité de

celui-ci. Le héros nouveau-né est souvent pris en charge par une tierce personne (nourrice, famille royale, fraternité, être hybride).
- ➢ Le jeune héros montre très tôt ses talents dans de multiples domaines et fait preuve d'un grand courage. Il défait des monstres/bandits et/ou reçoit les emblèmes de sa nature divine.
- ➢ Le héros se prépare à une aventure, des épreuves, une expédition étant parfois accompagné de son frère jumeau, son ami, son alter ego (figurant le taniste du roi sacré). Cet alter ego peut être dès le début un soutien du héros comme le devenir après avoir été un adversaire. Une figure féminine de vierge-épouse soutient parfois le héros moralement et physiquement : il s'agit soit d'une déesse soit de la fille d'un souverain rencontrée sur le parcours du héros.
- ➢ Durant ses aventures, le héros accomplit des exploits hors du commun, participant à nettoyer plusieurs territoires de menaces liées à des brigands, des monstres anciens, des tyrans sans foi ni loi. Il impose sa force et sa sagesse. Certaines de ses épreuves conduisent le héros à tromper la mort en revenant du Séjour infernal.
- ➢ Sa quête le mène parfois à rechercher l'immortalité par tous les moyens. Par ce biais il cherche à compléter sa nature divine et éliminer définitivement sa part mortelle.
- ➢ Le héros finit sa vie péniblement, soit il est délaissé et oublié par le peuple qu'il a protégé, soit il meurt dramatiquement. Dans certains cas, il renaît ou expérimente une apothéose, ce qui le lie aux cycles de vie et de mort de la Nature.

Nous ne détaillerons malheureusement pas les épopées héroïques dans cet essai. Ce n'est pas le but de cet ouvrage et cela alourdirait considérablement son contenu. En revanche, je vous conseille d'au moins parcourir les exploits des héros grecs dont le caractère épique a largement influencé la culture populaire contemporaine. Présentons-en revanche rapidement les divers intervenants cités dans ce dossier et leurs principaux faits d'armes :

Héros	Corpus	Filiation / Famille	Connu pour
Héraklès	Grec	Parents : Zeus + Alcème Frère : Iphiklès	Ses Douze Travaux
Persée	Grec	Parents : Zeus + Danaé	Meurtre de Méduse Sauvetage d'Andromède
Thésée	Grec	Parents : Poséidon + Æthra	Ses Travaux Victoire sur le Minotaure
Bellérophon	Grec	Parents : Poséidon + Eurymédé	Victoire sur la Chimère
Dioscures	Grec	Parents : Zeus + Léda	Sanglier de Calydon Expédition des Argonautes
Énée	Grec	Parents : Aphrodite + Anchise	Guerre de Troie Descente aux Enfers
Jason	Grec	Parents : Éson + Polymédé	Expédition des Argonautes
Oreste	Grec	Parents : Agamemnon + Clytemnestre	Vengeance sur le meurtrier d'Agamemnon
Œdipe	Grec	Parents : Laïos + Jocaste	Victoire sur le Sphinx
Orphée	Grec	Parents : Apollon + Calliope	Descente aux Enfers
Achille	Grec	Parents : Pélée + Thétis	Guerre de Troie
Ulysse	Grec	Parents : Laërte + Anticlée	Héros de l'Odyssée
Dionysos	Grec	Parents : Zeus + Sémélé	Conquête de l'Inde Descente aux Enfers
Horus	Égyptien	Parents : Osiris + Isis	Meurtre de Seth Unification des Deux Terres
Gilgameš	Mésopotamien	Parents : Ninsun/Ninsumun + Lugalbanda	Victoires sur divers monstres
Lugh	Celte	Parents : Cian + Eithne	Lutte contre les Fomoires
Cúchulainn	Celte	Lugh + Eithne Deichtine + Conchobar Mac Nessa	Défense de la province d'Ulster

Poursuivons maintenant avec la naissance et ses premiers pas du héros.

2 - La naissance et l'enfance du Héros

> *"Zeus se changea en pluie d'or et, par le toit, se laissa couler dans le sein de Danaé. Quand Acrisios apprit que Danaé avait mis au monde le petit Persée, il ne voulut pas croire qu'il était de Zeus : il enferma Danaé et son petit-fils dans un coffre qu'il jeta à la mer. Poussé par le courant, le coffre arriva à Sériphos, et Dyctis prit l'enfant et l'éleva."*
> **Pseudo-Apollodore, Bibliothèque, II, 4, 1-2.**

Tous les héros présentent une naissance extraordinaire, c'est un invariant. Si dans la sphère céleste, les modèles des héros sont des dieux morts puis revenus à la vie (Osiris/Horus, Dionysos, Damu-Dumuzi), dans le monde des mortels la naissance n'intervient pas après un trépas. Nous venons de citer du Pseudo-Apollodore la naissance de Persée, une parmi bien d'autres qui présentent toutes une caractéristique unique : la fécondation d'un mortel par un dieu usant de subterfuge. Chez les Grecs, ce dieu est souvent Zeus, il arrive que ce soit Poséidon. Persée l'Argien répondait, de même que Thésée l'Athénien, Jason le Thessalien, Bellérophon le Corinthien ou encore Oreste lui aussi d'Argos, au dorien Héraklès, prototype de tous les héros grecs. Ci-après une matrice résumant les naissances héroïques majeures :

Héros	Parent divin	Conception
Héraklès	Zeus	Zeus prit l'apparence d'Amphitryon
Persée	Zeus	Zeus se métamorphosa en pluie d'or
Thésée	Poséidon	Poséidon prit l'apparence d'Égée
Bellérophon	Poséidon	Poséidon s'unit ouvertement à Eurymédé
Dioscures	Zeus	Zeus métamorphosé en cygne pour s'unir à Léda
Énée	Aphrodite	Né d'Anchise et d'Aphrodite
Orphée	Apollon	Né d'Apollon et la muse Calliope
Achille	Nérée	Petit-fils de Nérée et Doris
Ulysse	Éole	Petit-fils d'Éole, fils de Sisyphe
Dionysos	Zeus	Zeus naît de la cuisse de son père

Horus	Osiris	Isis s'unit avec le corps reconstitué d'Osiris
Gilgameš	Ninsun/Ninsumun	Né d'un père mortel et d'une déesse
Lugh	Cian	Cian magiquement introduit dans la tour où est enfermée Eithne
Cúchulainn	Lugh	Conçu dans le monde réel et le monde des esprits

Nous retrouvons également bien des motifs récurrents dans les naissances des héros. Ainsi le héros peut-il être né d'une mère mortelle fécondée dans la même nuit par un homme, souvent un roi, et un dieu (Héraklès, Thésée, Dioscures). L'union d'une déesse et d'un homme (Gilgameš, Cúchulainn, Énée) est plus rare que celle d'une femme et d'un dieu (Héraklès, Persée, Thésée, Bellérophon, Dioscures, Dionysos, Orphée). Plus exceptionnelle encore est la procréation d'un héros dans la sphère divine (Horus, Lugh). Il existe des cas de figure où le héros, sans être directement le rejeton d'un dieu ou d'une déesse, fait partie d'une lignée dont un lointain aïeul fut sang divin (Achille ou Ulysse). Dans le mythe égyptien de *la naissance divine d'Hatchepsout*, nous retrouvons ce même motif : le dieu Amon (réplique locale de Zeus) s'éprit de la femme du pharaon Âakheperkarê et décida de s'unir à elle ; il prit pour se faire l'apparence du roi et plaça dans le ventre de la reine la future souveraine Khenemetimen-Hatchepsout, l'une des reines les plus fameuses d'Égypte antique.[117]

De même dans les cycles arthuriens, le roi Arthur naquit-il suite à un subterfuge imaginé par Merlin. Le père biologique d'Arthur, Uther Pendragon, éperdument amoureux d'Ygerne de Tintagel, l'épouse légitime du Duc de Gorlais, put prendre l'aspect physique de ce dernier grâce à la magie de l'Enchanteur le plus célèbre de Bretagne. Ainsi fut-il accepté dans la couche de la fidèle Ygerne qui l'accueillit avec tout l'amour qu'une épouse dot témoigner à son mari. C'est durant cette nuit précise que le futur roi de

---

[117] *La naissance divine d'Hatchepsout*, issu du temple funéraire de la reine Hatchepsout à Deir el-Bahari. Traduction de Claire Lalouette, *Textes Sacrés et textes profanes de l'ancienne Égypte*, Éd. Gallimard, 1984, pp. 30-35.

Bretagne fut conçu. Il sera confié, dès sa naissance, à un certain Antor des mains mêmes de Merlin.[118]

Certains futurs rois-héros semi-légendaires furent quant à eux, selon un mythème indo-européen fréquent, élevés par une louve ; ce fut le cas par exemple des célèbres Remus et Romulus (fondateurs de Rome), de Cyrus II (fondateur de l'Empire perse) ou encore du roi irlandais Cormac mac Airt.[119]

La vie du héros nouveau-né est parfois en danger à cause de la jalousie d'un autre dieu (Dionysos, Héraklès, Apollon menacés de mort par Héra ; Horus traqué par Seth) contraignant sa mère à le métamorphoser et/ou à le déplacer à plusieurs reprises,[120] voire à le confier à des bergers ou des nymphes pour le protéger. D'autres fois, le héros est l'objet d'une malédiction le désignant comme futur meurtrier de son grand-père ; lequel n'ayant d'autre choix que de séquestrer sa fille pour l'empêcher d'avoir quelque commerce amoureux que ce soit avec un homme. C'est, malheureusement, pour le futur grand-père un dieu qui s'unit à sa fille (Cian avec Eithne, parents de Lugh ; Zeus avec Danaé, parents de Persée). À cette découverte, les pères respectifs d'Eithne et de Danaé ont la même réaction : jeter à la mer l'enfant et sa génitrice dans un coffre afin qu'ils se noient. Le sort étant en faveur du futur héros, la mère et le nouveau-né sont recueillis et le héros finira par tuer son grand-père, comme la prophétie l'annonçait. Le même destin attendit Aléos, grand-père de Téléphe,[121] comme nous l'avons vu dans le chapitre II des *Douze Dieux de l'Olympe*.

Au sud-est du Péloponnèse, dans la ville de Brasiae, on prétendait que Sémélé arriva naturellement à terme de sa grossesse, offrant au monde le petit Dionysos. Cadmos, le père de Sémélé, l'enferma elle et son enfant dans une caisse en bois qu'il

---

[118] Jean Markale, *Le Cycle du Graal, Première Époque : la naissance du Roi Arthur*, Éd. Pygmalion, 1992, pp. 260-261 d'après le *Merlin* de la tradition de Robert de Boron.
[119] Claude Sterckx, *La mythologie du monde celte*, Éd. Poche Marabout, 2014, page 108.
[120] Nadine Guilhou et Janice Peyré, op. cit., page 98.
[121] Pseudo-Apollodore, *Bibliothèque*, III, 9, 1-2.

lâcha en Mer. Lorsque le coffre fut récupéré sur les côtes de Brasiae, Sémélé était morte mais Dionysos vivait. Il fut pris en charge par Ino, autre fille de Cadmos, qui l'éleva dans une grotte.[122] Dans d'autres cas de figure, ce sont les parents qui sont menacés dans le cadre d'une prophétie, comme c'est cas d'Œdipe destiné à épouser sa mère et à tuer son père. Le sort du nouveau-né est le même : il est écarté de la maison royale, exilé.

Selon Graves, l'étymologie du nom d'Œdipe serait *Oedipais* : *"Enfant de la mer soulevée (gonflée)"* indiquant que le nouveau-né avait été jeté dans un coffre à l'instar de Dionysos, Persée, Télèphe ou encore Remus et Romulus. Lugh était quant à lui destiné à être noyé dans un lac avec ses deux frères.[123] Toujours selon Graves, et nous le rejoignons volontiers, ces thèmes de coffres jetés dans l'élément liquide seraient des échos de la légende osirienne selon laquelle l'époux-frère d'Isis avait été enfermé dans une caisse à sa taille par Seth avant d'être offert au Nil ; dont le seul but était bien entendu qu'il finisse par s'y noyer.

Jason est lui-même déclaré mort-né par sa mère afin qu'il ne subisse pas le sort funeste que lui réservait son oncle Pélias. Il est élevé par le centaure Chiron, qui aura d'autres disciples de haut rang dont Héraklès, Asclépios, Actéon, Castor, Pollux, Jason, Ulysse ou encore Achille. Fils caché du roi athénien Egée, Thésée est l'héritier naturel du trône et, à ce titre, il représente une menace pour les membres masculins de sa propre famille. Sa naissance est donc dissimulée. Sa mère lui révéla son statut royal lorsqu'il fut assez fort pour soulever le rocher où elle avait placé ses symboles royaux (sandales d'or et épée). Il comprit alors qu'il devait régner sur Athènes. Robert Graves nous en dit plus au sujet de ces insignes précisant que : *"la partie de chasse d'Acaste, le banquet qui s'ensuit et la perte de l'épée magique de Pélée semblent avoir*

---

[122] Charles Daremberg et Edmond Saglio, op. cit., article Bacchus, IV.
[123] Une tradition irlandaise évoque la mort de Lugh, pas nourrisson cette fois mais bien adulte, et précise qu'il fut l'objet d'une vengeance des trois fils d'un certain Cermait. Cermait fut mis à mort par Lugh lorsque celui-ci le surprit lors d'un échange amoureux avec l'une de ses épouses. Les trois fils de Cermait, furieux du meurtre de leur géniteur, bien qu'il fût commis par Lugh, allèrent saisir le dieu et le noyèrent dans un Loch. Lugh était bien destiné à finir au fond des eaux !

été tirés fautivement d'une représentation figurant les préliminaires d'une cérémonie du couronnement, le couronnement impliquant le mariage avec l'héritière tribale. La scène représentait, semble-t-il, le combat rituel du roi avec des hommes déguisés en animaux et le retrait d'une épée royale d'un rocher fendu – comme dans les mythes de Thésée et du roi Arthur de Lyonesse"[124] *; mais encore que "les sandales et l'épée sont d'anciens symboles de royauté ; arracher une épée d'un rocher semble avoir fait partie du rituel de couronnement de l'Âge de Bronze. Odin, Galaad et Arthur eurent chacun à accomplir un exploit identique."*[125]

Le héros a souvent un jumeau, un ami fidèle, un alter ego. Ce second lui est attribué par les mythographes soit dès sa naissance soit au cours de ses aventures. Héraklès est né la même nuit qu'Iphiklès de même que les héros jumeaux mésoaméricains Hunahpu et Xbalanque. Horus partage les mêmes caractéristiques et théonyme que Horus l'Aîné. Castor et Pollux, les Dioscures, sont eux-mêmes issus de la même mère, l'un étant considéré comme mortel et l'autre comme un demi-dieu. Arthur avait Kai, le fils biologique d'Antor – son père adoptif –, pour frère nourricier. Avant d'être couronné roi de Bretagne, le tout jeune Arthur (âgé de dix-sept ans) était au service de Kai, alors chevalier. Ce dernier chercha à s'approprier la gloire d'avoir retiré Excalibur du perron dans lequel l'épée magique était scellée avant d'avouer avoir menti et permettre ainsi à Arthur d'être désigné roi de Bretagne.[126]

Rappelons que ce motif gémellaire récurrent traduirait selon nous tout à la fois :

➢ le lien unissant les deux Horus, Nergal et Erra,
➢ la mission du père (Enki-Osiris) prolongée par le fils (Nergal-Horus),
➢ la nature ambiguë d'Apollon-Horus, civilisateur, ordonnateur mais aussi guerrier vengeur,

---

[124] Robert Graves, op. cit., page 428.
[125] Ibidem, page 502.
[126] C'est pourquoi nous pourrions déchiffrer Kai par KA(témoin)-I(triomphe), soit ''le témoin du triomphe''.

> l'étoile du Matin (Faucon) et l'étoile du Soir (Phénix[127])
> le Soleil "diurne" et le Soleil "nocturne", c'est-à-dire lorsqu'il traverse le monde inférieur.[128]

Notre dyade divine aurait-elle traversé l'Atlantique ? Selon Anton Parks, Nergal et Erra seraient les jumeaux de la religion aztèque Quetzalcóatl et Xolotl (enfants de la déesse vierge Coatlicue), respectivement associés à l'étoile du Matin et à l'étoile du Soir. Nous le rejoignons volontiers : Xolotl, pour ne citer que lui étant par exemple associé à la lumière, au feu, au monde souterrain mais encore aux fléaux et aux maladies. Autant de caractéristiques que l'on pourrait sans mal attribuer à Nergal/Erra.

Dans un corpus mythologique proche (maya), est présent un couple de dieux surnommés les "héros jumeaux". Nommés Hunahpu et Xbalanque, chasseurs aux pouvoirs surnaturels, ils étaient considérés comme les ascendants des figures monarchiques des Mayas Quichés. Selon le Popol Vuh, le "Livre du Peuple" des Mayas Quichés, un destin similaire frappa Hunahpu / Xbalanque et Horus. Le géniteur des jumeaux, Hun Hunahpu, surnommé le *"Premier Père"* fut sacrifié par des Seigneurs de l'Ombre. Décapité, sa tête fut accrochée parmi les fruits d'un arbre à calebasse. La déesse Xquic, vivant dans le Séjour inférieur et associée à la Lune, voulut un jour cueillir un fruit de cet arbre défendu. La tête de Hun Hunahpu lui cracha alors dans la main. Elle tomba enceinte de cette singulière fécondation, fut forcée à l'exil par les Seigneurs de l'Ombre et donna naissance aux héros jumeaux, seule, au pied d'une montagne. Les jumeaux vengeront plus tard la mort de leur père en mettant à mort ses assassins. Hun Hunahpu ressuscitera sous la forme du dieu du maïs, devenant une divinité de la végétation.

---

[127] Le Phénix est un oiseau légendaire renaissant de ses cendres, version grecque du Benou héliopolitain lui-même identifié à un héron. Le héron est ainsi associé au Soleil dans les mythes d'Égypte. Apollon possède le héron parmi ses animaux fétiches.
[128] L'association de Vénus et du Soleil pourrait simplement s'expliquer par le biais de la mécanique céleste : à la disparition (ou mort) quotidienne du Soleil, Vénus scintille la première, au Soleil levant (ou résurrection) Vénus est la dernière étoile à s'éteindre.

Le récit est à peu de choses près une redite du mythe osirien de l'Égypte antique : le meurtre d'Osiris par Seth et ses partisans, son union post-mortem avec une déesse chtonienne de la Lune (Isis), Isis fuyant les partisans de Seth, la mise au monde d'Horus (résurrection d'Osiris) dans un lieu isolé, la vengeance d'Horus sur son oncle Seth...

Ce morceau mythologique maya semble même plus proche du mythe indien mettant en scène Jamadagni (alias Osiris-Hun Hunahpu), Yellama (alias Isis-Xquic) et Parasurāma (alias Horus-Hunahpu), étudié au chapitre IV du tome 2 ! Quel type de connexion(s) pouvait-il y avoir entre l'Égypte, l'Inde du sud et l'Amérique centrale ?

Face intérieure d'un plat maya (époque classique finale, 750-1050 de notre ère) figurant un Hun Hunahpu renaissant depuis une carapace de tortue. Il est accueilli par ses fils, les héros jumeaux Hunahpu et Xbalanque. Comme dans le mythe de l'Inde du sud mettant en scène Jamadagni et Parasurama, ce dernier a permis la résurrection de son père. Parfois Hun Hunahpu est directement figuré en arbre, à la façon d'un Osiris, d'un Dionysos ou d'un Damu-Dumuzi. Comme Enki, il est comparé à un arbre poussant de terre et possède aussi le symbole de la tortue. Source : D. Freidel, L. Schele et J.

Parker, Maya Cosmos : Three Thousand Years on the Shaman's Path, *Éd. William Morrow Paperbacks, 1993, page 371, Fig. 8 :25b.*

Que le père, Hun Hunahpu et le fils, Hunahpu, portent tous deux le même théonyme démontre le lien évident qui les unissait. Hun Hunahpu est Osiris et la décomposition de son nom par les valeurs phonétiques du protosumérien/Emeša nous le confirment ci-après : ḪUN(apaiser), ḪUN(reposer)-ÀḪ(assécher)-PÚ(profondeurs), soit "l'apaisé, l'asséché (momifié ?) qui repose dans les profondeurs". Est-il utile de rappeler que la dépouille d'Osiris fut, selon la légende, conservée comme une relique sacrée ; et selon Anton Parks utilisée au sein de la Grande Pyramide quand elle n'était pas dissimulée dans le Gigal ? Dans le mythe mésopotamien *Ninurta et la Tortue*, Ninmaḫ attribue à Enki une curieuse épithète, URUKU, que les exégètes ont traduit par "dormeur".[129] Nous traiterons plus bas du pouvoir génésique de la tête ; les Mésoaméricains, avec le mythe de Hun Hunahpu, ne semblaient pas être les seuls à donner une surprenante considération au crâne humain.

Dans une grille de lecture plus pragmatique avancée par Robert Graves, nous présenterons à présent ce jumeau comme l'alter ego du roi sacré, qui prend la place de ce dernier lorsqu'il est mis à mort au milieu de l'été, dans une forme d'alternance sans fin qui se base certainement sur le modèle Osiris/Horus. Sans lien de parenté direct, nous retrouvons un frère/second chez d'autres héros célèbres comme Achille, ami et cousin de Patrocle avec lequel il combattit contre Troie au nom de la coalition achéenne ; le même lien unit Oreste et Pylade ; Thésée d'abord ennemi puis soutien de Pirithoos avec lequel il défit les Centaures et descendit aux Enfers ; Ulysse dont le plus fidèle compagnon fut Diomède qu'il retrouva lors de son séjour aux Enfers ; Gilgameš dont la vie est menacée par Enkidu (envoyé par les dieux pour assassiner le roi d'Uruk) mais qui deviendra son compagnon d'armes ; et enfin Cúchulainn frère d'armes de Ferdiad (tous deux entraînés par la célèbre maîtresse d'armes Scáthach) qui deviendra son meilleur ami mais

---

[129] *Ninurta et la Tortue*, lignes 57-60.

sera contraint de l'affronter lorsqu'ils se retrouveront dans des camps opposés.

Sous la menace directe, le jeune héros est capable de se défendre avec une dextérité digne de son rang futur : Héraklès étrangla dans son berceau les deux serpents envoyés par Héra pour le tuer[130] ; Thésée, alors âgé de sept ans, saisit une hache et s'attaqua à la dépouille du lion de Némée – pensant être en présence d'un félin bien vivant – qu'Héraklès lança machinalement sur une chaise, avant de dîner un jour qu'il faisait escale à Trézène[131] ; Cúchulainn tua pour la première fois à l'âge de cinq ans, sa victime étant le chien de garde du forgeron Culann qui menaçait de déchiqueter le fils de Lugh (d'où son nouveau nom que lui attribua son grand-père : il s'appelait depuis sa naissance Setanta ("le chemin"), Cúchulainn signifiant "le chien de Culann").

Le mythème de la menace pesant sur le héros enfant semble remonter, au plus loin que nous l'ayons repéré, à l'Égypte antique. Un épisode équivalent à celui d'Héraklès se débarrassant des serpents envoyés par la jalouse Héra est décrit dans la mythologie des Deux Terres ; c'est Horus qui est cette fois au centre de la scène. On peut ainsi lire sur une célèbre statue ramesside :

"Je me suis allongé dans le giron d'Horus dans l'obscurité pour entendre tout ce qu'il disait afin d'étouffer une vipère à cornes d'une coudée dans sa main, mais dont la méchanceté était (celle d'une vipère) de douze coudées."[132]

Il ne fait ici aucun doute que ce serpent étouffé par Horus l'enfant servit de trame à l'exploit juvénile d'Héraklès étranglant deux adversaires ophidiens dans son berceau. Nous ne retrouverons pas, par ailleurs, ce récit exact chez les avatars

---

[130] Pindare, *Néméennes*, I, 33–72.
[131] Pausanias, I, 27, 8.
[132] Statue Caire JE 69771, temp. Ramsès III. Cf. É. DRIOTON, *Une statue prophylactique de Ramsès III*, ASAE 39, 1939, p. 70-73 ; KRI V, 262, 10-14 ; J.F. BORGHOUTS, *Ancient Egyptian Magical Texts*, NISABA 9, 1978, p. 92 [139].

d'Héraklès. Au-delà d'une menace présentée par des animaux, la majorité des autres héros indo-européens sont mis en danger de mort par des proches, de propres membres de leur famille généralement. Face à cela, la fuite resta l'échappatoire la plus courante.

Mais ce que nous retenons du héros, ce sont ses exploits qu'il réalise sous forme d'expéditions, de voyages ou de "Travaux". Cette fois, il est adulte et son parcours le mènera aux plus inattendus des endroits face aux plus surprenants des adversaires. Souvent il s'en va même dans l'Autre Monde et démontre avec insolence qu'il peut en revenir !

3 - Les épreuves, les expéditions et la quête de l'immortalité

> *"Pour cette mission, Jason demanda l'aide d'Argos, le fils de Phrixos ; et ce dernier, sur l'inspiration d'Athéna, fit un navire à cinquante rames, qui, du nom de son constructeur, fut appelé Argos. (…) Quand le navire fut prêt, Jason consulta l'oracle, et le dieu lui ordonna d'embarquer avec lui les hommes les plus valeureux de toute la Grèce. Voici le nom de tous ceux qui se réunirent pour participer à l'expédition : Tiphys, fils d'Agnias, qui tint la barre du navire ; Orphée, fils d'Oagre ; (…) Castor et Pollux, fils de Zeus ; (…) Héraklès, fils de Zeus ; Thésée, fils d'Égée ; (…) Polyphème, fils d'Élatos."*
>
> **Pseudo-Apollodore, *Bibliothèque*, II, 9, 16.**

> *"L'Homme-Scorpion, ouvrant alors la bouche et prenant la parole, s'adressa à Gilgameš :*
> *'Il n'y a encore eu personne à faire un tel chemin !*
> *Nul n'est encore rentré dans le défilé de ces monts !*

*Sur cent vingt kilomètres,
y règnent les ténèbres :
profonde y est l'obscurité,
sans la moindre lumière."*
Épopée de Gilgameš,
Tablette IX, colonne III, v. 6-11.

Actons une bonne fois pour toutes qu'il existât un modèle du héros grec, lui-même certainement basé sur un héros indo-européen non identifié (ses rapprochements d'avec ses cousins indien, scandinave, romain et celte nous le prouverons). Vous vous en doutez, cet archétype était Héraklès. Le fils de Zeus et d'Alcmène résume et condense à lui seul tous les attributs, toutes les mésaventures, toutes les conquêtes, toutes les expéditions, toutes les ambivalences ; en un mot tous les destins des autres héros helléniques des traditions. Ambiguïtés et paradoxes suintent d'Héraklès, car il fut tout aussi tendre qu'il put être violent à l'extrême, aussi laxiste que pugnace, aussi résigné que déterminé, tantôt général d'armée et tantôt esclave aux services d'un souverain capricieux, tantôt sauveur et civilisateur, tantôt envahisseur et pilleur de cités.

Il rassemblait tous les extrêmes mais au-delà de ça il symbolisait un certain idéal des rois-héros indo-européens. Ainsi apparaissait-il chez Ogmios, Brian ou Lugh/Cúchulainn chez les Celtes, dans les personnalités de Starkaðr, de Sigurd ou celle de Thor chez les Germains et les Scandinaves, ressemblait-il à Vərəthragna chez les Iraniens, ou encore à Râma et Indra dans l'Inde antique. Héraklès fut décliné, quant à lui, en Hercule chez les Romains, devenant Herclé pour les Étrusques ou encore Erclf chez les Celtes romanisés. Ces dernières déclinaisons découlant de la déformation phonétique de son patronyme grec. Ces divers *Héraklès* ont suivi des parcours quasiment identiques ; pour certains allant jusqu'à accomplir une série de Travaux à l'instar du plus illustre rejeton de Zeus.[133] Il va ainsi sans dire que le prototype

---

[133] Bernard Sergent, *Héraklès, Brian, Vərəthragna : les animaux*, pp. 173-186 in Corinne Bonnet, Colette Jourdain-Annequin et Vinciane Pirenne-Delforge, *Le Bestiaire D'Héraklès*, IIIe Rencontre héracléenne, Éd. Presse Universitaire de Liège, 1998.

du héros grec remonte bien avant l'invasion de la Grèce par les Hellènes. Il existait sans doute déjà chez les proto-Indo-Européens. Chaque héros ''héracléen''a ensuite été adapté au contexte linguistique, culturel et social des nouvelles régions envahies par les Indo-Européens.

L'Héraklès hellène a ceci de particulier qu'il fut également sous l'influence orientale des Assyro-Babyloniens (lui confiant des traits de l'auguste Gilgameš) mais aussi des Égyptiens ; ne manquant pas, comme on l'a vu, de le doter de caractéristiques ''horiennes''à commencer par son nom. Déclinons – encore et toujours – sous forme de tableau les évidentes correspondances entre Héraklès et ses homologues régionaux Thésée, Persée, Bellérophon, Jason, Orphée, Dioscures (Castor et Pollux), Achille, Ulysse et Enée. Notons que nous n'intégrons pas volontairement Dionysos ni Apollon à cette matrice ; leur rapprochement ayant déjà été acté dans des chapitres antérieurs.

Héros / Faits	Héraklès	Thésée	Persée	Bellérophon	Jason
Petite enfance	Menacé par Héra		Menacé par son grand-père		Menacé par son oncle
Enfance	Démontre très tôt sa puissance divine	Descendance divine dissimulée par sa mère	Élevé en secret par sa mère Danaé et Dictys	Tue son frère Déliadès par accident	Confié par sa mère à Chiron
Enseignement aux arts, à la culture et à la médecine	- Éduqué par Chiron - Linos lui enseigne la musique	Talent inné pour le combat	Talent inné pour le combat	Talent inné pour le combat	Éduqué par Chiron
Alter Ego	Iphiklès (jumeau)	Pirithoos (ami)		Déliadès (frère)	
Conflit avec Amazones	Les combat et les défait	Les combat et les défait		Les combat et les défait	
Expéditions maritimes et militaires	Membre des Argonautes + Prise de Troie	Membre des Argonautes			Capitaine des Argonautes
Acte valeureux 1	Capture du Sanglier d'Érymanthe	Chasse du Sanglier de Calydon	Victoire sur Méduse	Victoire sur la Chimère	Chasse du Sanglier de Calydon
Acte valeureux 2	Capture du Taureau de Crète	Victoire sur le Minautore	Domptage de Pégase	Domptage de Pégase	Domptage de taureaux
Acte valeureux 3	Lutte contre les Centaures	Lutte contre les Centaures			
Épouses (Princesses)	Nombreuses + déesse Hébé	Ariane + Antiope + Phèdre	Andromède	Philonoé	Médée
Descente aux Enfers	Sauvetage d'Alceste + Thésée	Enlèvement de Perséphone			

Héros / Faits	Héraklès	Orphée	Dioscures	Achille	Ulysse	Énée
Petite enfance	Menacé par Héra			Rendu invulnérable par sa mère	Son grand-père lui transmet sa *mètis*	
Enfance	Démontre très tôt sa puissance divine			Confié par son père à Chiron		Confié à Anchise par Aphrodite
Enseignement aux arts, à la culture et à la médecine	- Éduqué par Chiron - Linos lui enseigne la musique	Linos lui enseigne la musique	Éduqués par Chiron	Éduqué par Chiron	Éduqué par Chiron	
Alter Ego	Iphiklès (jumeau)			Frère jumeau	Patrocle (ami)	Diomède (ami)
Conflit avec Amazones	Les combat et les défait			Les combat et les défait		
Expéditions militaires	Membre des Argonautes + Prise de Troie	Membre des Argonautes	Membres des Argonautes	[Guerre de Troie]	[Guerre de Troie] + Odysée	[Guerre de Troie]
Acte valeureux 1	Capture du Sanglier d'Érymanthe	Contra le chant des Sirènes sur l'Argos	Chasse du Sanglier de Calydon			
Acte valeureux 2	Capture du Taureau de Crète	Domptage de Cerbère	Expédition contre Athènes			
Acte valeureux 3	Lutte contre les Centaures					
Épouses (Princesses)	déesse Hébé	Eurydice	Hilaera / Phœbé	Déidamie + Médée (Enfers)	Pénélope + Circé + Calypso	Créüse + Didon
Descente aux Enfers	Sauvetage d'Alceste + Thésée	Sauvetage d'Eurydice	Alternance Enfers/ Olympe (Pollux)		Visite à ses anciens compagnons	Visite à son père Anchise

Nous le voyons clairement, tous les héros greco-romains ont été construits sur un seul modèle, un prototype couvrant tous les aspects et récits épiques des personnages l'ayant suivi. Nous ne tenons ici pas compte de la chronologie énoncée classiquement par les mythographes. Ceux-ci font en effet de Persée le plus ancien des protagonistes cités plus haut. Nous avons déjà dit, et le redisons, que les échelles temporelles des anciens prosateurs sont à géométrie variable ; Héraklès ayant été, par exemple, la clé de la victoire sur les Géants bien que n'étant pas censé être né avant des décennies voire des siècles ! Si tous les héros grecs sont inspirés d'Héraklès, cela ne veut évidemment pas signifier qu'il fut pour autant le premier des héros. Nous retrouvons dans son parcours des faits et des actes – qu'il serait vain de tous reprendre dans cet essai – identiques à ceux d'autres héros indo-européens ; faisant de lui également l'écho d'un héros-ancêtre commun propre au peuple diffuseur de la culture des kourganes.

Avant de comparer Héraklès à ses homologues égyptien et mésopotamien, revenons sur les différentes épreuves et caractéristiques développées dans le précédent tableau. Le héros grec voit donc souvent sa naissance puis sa petite enfance menacées (Persée, Jason, Achille risquant la mort lorsque sa mère Thétis souhaite le rendre invulnérable en le plongeant dans le Styx).

Héraklès sauvant la vie de son frère jumeau Iphiklès en étouffant deux serpents envoyés par Héra pour les tuer (Stamnos attique à figures rouges, env. 480-470 av. J.-C., Vulci, Étrurie).

Un événement se produit dans son enfance obligeant l'enfant ou l'adolescent à être déplacé (Persée menacé par son grand-père, Jason menacé par son oncle), à s'exiler (Bellérophon tuant son frère), à être mis au secret de son ascendance divine (Thésée par sa mère), être confié à une créature hybride jouant le rôle de figure paternelle autant que de tuteur/professeur multicompétences (Chiron élève Jason et Achille, puis leur enseigne ses savoirs au même titre qu'à Héraklès, Castor, Pollux et Ulysse ; dans un autre corpus, Arthur, à peine sorti du ventre d'Ygerne, est confié par Merlin au chevalier Antor qui deviendra son père adoptif).

Étant le fils ou le descendant d'une lignée divine il montre très tôt des signes de sa puissance ou met au jour ses emblèmes divins (Héraklès, Thésée, Bellérophon ; Arthur). Son enseignement lui fait jouir de compétences martiales (nécessaires à ses futures campagnes) mais également de connaissances dans les domaines les plus variés comme la culture, les arts, ou la Science faisant du héros une sorte d'homme *universel*. Le héros est flanqué d'un alter ego prenant des formes et des destinées variées (celles-ci le menant la plupart du temps à la mort) : Iphiklès (jumeau d'Héraklès mourant lors d'une campagne militaire commune), Pirithoos (ami fidèle de Thésée, finissant prisonnier de l'Hadès), Déliadès (frère et première victime de la force de Bellérophon), Castor et Pollux (frères jumeaux), Patrocle (frère d'armes d'Achille, tué lors de la Guerre de Troie) et enfin Diomède (fidèle comparse d'Ulysse lors du conflit opposant les Achéens aux Troyens) – sans oublier Kai, le frère nourricier d'Arthur (mourant dans les bras du roi de Bretagne, des suites de blessures infligées par l'armée romaine).

Différents exploits viennent ensuite ponctuer la vie du héros, sans quoi il ne pourrait jouir de cet éminent qualificatif !

Ainsi le héros grec peut-il débarrasser la région de bandits et assassins détroussant les voyageurs voire de souverains tyranniques (Thésée met à mort Périphétès, Procuste, Sciron, Cercyon, et Sinis ; Héraklès défait parmi d'autres Cycnos et Antée ou les rois Lycaon, Busiris et Émathion) ou encore d'une créature terrifiante supposément invincible (Persée décapite Méduse, Bellérophon pourfend la Chimère, Héraklès abat le lion de Némée, l'Hydre de Lerne et les oiseaux du lac Stymphale). Il se couvre de prestige en réussissant là où d'autres avaient échoué à dominer : le cheval ailé Pégase (Bellérophon, Persée), le Taureau de Crète ou le Minotaure (Héraklès, Thésée) ou des taureaux fabuleux crachant le feu (Jason), le gardien des Enfers Cerbère (Héraklès, Orphée).

À lui seul Héraklès soumit par ailleurs d'autres animaux fabuleux : les juments de Diomède, la biche de Cérynie ou encore les bœufs de Géryons ; ces trois exploits faisant partie de ses fameux Travaux. Ailleurs le héros grec participe à une chasse au sanglier d'envergure épique à Érymanthe (Héraklès) ou Calydon (Thésée, Jason, Dioscures). Lors de ses exploits (l'on parle de Travaux dans le cas d'Héraklès et Thésée) il combat et défait les puissantes Amazones (Héraklès, Thésée, Bellérophon, Achille) ainsi que les vigoureux et susceptibles Centaures (Héraklès, Thésée).

Méduse décapitée par Persée, accompagné d'Hermès. La ressemblance entre Méduse et les Érinyes est ici frappante (voir illustration page 183 du tome 1). Vase à figures noires du peintre Amasis, vers 540 av. J.-C., British Museum.

Ces prouesses isolées sont complétées par des faits d'armes remarquables et des expéditions glorieuses comme :

➢ le voyage des Argonautes en quête de la Toison d'Or (Héraklès, Thésée, Jason, Orphée, Dioscures) ; soit la quête initiatique en vue de l'acquisition d'un artefact magique supposé magnifier l'aura de son propriétaire,
➢ la prise (ou la défense) d'une ville mythique suite à la tromperie ou l'insulte du roi de ladite ville précédée d'un conflit entre plusieurs divinités.

Dans le corpus grec, il s'agit bien sûr de Troie. La véritable guerre de Troie[134]

➢ décrite dans l'*Iliade* – menée par les Achéens contre les Troyens dans le but de reprendre Hellène ravie par Pâris (emmenée entre autres par Achille, Ulysse, Ajax le Grand ou encore Énée côté Troyens) eut pour répétition le saccage de Troie perpétré par Héraklès, associé notamment à Pélée (père d'Achille) et Télamon (père d'Ajax). Le fils d'Alcmène, lors de la quête de la Toison d'Or initiée par Jason, découvrit sur les rivages de Troie la princesse Hésione enchaînée à un rocher, attendant d'être dévorée par un monstre marin envoyé par Poséidon. Proposant au père d'Hésione, Laomédon, de détruire la menace en échange d'une paire de chevaux immortels, propriété du roi de Troie. Le monstre tué et Hésione libérée, Laomédon ne respecta pas sa part du pacte. Héraklès monta alors une armée et marcha sur Troie, assiégeant puis ravageant la cité et ses environs, tuant Laomédon et ses fils ; n'épargnant que le jeune Priam sur la demande expresse de sa sœur Hésione. Priam qui engendrera par Hécube un fils, le fameux Pâris.[135] Ailleurs, ce sont Castor

---

[134] On peut douter que ce conflit opposant Achéens-Grecs et Troyens eût lieu un jour. De nombreux chercheurs, dont Claude Sterckx (op. cit., page 100), remarquèrent la proximité du récit homérique avec d'autres textes de corpus étrangers comme ceux des *Eddas* germano- scandinaves, du *Rāmāyaṇa* indien, ou encore du *Cycle d'Ulster* irlandais. Et d'en conclure que ces quatre épopées, entre autres, doivent être le lointain héritage d'un fonds commun indo-européen s'étant propagé des siècles avant leur rédaction.
[135] Pseudo-Apollodore, *Bibliothèque*, II, 5, 9 ; II, 6, 4 ; III, 12, 7.

et Pollux qui lancèrent une expédition contre Athènes afin de récupérer leur jeune sœur Hellène, enlevée par Thésée. Assistés d'autres guerriers, ils ne manquèrent pas de ravager la capitale grecque et ses alentours ; à leur départ ils enlevèrent Æthra la mère de Thésée.

Le mythe d'Hésione rejoint quasiment en tout point celui d'Andromède sauvée d'une mort atroce par Persée. Elle-même était offerte à un monstre marin avant que le héros, surplombant l'autel sacrificiel sur le dos de Pégase, n'aperçoive la malheureuse et décide de la sauver. Andromède rescapée et le *léviathan* terrassé, Persée épouse la jeune princesse. C'est un classique des conclusions de faits héroïques : le prétendant enlève, ou viole, ou s'éprend, ou épouse une princesse locale (qui prend parfois l'aspect d'une magicienne) :

➢ Thésée s'amourache de la princesse Ariane (fille du roi de Crète Minos) après sa victoire sur le Minotaure puis – après l'avoir abandonnée sur l'île de Naxos – épouse la reine des Amazones[136] Antiope qu'il a soumis et, à la mort de cette dernière, Phèdre (sœur d'Ariane),
➢ Persée épousa la princesse Andromède,
➢ Bellérophon se maria à Philonoé, fille du roi de Lycie,
➢ Jason[137] célébra ses noces avec la fille du roi de Colchide, Médée,[138]

---

[136] S'il y avait dans votre esprit un quelconque doute quant à l'identité réelle des Amazones, laissez-nous vous l'ôter de ce pas : AMA(mère)-ZUM(giron, matrice, laisser suinter), elles sont bien entendu les héritières des divines Amašutum, généticiennes et guerrières au service d'Isis-Artémis et de Neith-Athéna.
[137] Une décomposition akkado-babylonienne du terme Jason (Ἰάσων / Iásôn en grec ancien), traduit généralement par ''guérisseur''donnerait : IAs(don, serment), IÀ(huile, onction)-ŠUN(pur, clair), ŠÚN(étoile, comète), SÚN(vache sauvage) nous renvoyant à l'idée que Jason était un homme oint et pur (purifié par l'onction ?) mais encore qu'il était attaché à l'idée d'un don d'une vache sauvage ou encore d'un serment transformé en comète ; dans tous les cas de figure, il est bien un écho du rejeton d'Isis, Horus le Faucon !
[138] De notre point de vue Médée et Méduse sont le même personnage surnaturel. Bien que le héros grec la décapite (Persée) d'un côté pour l'épouser (Jason) de l'autre, cela ne nous surprendra guère. Souvenez-vous qu'en Égypte, Horus décapita sa mère-épouse Isis dans un épisode de rage absolue. Les noms de

- Orphée à la particularité de ne pas avoir épousé une princesse mais une nymphe en la personne d'Eurydice,
- Castor et Pollux prirent pour épouse respectivement les filles du roi d'Argos, Hilaera et Phœbé,
- Achille[139] eut deux femmes dans des conditions particulières : lorsqu'il était en vie c'est Déidamie fille du roi de Skyros qui partagea sa couche ; à sa mort il épousa aux Enfers la sulfureuse Médée qui fut durant sa vie mortelle l'épouse de Jason,
- Ulysse fut le mari fidèle de Pénélope (fille d'un roi spartiate), mais il fut charmé par la magicienne Circé (dont le nom en grec ancien Κίρκη / Kírkê signifie "oiseau de proie", une évidente connexion avec Isis) puis par la Nymphe Calypso. Petite parenthèse : ces deux personnages féminins présentent des similitudes qui tendraient à en faire la même personne : elles sont des filles de Titans (Hélios pour Circé, Atlas pour Calypso), elles vivent toutes deux seules sur une île non peuplée d'êtres humains (île légendaire d'Ééa pour Circé, île mythique d'Ogygie pour Calypso), elles ensorcellent Ulysse pour le garder près d'elles, bien qu'étant éprises du héros les

---

Médée et Méduse découlent d'ailleurs de la même racine indo-européenne *med-* qui a donné le terme *méditer* en français. Méditer n'est-il pas le fait (notamment) de rester immobile, tout comme les victimes pétrifiées par Méduse ? Rester pétrifié pour l'éternité – et donc mort – est peut-être arrivé jusqu'à nous dans le langage via l'ancienne Mésopotamie, le radical *med-* pourrait ainsi provenir des vocables akkadiens MID ou encore MÉT désignant respectivement un "mort" et le fait de "demeurer"...

[139] Le rôle d'Achille et des Achéens sous les remparts de la mythique Troie est traduit à merveille par la décomposition phonétique de son patronyme grec (Ἀχιλλεύς / *Akhilleús*) par l'Emeša : Á(force armée)-KILI$_3$(entourer, ceinturer, encercler)-UŠ$_8$(lieu de fondation, fondation), UŠ(s'élever), soit "la force armée qui encercle les fondations élevées". Homère a longuement chanté (notamment dans l'*Iliade*, II, v. 110 et v. 284) la grandeur des murailles de Troie dressées par Poséidon lui-même. Le pendant indien d'Achille, Rāma, dont la geste héroïque est exposée dans les épopées du *Rāmāyaṇa* (équivalent local de l'*Iliade*) traduit, par le sens caché de son patronyme, le rôle que les Achéens d'Achille jouèrent contre les Troyens : RÁ(aller, venir)-MÁ(bateau) ou RA(frapper)-MA(s'établir), soit "ceux qui vinrent et allèrent en bateau"ou "ceux qui s'établirent pour frapper". Dans les deux cas de figure de l'*Iliade* ou du *Rāmāyaṇa* nous avons bien une force armée menée par un héros emblématique (Achille/Rāma) qui traverse une mer afin d'établir un siège sous les remparts d'une cité dont le souverain a enlevé une princesse – laquelle, bien entendu, appartient à la nation assiégeante.

deux amantes d'Ulysse le laisseront repartir de leur île sans omettre de lui confier de précieux conseils pour la suite de son Odyssée. Encore une fois nous avons là de belles figures isiaques ; selon l'interprétation "parksienne" Isis n'a-t-elle pas géré l'île d'Enki-Éa-Osiris (île d'Ééa) qui finit progressivement au fond des eaux suite à un Déluge ? N'était-elle pas une magicienne (et une ensorceleuse !) profondément amoureuse de son héros de fils-amant Horus qu'elle conseillait très justement dans son entreprise revancharde ?
- Énée eut de la fille du roi Priam un fils, Ascagne. Sa mère était Créüse.
- Enfin ! Et non des moindres, Héraklès eut nombre de compagnes et épouses (quatre épouses, dans l'ordre : Mégara, Omphale, Déjanire puis, dans l'Olympe, Hébé). Sa descendance n'en fut d'ailleurs que plus prolifique. Chacune de ses campagnes ou épreuves se soldait quasi systématiquement par l'union volontaire ou pas avec une princesse, une reine ou autre femme de haut rang.[140]

***

Les motifs qui viennent d'être évoqués sont courants au sein des régions dominées par nos ancêtres indo-européens, aussi croise-t-on de la Scandinavie à l'Italie et de l'Irlande à l'Inde des récits ou morceaux mythologiques tout à fait analogues. Pour n'évoquer que ceux-là, au risque d'alourdir considérablement cet ouvrage déjà bien dense, notons les similitudes entre Thésée et Romulus d'une part, puis entre Achille et Cúchulainn et enfin entre Héraklès et Thor. Nous n'évoquerons même pas le héros Râma et le récit du *Rāmāyaṇa* tant les faits entre cette épopée et son héros principal sont superposables avec ceux d'*Iliade* d'Homère.

Thésée et Romulus sont tous deux nés d'une union clandestine, d'un père incertain mais considérés comme des demi-dieux. Ils montrent très tôt leurs aptitudes martiales innées ; ils font montre de sagesse autant que de puissance. Ils sont respectivement

---

[140] Catherine Salles, op.cit., pp. 293-496 (ces quelques 200 pages rassemblent et résument la geste des héros grecs que nous venons de résumer).

regardés comme les bâtisseurs mythiques des cités d'Athènes et de Rome. Ils enlevèrent tous les deux des femmes pour en faire leur épouse (Thésée avec Hellène, Romulus avec les Sabines). Leur fin de vie s'avère dramatique, puisqu'ils sont rejetés par les citoyens de leur cité dont ils se sont attirés les foudres.

Le héros de L'*Iliade*, Achille, est quant à lui le miroir inversé de Cúchulainn, son pendant celte irlandais. Là où l'ami de Patrocle assiège une cité, aidé des Achéens coalisés, le fils de Lugh défend les positions de l'Ulster contre les Irlandais coalisés. Le reste de leurs caractéristiques et parcours sont à l'inverse superposables : ils ont des naissances analogues, des rapports identiques à leur génitrice, une éducation dispensée par un tuteur surnaturel aux qualités semblables, fulgurent comme des héros à la beauté éclatante quoi qu'encore juvéniles, à l'instar d'Apollon ils possèdent une voix retentissante et bondissent comme des félins sur le champ de bataille, ils sont attachés à la couleur rouge, s'avèrent être quasiment invincibles en combat singulier et enfin préfèrent mourir jeune dans une gloire impérissable que de finir vieux et oubliés de tous. Pour conclure, le lien unissant ces deux figures incontournables de l'héroïsme, sachez qu'ils combattaient à partir d'un bige tiré par deux chevaux fantastiques. Ceux d'Achille, Xanthos et Balios, lui furent offerts par Poséidon ; ceux de Cúchulainn, Liath Macha et Dubh Sainghline, étaient un cadeau de Lugh et, dans les deux cas, suite à une blessure au pied qui leur sera fatale, l'un des chevaux d'Achille et de Lugh tentera d'empêcher/de prévenir le héros d'aller à sa mort (bien entendu prédestinée). À la suite de la fin tragique d'Achille et de Cúchulainn, leurs compagnons respectifs s'en retourneront d'où ils étaient venus : dans l'Océan pour Xanthos et Balios, dans les eaux d'un lac pour Liath Macha et Dubh Sainghline.[141] À ce niveau de précisions, on ne peut plus parler de coïncidences.

Héraklès rejoignait Thor sur bien des points. Ils étaient fils de l'autorité divine supérieure (Zeus/Odin) et passaient pour être des aventuriers brutaux n'esquivant jamais une rixe, surtout si celle-ci s'avérait dangereuse. Au-delà de ça, ils étaient vus par leur peuple

---

[141] Claude Sterckx, op. cit., pp. 98-100.

respectif comme le plus puissant des êtres surnaturels ; étant équipés d'armes, traduisant leur force incommensurable : Thor d'un marteau fabuleux et Héraklès d'une massue quasiment incassable. À l'aide de ces armes ils défient et dominent de nombreux Géants. Héraklès vainc notamment Antée, Géryon, Cacus et Eurytion lorsque Thor tue Hrungir, Hymir, Þrymr et Geirröd. Les deux protagonistes détruisent également chacun de leur côté un terrible monstre marin (comme vous le savez déjà) : celui destiné à dévorer Hésione côté Héraklès et Jörmungand pour Thor. En Grèce antique Héraklès était invoqué lors des cérémonies de mariage ; Thor, lui, apparaissait aussi au sein de ce rite : un marteau, symbolisant le pouvoir fécondant du divin Mjöllnir, était déposé durant le rituel sur les genoux de l'épouse – apportant ainsi la promesse d'une famille nombreuse. Thor comme Héraklès n'eurent enfin leur place dans aucune saga héroïque se soldant par une fin heureuse – quoique l'on puisse dire de leur statut de ''héros''. Même s'il participa à l'expédition des Argonautes, le fils d'Alcmène fut promptement abandonné sur une île et ses Travaux n'avaient pas vraiment le parfum d'une saga heureuse. Le fils d'Odin ne peut pas non plus mettre à son actif ce genre de récits, tant il est catalogué à des faits d'armes ponctuels et des aventures insatisfaisantes comme l'épisode l'opposant à Útgarða-Loki. Dans ce mythe, le Géant Útgarða-Loki provoque Thor à lutter contre Elli, qui n'était autre que la Vieillesse incarnée. Il échoua à la vaincre et ressortit humilié de l'expérience. Mais Thor est un dieu et il est immortel. Héraklès lui, selon le dessin d'une pélikè attique à figures rouges datant de 480–470 av. J.-C. (Musée du Louvre, Paris [G 234]), arriva à dominer Géras, personnification de la Vieillesse. En effet, après sa mort sur le bûcher il fut emporté dans l'Olympe où il reçut l'immortalité pour récompense et Hébé (la Jeunesse) pour épouse. Il rejoignit ainsi les dieux. Et pour finir sur une note plus légère, les deux ''cousins''étaient réputés pour être de truculents compagnons tant ils étaient de gros buveurs et de gros mangeurs !

***

L'une des plus grandes épreuves qu'ait à traverser le héros est celle de sa victoire sur la mort, que l'on peut assimiler aux Enfers, au Séjour souterrain. Ce séjour est la plupart du temps sous nos pieds quand il n'est pas une île merveilleuse (ou l'assemblage incertain de ces deux conceptions) et y est accessible de différentes manières : en se rendant aux confins de l'Occident (là où le soleil se couche), en trouvant un passage rocheux y menant directement ou en pénétrant dans une étendue d'eau importante (qu'il s'agisse d'une mer, d'un lac ou d'un fleuve). Cette proximité entre l'élément aqueux et le Monde des morts a été détaillée dans le chapitre VIII des *Douze Dieux de l'Olympe* consacré à Hadès. Pour rappel, selon l'interprétation parksienne, le Monde des morts est l'ancienne Atlantide (ou Amenti des Égyptiens), île de l'Atlantique qui périt sous les eaux, ainsi que les dieux qui la peuplaient, lors de cataclysmes globaux. Les survivants se rendirent en Égypte, à Abydos, où se trouvait un passage vers le Gigal (le Kigal des Sumériens), un réseau de tunnels souterrains menant eux-mêmes à l'Abzu (les profondeurs aqueuses de la planète), terme sumérien qui donna certainement le grec ἄβυσσος *abyssos* désignant les abysses (litt. "sans fond"). L'île des dieux devint la résidence des morts et les dieux survivants habitaient à présent sous terre, là où l'on enterre les morts. Par glissement conceptuel, le séjour souterrain devint ainsi le Monde des morts ou l'Autre Monde. Les diverses voies d'accès à ce domaine tiennent compte de ces éléments. Dans les traditions mésopotamienne, égyptienne et grecque, il est généralement question d'un accès par des passages souterrains ou en se rendant à l'extrémité occidentale du monde, à l'ancienne localisation de l'archipel divin. Chez d'autres cultures indo- européennes, mais également à Sumer, les Enfers sont également accessibles par la voie fluviale ou maritime. Ainsi Damu/Dumuzi revient-il par exemple du Séjour infernal par bateau comme nous l'avons vu dans le dossier *Dionysos* du tome 2. Chez les Celtes, il est très souvent question d'une île – ou d'un ensemble d'îles – située à l'Occident où il fait bon vivre, où l'on ne vieillit pas, où il est souvent question d'un verger. Mais la résidence des dieux peut aussi être assimilée aux grands tumuli qui parsèment le paysage de l'Irlande – les fameux sídhe. Ce terme désignait à l'origine l'Autre Monde[142] avant de prendre progressivement la

---

[142] Les termes celtes pour désigner le monde (*bit* en vieux breton, *bith* en vieil irlandais, *byd* en gallois ou encore *bitu* en gaulois) sont étrangement proches de l'akkadien BÎTU définissant la "maison", la "demeure" mais également

définition de son accès physique : les fameux monticules-sépultures. Le royaume des morts était effectivement atteignable par ces tumuli[143] sacrés selon les légendes. Si ce séjour infernal est souterrain, il était, toujours selon l'imagerie celtique, également sous-marin. L'une de ces désignations fréquentes en irlandais et en erse *Tír Fó Thuinn* le définit clairement comme le "Pays sous les Vagues". Nous sommes une fois de plus renvoyés à l'idée d'une submersion océanique de l'Autre Monde ! Plus rarement, ce Monde est céleste et les résidences des dieux sont alors la Voie lactée et les constellations. L'Autre Monde peut enfin être situé dans ces zones où les humains ne semblent pas naturellement à leur place comme les terres et les bois sauvages et périlleux.[144]

Le héros grec, donc, à l'instar de certains de ses homologues indo- européens et mésopotamiens s'en va dans l'Autre Monde pour en revenir auréolé d'un nouveau statut. Chez les Celtes, les héros Cúchulainn, Bran Mac Febail, Connla et Oisin rendent visitent à Manannan Mac Lir (dieu de l'Océan et de l'Autre Monde, fusion d'Hadès et de Poséidon) par la voie maritime ; de leur côté Conn Cetchathach et Neara mac Niadhain atteignent les Enfers par un itinéraire souterrain.[145] Le Roi Arthur lui-même se rend dans l'île d'Avalon au terme du cycle légendaire arthurien, sans toutefois en revenir. Chez les Gréco-Romains, le privilège d'aller et revenir de l'Hadès a été donné – outre au dieu Dionysos, cas particulier – à Héraklès, Thésée, Orphée, Ulysse et Énée. Le cas des Dioscures est un peu particulier. Castor était le frère mortel de la fratrie, Pollux étant le véritable fils de Zeus. Lorsque Castor décède (tué selon différents scénarii selon les traditions), Pollux demanda à son père divin de le faire mourir avec son frère. Ne pouvant se résigner à voir mourir si stupidement son précieux fils, Zeus proposa à Pollux de partager le sort de son frère un jour sur deux ; le jour où il ne serait pas en Enfers aux côtés de Castor, il partagerait son temps dans l'Olympe auprès du Maître des lieux.

"l'intérieur". Le Monde n'est-il pas notre foyer quand l'Autre Monde est celui des dieux ?
[143] Ces tumuli nous font furieusement penser aux sépultures formées de cercles concentriques évoquées en fin de chapitre VII du tome 2 de *Quand les dieux foulaient la Terre*. Ont-ils une origine et une fonction communes ?
[144] Claude Sterckx, op. cit., pp. 145-166.
[145] Georges Minois, *Histoire des enfers*, Éd. Fayard, 1991.

D'autres traditions parlent d'un partage six mois entre l'Hadès et l'Olympe. Comme on peut le voir parfois, l'alter ego est destiné à demeurer aux Enfers pour ne plus jamais revoir la lumière du jour : c'est le cas de Pirithoos, ami de Thésée ; de Castor, frère de Pollux ou encore d'Enkidu, l'ami de Gilgameš.

Robert Graves nous informe sur cette différence de statut entre le héros et son alter ego : *"Afin de donner la préséance au roi sacré sur son alter ego, le roi était en général décrit comme le fils d'un dieu par une mère à qui son mari donnait ensuite un jumeau mortel. Ainsi Héraklès est le fils de Zeus par Alcmène, mais son frère jumeau Iphiklès est le fils de son époux Amphitryon ; on raconte la même légende au sujet des Dioscures de Laconie et au sujet de leurs rivaux Idas et Lyncée de Messénie. La parfaite harmonie qui régnait entre les jumeaux est le signe d'un nouveau stade de développement de la royauté ; l'alter ego agissait comme vizir ou Premier ministre parce qu'il est nominalement moins puissant que le roi sacré."*[146]

Les buts de la descente aux Enfers répondent à deux impératifs pour le héros grec : secourir/enlever une ombre (Héraklès récupère Thésée et Alceste de l'Hadès ; Dionysos délivre sa mère Sémélé ; Orphée tente de libérer son épouse Eurydice ; Thésée essaie d'enlever Perséphone) ou rendre visite à un proche – souvent dans le but de quérir des conseils – (Pollux visite Castor un jour sur deux ou six mois de l'année ; Ulysse visite ses compagnons décédés lors de la guerre de Troie ; Enée rencontre son père Anchise qui lui annonce son destin : celui de ses descendants et de la future Rome).

***

Que signifie cette descente et cette remontée des Enfers, ce retour depuis l'Autre Monde ? Selon R. Graves, c'est la traduction mythologique de l'absence temporaire du roi sacré qui lègue son trône et son pouvoir à un jeune garçon durant une journée à l'issue de laquelle ce dernier est sacrifié. Le roi sortait ainsi de sa retraite, où il s'était soigneusement dissimulé, afin de succéder

---

[146] Robert Graves, op. cit., page 392.

artificiellement au jeune intérimaire qui faisait les frais du détournement de la loi matrilinéaire du remplacement du roi sacré par sa mort au terme des treize mois de l'année solaire. Ce détournement des règles en place dans les sociétés matriarcales européennes intervint à une période charnière où les rois indo-européens décidèrent de conserver leur pouvoir jusqu'à leur mort naturelle sans toutefois se défausser des pratiques religieuses en cours depuis des temps immémoriaux.[147]

D'un point de vue symbolique, le roi-héros était assimilé au Soleil, sa vie étant calquée sur le parcours de l'astre du jour ; l'on parle alors de roi solaire ou héros solaire. Comme le luminaire, le roi-héros naît glorieusement pour croître jusqu'à son zénith – optimum de pouvoir royal et/ou héroïque – avant de décliner et de s'éteindre à l'horizon, pour renaître le jour suivant. Un retour de la lumière qui s'accompagnait d'une promesse de fertilité quotidienne et d'un renouvellement d'une force usée. Les traits physiques du héros (ou de son modèle divin) portent aussi la marque de l'astre du jour : la blondeur d'Apollon, d'Achille, d'Ulysse, de Ménélas, de Rhadamanthe, d'Héraklès (chez Euripide), de Jason, de Thor, de Lugh, de Cúchulainn ; les yeux d'Héraklès lancent des flammes, ceux d'Achille étincellent. Le parcours solaire du héros rejoint l'interprétation de R. Graves des mythes de descente aux Enfers des héros de l'Antiquité. L'absence du héros (ou du dieu-héros) dans le Séjour inférieur s'accompagnait souvent de troubles qu'ils fussent locaux (Thésée) ou globaux (Dionysos, Damu/Dumuzi). Symboliquement c'est également l'acquisition d'un pouvoir, d'un statut, d'une connaissance supérieurs au commun des mortels. Le roi n'était-il pas par principe le rejeton d'un dieu, le fruit de l'union d'un mortel et d'une déité – voir un dieu à l'origine (Osiris/Horus – Dionysos – Damu/Dumuzi) ? L'intermédiaire entre les mortels et les immortels ? Et, de fait, le seul être foulant la terre pouvant se prévaloir de voyager dans l'Autre Monde, gouverné par les dieux, sans risquer d'y être fait prisonnier pour toujours.

---

[147] Ibidem, page 561.

Ce dernier symbolisme est certainement rattaché aux pratiques chamaniques héritées du Paléolithique et du Néolithique. Lors des voyages initiatiques procurés par l'ingestion de psychotropes, l'usager se voyait souvent emporté dans un monde souterrain peuplé de créatures monstrueuses et/ou fantastiques lesquelles pratiquaient sur son ''corps''toutes sortes de tortures ; allant parfois jusqu'au démembrement. Au terme de son parcours, il renaissait dans une lumière éclatante doté de nouveaux pouvoirs, de nouvelles connaissances, d'une nouvelle ''aura''. Le cerveau humain associait-il – et associe-t-il toujours – le voyage hallucinatoire de l'esprit au parcours du Soleil ? Si oui, pourquoi en est-il ainsi ?... Sans avoir la prétention de pouvoir répondre à cette question, évoquons le fabuleux texte qui présente Gilgameš et son histoire ; un récit haut en couleur qui, nous le verrons, constitue certainement l'essence de tous les parcours initiatiques de héros venant après lui.

L'*Épopée de Gilgameš* est un ensemble de tablettes qui, non seulement, nous offre un texte d'une haute portée épique, mais encore semble servir de trame partielle à la geste du héros grec. Résumons rapidement le contenu des tablettes et donc de la vie du héros mésopotamien Gilgameš :

> **Tablette I** : présentation de Gilgameš, roi de la cité d'Uruk, un tiers humain et deux tiers divin, incomparable guerrier, mais tyrannique souverain. Les dieux lui préparent un rival et Aruru façonne Enkidu qu'elle lâche dans les steppes comme un animal sauvage. Gilgameš prend connaissance de l'existence d'Enkidu et lui tend un piège en lui envoyant une courtisane. Celle- ci séduit l'homme sauvage et dès qu'il prend possession d'elle devient un homme civilisé dont s'écartent les animaux.
> **Tablette II** : Enkidu et la courtisane font route vers Uruk et sur le chemin cette dernière accoutume Enkidu aux bienfaits de la civilisation. Arrivés à Uruk, ils assistent à la préparation d'un banquet en l'honneur du roi. Enkidu, jaloux, décide d'affronter Gilgameš, celui auquel les honneurs sont réservés. Les deux hommes sont de force égale et se lient

définitivement d'amitié l'un pour l'autre. Le roi d'Uruk propose alors à Enkidu une périlleuse expédition.
- **Tablette III et IV** : les deux héros préparent leur expédition puis se lancent vers leur périlleuse destinée : cette d'abattre le monstre Ḫumbaba, champion d'Enlíl.
- **Tablette V** : arrivée dans la forêt de cèdres et combat contre son gardien, le géant Ḫumbaba. Gilgameš et Enkidu engagent les hostilités et prennent rapidement le dessus sur le monstre, qu'ils décapitent.
- **Tablette VI** : retour des héros à Uruk ; Ištar tente de séduire Gilgameš qui la repousse au prétexte que tous ses amants subissent un destin funeste. La déesse de l'Amour s'en plaint à Anu qui crée un Taureau Céleste fantastique, lequel sera lâché par Ištar au centre d'Uruk afin qu'il ravage la cité de Gilgameš. Le Taureau commence ses ravages mais est rapidement maîtrisé par Enkidu qui nécessite l'aide du roi d'Uruk. Ce dernier achèvera la bête en lui enfonçant son épée dans la nuque.
- **Tablette VII** : la sentence ne se fit pas attendre : Enkidu est puni de son impudence par les dieux qui envoient sur lui une maladie qui le ronge de l'intérieur. Gilgameš ira à Nippur implorer la clémence d'Enlíl sur le sort de son ami ; en vain, Enkidu succombera au douzième jour de sa maladie.
- **Tablette VIII** : lamentations et funérailles d'Enkidu. En hommage à son ami sauvage, Gilgameš déchire ses vêtements et se vêtit d'une peau de lion avant d'aller parcourir la steppe.
- **Tablette IX** : interrogations de Gilgameš sur sa propre mortalité. Le roi d'Uruk souhaite vivre éternellement comme les dieux. Il décide alors de rencontrer Uta-napištī, héros survivant du Déluge ayant acquis l'immortalité afin qu'il lui révèle son secret. Il se rend aux Monts Jumeaux d'où rentre et sort quotidiennement le Soleil. Après avoir défait un lion sur sa route, il rencontre un couple d'Hommes-Scorpions terrifiants qui lui laisse le passage, reconnaissant en lui une étincelle divine. Ils le préviennent que nul n'est revenu des profondeurs de cette montagne ; pourtant Gilgameš s'y engouffre et s'engage sur le parcours du Soleil. Aux confins du Monde, il débouche sur un jardin merveilleux : le Jardin

des Gemmes où les arbres arborent des fruits multicolores s'avérant être des pierres précieuses.
➢ **Tablette X** : sur les rivages du bout du Monde se trouve la taverne de Siduri, une tenancière de taverne qui prend peur de Gilgameš lorsque ce dernier s'approche de son établissement. Le héros est dans un déplorable état moral et physique. Le roi d'Uruk réclame à la tenancière de lui ouvrir sa porte et de lui apporter les informations dont il a besoin pour rejoindre Uta-napištī. Cette dernière l'interroge sur ses motivations et, à l'écoute du récit de Gilgameš, l'enjoint à vivre une vie plus humble en tant que simple mortel. Elle l'oriente toutefois vers Ur-Šanabi, le batelier de Uta-napištī. Gilgameš brandit ses armes et fond sur les Hommes-de-pierre qui accompagnent Ur-Šanabi ; le roi d'Uruk met littéralement en pièce les compagnons du batelier. S'étant assuré de l'entière collaboration de ce dernier, Gilgameš embarque avec lui vers les Eaux-de-la-mort.
➢ **Tablette XI** : Uta-napištī voit ainsi débarquer sur son île un Gilgameš misérable, abattu et éreinté, loin de sa glorieuse image passée. Le roi d'Uruk expose au héros du Déluge sa peur de mourir, laquelle paraît dérisoire pour Uta-napištī. Il tient à Gilgameš un discours raisonné proche de celui de Siduri dans lequel il tente de résoudre le roi-héros à sa condition de mortel. Uta-napištī révèle la raison de son immortalité (accordée par les dieux) tout en détaillant le récit du Déluge (NDA : voir sous-chapitre 2 sur chapitre I du présent essai). Ne pouvant accéder à la vie-sans-fin de cette manière, Uta- napištī, sous l'insistance de son épouse, confie à Gilgameš le moyen de parvenir à ses fins : il existe une plante sous la mer qui, pareille à une rose, meurtrit les mains et cette plante donne la vie éternelle. À ces mots, le souverain creuse la terre et en extrait de lourdes pierres qu'il attache à ses chevilles avant de se jeter dans la mer. Au fond des eaux, il voit la plante et s'en empare. Remonté à la surface après s'être libéré de ses entraves de pierre, il se vante auprès de Uta-napištī d'avoir en main le remède contre la peur de la mort. Accompagné de Ur-Šanabi, il s'en retourne vers Uruk dans l'optique de tester les propriétés de la plante merveilleuse sur un vieillard qu'il rencontrerait

éventuellement en chemin puis sur lui-même après cela. Mais le destin en décida autrement : faisant halte à un point d'eau fraîche Gilgameš alla s'y baigner tandis qu'attiré par l'odeur de la plante, un serpent s'en empara furtivement avant de replonger sous terre ; à peine avait-il la plante dans la gueule que sa peau déjà se renouvelait... le souverain-héros fut instantanément anéanti et pleura tout ce qui lui restait de larmes. Il s'en retourna malgré tout à Uruk et présenta fièrement sa cité à Ur-Šanabi.

➢ **Tablette XII** : pouvant paraître anecdotique, c'est une tablette de grande importance que cette version alternative de la mort d'Enkidu. Le récit débute avec la perte de la flûte de lapis (PUKKU) et de l'anneau de cornaline (MIKKU) de Gilgameš tous deux tombés dans les profondeurs des Enfers. En bon ami qu'il est, Enkidu propose à Gilgameš de faire cesser ses lamentations en allant récupérer ses deux précieux objets. Le roi d'Uruk met en garde Enkidu des nombreux risques du Séjour infernal. Ce dernier ne tient pas compte des conseils de son ami et reste prisonnier de l'Irkalla. Gilgameš s'en va alors trouver plusieurs divinités dans l'espoir d'une libération : Enlíl et Sîn ne lui répondent pas, seul Éa commande à Nergal de laisser s'échapper temporairement l'esprit d'Enkidu afin qu'il fasse ses adieux à Gilgameš. S'en suit une description – interrompue brutalement par des cassures de tablette – de tout ce dont Enkidu fut témoin dans l'Outre Monde.[148]

Avant de revenir sur le récit en lui-même, évoquons brièvement cette dernière tablette et la raison pour laquelle Gilgameš se lamente tant pour une simple flûte et un vulgaire anneau. Le symbolisme paraît ici évident, la flûte étant un objet ''pénétrant''et l'anneau un objet ''pénétré'', il nous semble que ceux-ci évoquent par une espèce d'analogie métonymique un homme et une femme. Étant tombés dans les profondeurs de la terre, nous supposons qu'il s'agit des parents décédés de Gilgameš. Si, comme nous le supposons, ce dernier est le rejeton d'Enki-Éa et de Ninsun-Ninki-Ereškigal la sémantique va nous donner raison. La flûte, PUKKU,

---

[148] *Gilgamesh*, texte intégral, adapté par M. Laffon d'après la traduction de Jean Bottéro, ClassicoCollège, Éd. Belin Gallimard, 2009.

est le père : PUK(artisan)-KÙ(saint, sacré), KU$_6$(poisson), soit, depuis le protosumérien ''le saint artisan''ou ''l'artisan-poisson''. Le sens phonétique caché de cette fameuse flûte de lapis nous renvoie sans équivoque à Enki-Éa, ''Celui de la Maison de l'Eau'', l'Artisan des dieux de Mésopotamie. Quant à l'anneau de cornaline (MIKKU), il nous met en présence d'une émissaire chtonienne souvent rencontrée : MI(sombre), MÍ(femme), MI$_4$(couronne), MI(charge, responsabilité)- IK(parole, entendement)-KU$_4$(introduire, livrer, transformer), ''la Sombre à la couronne en charge de livrer (ou transformer) la parole (ou l'entendement)''. Est-il encore besoin de présenter Isis-Ereškigal ?

Ne soyons pas dupes : l'histoire de l'*Épopée de Gilgameš* n'est pas née lors de sa rédaction sur tablette d'argile. Il s'agit vraisemblablement d'un mythe très ancien adapté à l'époque assyro-babylonienne où le roi-héros fut assimilé à la royauté en place – devenant non pas un personnage légendaire mais quasiment historique. Encore un souverain mégalomane qui s'appropria une légende ?

Toujours est-il que le récit se déploie de la manière suivante : un souverain (en partie homme, en partie dieu) se comporte de façon méprisante et tyrannique. Les dieux façonnent son ''double'', un homme sauvage, afin de proposer un rival sérieux au roi. L'homme sauvage est civilisé par une courtisane[149] et conduit dans la cité du roi. Les deux hommes se rencontrent et s'affrontent : leurs forces égales, ils se lient d'amitié. L'aventure les appelle ! Ils se préparent longuement un périple fabuleux : détruire un monstre, terrifiant gardien d'une forêt divine. Ils parviennent à leurs fins et rentrent victorieux au royaume. Là, la déesse de l'Amour décide de séduire le roi ; en vain, celui-ci la repousse. Elle s'en plaint au dieu des dieux qui envoie sur le royaume une menace plus grande encore que le terrible gardien de la forêt : un Taureau céleste. Celui-ci ravage la région mais les deux compagnons d'armes le maîtrisent et le tuent. La rétribution

---

[149] Le fait est ici à peine dissimulé et rejoint les allégations d'Anton Parks : les hommes, vus comme des sauvages par les dieux, auraient été amenés à la civilisation par la Sexualité (Sacrée) transmise par par l'intermédiaire de la femme.

divine ne se fait pas attendre : le compagnon du roi est frappé par la maladie. Une épreuve face à laquelle la force n'est d'aucune aide. Le roi plaide sa cause auprès des dieux, en vain : son ami décède. Traumatisme : le sort de son ami rappelle au roi sa propre condition mortelle. Il ne s'en satisfait pas et part en quête de l'immortalité : de nombreuses épreuves l'attendront. Il tuera un lion et s'emparera de sa peau ; se rendra à la porte du Soleil où des hommes-scorpions lui barreront la route ; il suivra la route du Soleil ; arrivera au bout du Monde et affrontera des hommes-de-pierre pour forcer un batelier à le mener sur une île-de-la-Mort où il accostera péniblement. Sa dernière étape consiste à convaincre un immortel de lui confier son secret. Finissant par céder, ce dernier le guide vers une plante d'immortalité que le roi d'Uruk s'accapare pressément, retrouvant ainsi espoir. Durant son retour vers ses terres, un serpent lui dérobe la plante ; il en est fini du rêve d'immortalité du roi. Sa plus grande épreuve étant la suivante : accepter son sort de mortel et vivre une vie paisible et humble.

Joseph Campbell, dans son best-seller *Le héros aux mille et un visages*, décrit et résume le parcours initiatique du héros mythologique dont les épisodes sont, sans surprise, tout à fait superposables au plus ancien d'entre tous, celui de L'*Épopée de Gilgameš* : *"Alors qu'il sort de sa masure ou de son château, le héros mythologique est irrépressiblement attiré par l'aventure. Il rencontre une présence obscure qui garde un passage. Le héros doit vaincre cette présence, ou voler son pouvoir, afin de pénétrer dans le royaume des ténèbres (offrande, charme, ou combat), à moins qu'il ne soit vaincu par son opposant et entre dans le monde des morts (démembrement ou crucifixion). Il progresse alors dans un monde sombre et pourtant très familier, qui le menace parfois (le teste) ou lui offre une aide magique. Lorsqu'il parvient au cœur du monde des ténèbres, il affronte un danger suprême et obtient une récompense : accouplement ou mariage avec la déesse-mère, reconnaissance par le père-créateur (réparation du péché), sa propre déification (apothéose), ou bien – si les forces sont toujours hostiles – vol du trésor (rapt d'une femme, rapt du feu). À travers cette victoire, le héros se transforme (illumination, transfiguration, liberté) et bénéficie d'une expansion de conscience et donc, de son être intime. La dernière épreuve est celle du retour. S'il est béni par les forces du monde des ténèbres, le héros revient comme leur émissaire, sous leur protection. Dans le cas contraire, il doit vaincre de nouveaux obstacles pour s'enfuir. Cette fuite ou ce retour victorieux continuent de le transformer. Au seuil du retour (ou de la résurrection), le héros doit souvent abandonner les pouvoirs sacrés qu'il avait volés ou qui lui avaient été offerts. Le trésor rapporté permet de restaurer l'équilibre du monde.''*[150]

Ainsi L'*Épopée de Gilgameš* contient-elle tous les éléments (en rapport au voyage initiatique d'un héros) que nous retrouverons plus tard, à commencer par les récits indo-européens, dans diverses mythologies du monde. Est-ce à croire qu'il fut un temps lointain où le parcours initiatique du roi-héros était plus qu'une histoire mais bien un ensemble de rites de passage auxquels étaient confrontés les jeunes hommes des sociétés humaines primitives ? Ou alors faut-il penser que le subconscient de Sapiens fabrique à l'infini des scénarii identiques de phases initiatiques, quel que soit l'époque ou le lieu dans lesquels il évolue ?

Toujours est-il que les éléments entre le mythe majeur de Gilgameš et ceux présents chez le modèle du héros grec (ou indo-européen) Héraklès sont si proches qu'il est inutile d'en dresser un nouveau tableau. Laissons simplement la parole à Robert Graves qui répond à certaines de nos interrogations précédentes tout en listant les convergences entre le Roi D'Uruk et le fils d'Alcmène : *''le thème principal des Travaux d'Héraklès, c'est l'accomplissement de certains exploits rituels en vue d'être accepté comme consort d'Admétè ou d'Augé ou d'Athéna ou d'Hippolyté, peu importe le nom de la reine. Le dixième de ses Travaux* (NDA : le vol des bœufs de Géryon, sur une île du bout du Monde, à l'Occident) *tout à fait extravagant, participait peut-être à l'origine du même thème : il rappelle la coutume hellénique patriarcale d'après laquelle le mari achetait sa fiancée avec le produit du vol d'un troupeau. Au temps d'Homère, en Grèce, les femmes étaient estimées à tant de têtes de bétail comme elles le sont encore dans certaines parties de l'Afrique orientale et*

---

[150] Joseph Campbell, *Le héros aux mille et un visages*, Éd. Oxus, 2010.

centrale. Mais des éléments étrangers se sont infiltrés dans le mythe, notamment son voyage à l'île occidentale de la Mort, dont il réussit à revenir, chargé du butin. Cet événement possède un équivalent dans la légende irlandaise de Cúchulainn qui triompha de l'Enfer – la "cité de l'ombre" de Dun Scaith – et en rapporta trois vaches et un chaudron magique malgré les tempêtes que les dieux envoyèrent contre lui. L'urne de bronze dans laquelle Héraklès navigua vers Érythie était le navire qui convenait pour se rendre dans l'île de la Mort, et on l'a peut-être confondue avec le chaudron magique. Dans la onzième tablette de l'épopée babylonienne de Gilgameš, Gilgameš fait un voyage similaire à une île de la Mort, traverse une mer de la Mort, en utilisant ses vêtements comme voile. Cet incident appelle l'attention sur de nombreuses similitudes entre les mythes d'Héraklès et de Gilgameš ; leur source commune est probablement sumérienne. Comme Héraklès, Gilgameš tue un lion monstrueux et se revêt de sa peau ; il saisit un taureau céleste par les cornes et le soumet ; il découvre une herbe secrète qui rend invulnérable ; il fait le même voyage que le soleil et il visite un Jardin des Hespérides ; où après avoir tué un dragon enroulé autour d'un arbre sacré, il reçoit en récompense deux objets sacrés du Monde Souterrain. Les rapports de Gilgameš et de son compagnon Enkidu sont les mêmes que ceux de Thésée, l'Héraklès athénien, et de son camarade Pirithoos qui descendit au Tartare et n'en revint pas ; quant à l'aventure de Gilgameš avec les scorpions, elle a été attribuée au Béotien Orion.''[151] Sans oublier qu'aux douze tablettes de l'épopée du Roi d'Uruk répondent les douze Travaux d'Héraklès.

De façon générale l'on pourrait penser que le héros gréco-romain cherche à étendre sa renommée, se dépasser lui-même voire à se rapprocher d'un statut divin mais selon R. Graves, les Travaux d'Héraklès – et à n'en pas douter les aventures de Gilgameš avant lui – sont, en résumé, une synthèse d'exploits rituels que devaient accomplir les candidats à la Royauté Sacrée dans l'Antiquité. Graves enfonce le clou en précisant qu'à : *''une certaine période, au moment où la succession royale était matrilinéaire, les candidats au trône venaient toujours de*

---

[151] Robert Graves, op. cit., pp. 764-765.

l'étranger et le nouveau roi devait passer par une nouvelle naissance dans la maison royale après avoir mis à mort rituellement son prédécesseur. Il changeait alors de nom et de tribu, ce qui était censé écarter de son chemin l'ombre vengeresse de l'homme assassiné."[152] Mais encore que *"la lutte d'Héraklès contre Achélôos* (NDA : dieu-fleuve qu'Héraklès affronte tantôt sous la forme d'un serpent, tantôt sous celle d'un taureau), *de même que celle de Thésée contre le Minotaure, doit se comprendre comme faisant partie du rituel de mariage royal. Le taureau et le serpent représentaient la croissance et la décroissance de l'année – "le taureau qui est le père du serpent et le serpent dont le fils est le taureau"– et le roi sacré obtenait sur eux la victoire. La corne d'un taureau, considérée depuis les temps très anciens comme un signe de fertilité, consacrait comme candidat à la royauté celui qui s'en emparait au cours d'un combat soit contre un véritable taureau soit contre un adversaire portant un masque de taureau (...) la conquête d'une corne d'abondance était un des travaux imposés pour son mariage au héros gallois Pérédur dans les Mabinogion.*"[153]

Les mythes en lien avec les héros devraient ainsi attirer notre attention sur les processus d'*élection* d'un roi sacré à son nouveau statut ; ce dernier passant par différentes phases afin d'atteindre son but :

- ➢ éradiquer le roi précédent ou alter ego (mort rituelle symbolique, voire réelle),
- ➢ défaire d'autres prétendants au trône (voire le roi précédent) et/ou des lutteurs déguisés en bêtes sauvages[154] et/ou combattre/dompter des animaux sauvages (le taureau, le lion et le serpent (et la chèvre, composant avec le lion et le serpent la Chimère vaincue par Bellérophon) représentant les saisons de l'année antique, concédant au roi le pouvoir sur l'année, donc la dimension temporelle),

---

[152] Ibidem, page 429.
[153] Ibidem, page 843.
[154] Ibidem, page 780.

- ➢ mourir rituellement une journée pour se maintenir artificiellement au pouvoir après la durée généralement observée du règne d'un roi,
- ➢ épouser la reine/prêtresse de la Terre (et/ou de la Lune) afin d'acter symboliquement l'union du souverain avec la Terre elle-même (souveraineté sur le sol, donc la dimension spatiale). La reine pouvant parfois participer à l'élimination du précédent souverain.

Psykter à figures noires (British Museum, vers 560-540 av. J.-C.) présentant le jeune Thésée qui égorge le terrible Minotaure.

Notons toutefois que le l'*Épopée de Gilgameš* est sans appel : un homme, qu'il fût un roi sacré, avatar divin, ou simple sujet du royaume finit toujours par affronter son destin : celui de périr comme le veut sa condition de créature mortelle.

Tentons à présent de faire correspondre les fameux Travaux d'Héraklès avec les assertions précédentes (les Travaux suivent ici un ordre arbitraire) :

A- Exploits rituels des candidats à la Royauté Sacrée (combat contre des animaux sauvages – ou lutteurs équipés de masques – ou capture de bêtes sauvages) :	1- Victoire sur le lion de Némée 2- Victoire sur l'Hydre de Lerne 3- Capture de la biche de Cérynie 4- Capture du sanglier d'"Érymanthe 5- Victoire sur les oiseaux de Stymphale 6- Domptage du taureau de Crète 7- Capture des juments de Diomède
B- Mariage avec la Reine :	8- Vol de la ceinture d'Hippolyte (Reine des Amazones)
C- Mort rituelle (événements se produisant sur une île extrême-occidentale figurant l'Autre Monde ou directement dans l'Hadès) :	9- Vol des bœufs de Géryon[155] 10- Domptage de Cerbère dans l'Hadès 11- Vol des pommes d'or du Jardin des Hespérides

Le douzième Travail consistait pour Héraklès à nettoyer les écuries d'Augias. Un exploit au sens confus qui ne rentre pas dans notre cadre et auquel nous ne pouvons donner d'explication particulière. Il semble que ce soit un mythe commun à d'autres cultures indo-européennes. Il est peut-être question ici d'affirmer le pouvoir du roi-héros sur le sol et les fleuves (dimension spatiale).

Retenons aussi que le Travail consistant à éradiquer les oiseaux malfaisants de Stymphale trouve peut-être son origine en ancienne Mésopotamie. En effet dans *le mythe d'Anzû* évoqué notamment dans le chapitre III des *Douze Dieux de l'Olympe* (Arès), Ninurta, le champion d'Enlíl doit défaire un oiseau mauvais qui a volé aux dieux la "Tablette-aux-destins". Ninurta présente parfois bien des caractéristiques propres à Héraklès ou à Gilgameš. Il est figuré équipé d'un arc et de flèches, flanqué d'un lion mais porte également une massue fantastique, Šarur, aussi indestructible que l'est celle d'Héraklès. Pour rappel, selon Anton Parks Ninurta

---

[155] Selon R. Graves, c'était une coutume hellénique courante que d'acheter sa fiancée avec le produit du vol d'un troupeau, plaçant ce Travail entre les catégories B et C. Le celtologue Claude Sterckx (op. cit., page 208) prétend, quant à lui, que le vol d'un troupeau de bovins était un mythème indo-européen répandu qui marquait symboliquement le début d'une nouvelle ère. La délivrance d'un troupeau de vaches dans la mythologie celtique évoque par exemple la libération des eaux vives du Monde. Ainsi plaçons-nous ce Travail dans la catégorie C.

chassant Anzû traiterait de l'épisode des *Chroniques* dans lequel les Anunna chassèrent les Kingú d'Uraš.

Le Travail du domptage de Cerbère pourrait également figurer dans la catégorie A mais l'exploit d'aller et venir en Hadès est, selon nous, plus primordial que la simple capture de Cerbère. Selon R. Graves, cet épisode mythologique : *"paraît avoir été tiré d'une fresque qui représentait Héraklès descendant au Tartare où Hécate, déesse des Morts, l'accueille sous la forme d'un monstre à trois têtes – peut-être chaque tête représentait-elle une saison – et, conséquence naturelle du présent qui lui avait été fait des pommes d'or, le conduit aux Champs Élysées ; ici, c'est Cerbère qui emmène Héraklès et non pas l'inverse. La version que nous connaissons découle logiquement de sa divination : un héros doit demeurer dans le Monde Souterrain, mais il est normal qu'un dieu s'en échappe et emmène son geôlier. De plus, la divination d'un héros dans une société qui auparavant n'adorait que la déesse implique que le roi brave la coutume immémoriale et refuse de mourir pour elle."*[156]

Dans le chapitre VIII du tome 2, nous avions assimilé Cerbère (Κέρбεροϛ/*Kérberos* en grec) au groupe des Shemsu-Urshu, serviteurs d'Heru- Héraklès et du Féminin Sacré. Il n'est pas donc étonnant et voir ici Cerbère aux ordres du fils d'Alcmène.

***

Le Travail le plus éminent d'Héraklès demeurera son voyage au jardin des Hespérides pour en dérober les pommes d'or. Pour cette expédition il doit se renseigner sur la localisation du fameux verger. Après moult péripéties, il rencontre le dieu marin Nérée qui tente d'échapper aux questions du fils de Zeus en se métamorphosant à plusieurs reprises ; le ''vieux de la mer'' finira par céder et lui indiquer la route à suivre. Nérée avait été assimilé par nos soins à Enki-Éa, nous en comprendrons l'importance plus loin.

---

[156] Robert Graves, op. cit., page 787.

Arrivé à la pointe de l'Afrique, Héraklès se retrouve face à Atlas qui portait la voûte céleste sur ses épaules. Le Titan, puni d'avoir choisi le camp de ses frères durant la guerre qui les opposa aux Olympiens, se propose d'aller chercher les pommes dans le verger – une île au-delà de l'Océan – à la condition qu'Héraklès le déleste de son fardeau ; ce sont, en effet, les filles d'Atlas, les Hespérides qui veillent sur le jardin. Ces pommes confiant l'immortalité, elles étaient convoitées par bien des mortels, à commencer par les filles d'Atlas elles-mêmes. C'est pourquoi Héra, propriétaire du verger, plaça un ultime gardien à la protection des fruits d'or : le serpent-dragon Ladon. Héraklès supporta la voute céleste le temps qu'Atlas revienne avec les pommes,[157] une autre tradition prétend qu'Héraklès investit le verger et élimina Ladon avant de s'emparer lui-même des fruits d'immortalité.[158] Tant Atlas que Ladon sont – sans oublier Nérée – des échos d'Enki-Osiris. Si Nérée incarnait le guide, Atlas[159] symbolisait le soutien tandis que Ladon figurait le gardien, l'épreuve. Un triple affrontement symbolique qui traduit cet épisode en la session de l'île occidentale du père à son fils posthume. Ladon (Λάδων / Ládôn en grec ancien) était un serpent-dragon merveilleux possédant cent têtes, chacune parlant une langue différente – et en outre enfant de Gaïa.[160] Il était figuré entouré autour d'un arbre comme certaines représentations d'Enki-Éa en ancienne Mésopotamie. La décomposition de son patronyme nous valide ce lien : LÁ(attacher, mettre en place)-DÙN(profondeurs, citerne), soit "celui qui est attaché aux profondeurs ou celui qui met en place les citernes". Dans la mythologie scandinave, la pomme joue aussi un rôle crucial dans l'éternelle jeunesse des dieux. La déesse Idunn (en protosumérien : "la gent lunaire"), gardienne des pommes d'immortalité, est un jour enlevée par Loki – toujours lui ! – ce qui a pour effet immédiat

---

[157] Pseudo-Apollodore, *Bibliothèque*, II, 5, 11.
[158] Idem ; Euripide, *Folie d'Héraklès*, 394-400 ; Appolonios de Rhodes, *Argonautiques*, IV, 1396-1407.
[159] Du grec ancien Ἄτλας / *Átlas*, son décodage par le protosumérien nous confirme son rôle de guide : A(père), Á(pouvoir)-TÁL(élargir, compréhension)-AŠ(donner), Atlas était "le père ou le pouvoir qui donne l'élargissement, la compréhension".
[160] Appolonios de Rhodes, *Argonautiques*, IV, 1396-1407 ; Pseudo-Apollodore, *Bibliothèque*, II, 5, 11.

d'affaiblir les dieux ; sans oublier qu'ils devenaient maintenant mortels : ils commencèrent à vieillir ! La peur de la mort s'esquissait dans l'esprit des habitants d'Asgard mais Odin, via sa magie, obligea Loki à restituer Idun dans son rôle, laquelle raviva les dieux avec ses fruits de jeunesse éternelle.[161]

Vous aurez compris que ce jardin des Hespérides, situé à l'extrême- occident, était l'île des Bienheureux, les Champs Élysées, l'Atlantide. Diodore de Sicile nommait les filles d'Atlas les Atlantides et en dénombrait sept. C'est le nombre exact des îles de l'archipel des Canaries.[162] L'ensemble d'îlots rescapés, selon Anton Parks, de l'enfouissement de la Dilmun des Sumériens, de l'A'amenptah-Amenti des Égyptiens, de l'Avalon (l'île aux pommiers où l'on retrouve Morgane, sœur d'Arthur qui veille sur le verger avec ses huit sœurs...) des légendes arthuriennes, l'île de l'Autre Monde des Celtes. L'île de Sein – au large de la Bretagne – présente une similitude frappante en termes de mythes et légendes si l'on se réfère au géographe Pomponius Méla qui en décrit crédulement les contours : *"L'île de Sein, dans la mer Britannique au larde du littoral des Osismes, est célèbre pour son oracle d'une divinité gauloise. Ses prêtresses sont réputées être neuf, saintes et éternellement vierges. On les appelle* Gallisenae *et on croit qu'elles sont capables de prévoir l'avenir, de calmer les vents et les flots par leurs chants, de se métamorphoser elles-mêmes en animaux et de guérir ce qui ailleurs est inguérissable."*[163]

---

[161] Snorri Sturluson, *L'Edda, Récits de mythologie nordique*, traduit, introduit et annoté par François-Xavier Dillmann, Éd. Gallimard, 1991, page 58.
[162] Détail amusant : les Canaries, dont Héraklès-Heru hérita de la souveraineté, tiennent leur nom du latin *Canariae Insulae*, ''îles aux chiens''. Or la constellation d'Hercule portait chez les Sumériens le nom de UR-GI$_7$ (KALBU en akkadien), soit le chien ! Et si l'on traduit strictement ce terme, l'on obtient : UR(héros)-GI$_7$(civiliser), soit ''le héros civilisateur''. De plus, l'île la plus occidentale des Canaries se nomme El Hierro, un nom qui sonne à notre oreille comme assez proche phonétiquement de Heru, Hélios ou encore Héros. Autre coïncidence ?
[163] Alain Silbermann, *Pomponius Méla*, Les Belles Lettres, 1988, page 81.

Ladon, le protecteur des Pommes d'Or nourrie par l'une des Hespérides (détail d'un Lécythe à figures rouges, Paestum (Italie du Sud), env. 350-340 av. J.-C.).

De l'avis de Claude Sterckx, l'omniprésence du chiffre neuf dans les légendes afférentes à des déesses sur des îles mythiques dépeint : *"la triplication intensive de la triple déesse-mère attestée dans toutes les traditions celtes : le nom de Morgane est clairement apparenté à celui de la triple Mórríoghan irlandaise et les trois Matrones ("Mères Divines") de l'iconographie celto-romaine correspondent à l'évidence aux triples mères des destins que sont les Nornes scandinaves, les Parques grecques ou les Fatae romaines. On devine aussi que le pouvoir de métamorphose des vierges de Sein est le même que celui de Morgane et ses sœurs ou encore celui des trois Mórríoghan : essentiellement celui d'apparaître sous forme d'oiseaux de mer réputés issus de l'Autre Monde ultramarin.''*[164]

---

[164] Claude Sterckx, op. cit., page 161.

Les Nornes germano-scandinaves étaient généralement considérées au nombre de trois. Seulement, c'est tardivement que leur composition fut calquée sur celle de leurs cousines grecques – les Moires – et romaines – les Parques – entités féminines surnaturelles personnifiant le Destin. Il semble plus juste d'estimer qu'elles étaient aussi nombreuses que les êtres humains selon les plus anciennes traditions locales.[165] Ce qui les place en bonne posture pour figurer le groupe divin auquel l'on présupposait leur attachement : les Amašutum. Et, une fois, encore la sémantique va nous donner raison. Du vieux norrois *nornir* (à l'étymologie incertaine), le mot nornes est facilement décomposable en NU-UR-NIR : NU(représentant), NU_{11}(lumière, feu)-UR(reins, arbre), UR_5(cœur, âme)-NIR(étendre, élargir, élever, triompher), NIR(présage, vrai), soit ''celles au feu des reins qui élève''ou ''les représentantes de l'élargissement de l'âme''voire ''le présage de l'arbre de lumière''. N'oublions pas que les Nornes étaient réputées graver le destin des hommes au pied même de l'Arbre du Monde Yggdrasil ! Refermons à présent cette minuscule parenthèse nordique.

Nous évoquions donc une île où le Féminin Sacré est roi comme l'illustre la compagnie de Ladon au jardin des Hespérides. Une île qui fut tour à tour administrée par Isis-Sé'et et Serkit-Ninmaḫ, les deux déesses-oiseaux ayant donné la vie à Heru-Horus-Nergal. L'inévitable R. Graves nous révèle, à ce propos, au sujet des célèbres Sirènes que : ''*les trois sirènes – <u>chez Homère elles sont seulement deux</u> – étaient des filles de la Terre qui, par leurs chants, attiraient les marins dans les prairies de leur île où les ossements de leurs anciennes victimes formaient d'immenses tas (*Odyssée XII. 39. ss. *et* 184 ss.*). On les décrivait comme des femmes-oiseaux et elles ressemblaient beaucoup aux oiseaux de Rhiannon* (NDA : forme celte de Déméter) *dans la mythologie galloise, qui pleuraient Bran et d'autres héros. Le pays des sirènes se comprend mieux comme étant l'île sépulcrale qui reçoit l'ombre du roi mort comme l'Avalon d'Arthur ; les sirènes étaient à la fois les prêtresses qui le pleuraient et les oiseaux qui habitaient l'île.*''[166] Voilà qui est dit et qui démystifie l'identité des Sirènes, ces

---

[165] Régis Boyer, op. cit., page 344.
[166] Robert Graves, op. cit., pp. 918-919.

femmes-oiseaux qui attirent la mort par leurs chants : une évidente réminiscence de la cérémonie magique – décrite avec force détail dans le *Testament de la Vierge* de Parks – qui transféra l'âme du défunt Osiris dans le corps d'Horus. L'association entre l'archipel des Canaries et l'Atlantide de Platon – que nous reprenons partiellement ici – fut largement argumentée dans la *Dernière Marche des Dieux* ; nous laissons au lecteur le soin d'en prendre connaissance.[167] Les Harpyes reprennent quasiment toutes les caractéristiques physiques et comportementales des Sirènes ; il semble donc qu'à l'origine il s'agissait des mêmes protagonistes surnaturels. On les situe sur les îles Strophades avant de les confiner à l'entrée de l'Hadès. Les trois *"chiennes de Zeus"* sont bien entendu associées à la mort violente et à l'univers souterrain, ce que le déchiffrage de leur nom par la langue des dieux nous confirme ḪAR(broyer, déchiqueter)-PÚ(profondeurs)-EŠ$_5$(trois), soit ''les trois broyeuses des profondeurs''!

---

[167] Anton Parks, *La Dernière Marche des Dieux*, op. cit., pp. 130-142.

Représentation classique d'une Sirène pour les Grecs de l'Antiquité. Les Harpyes présentaient exactement le même aspect physique, reprenant à n'en pas douter les figurations égyptiennes d'Isis et de Nephtys ailées. L'influence orientale est également palpable par la présence des deux lions autour de la sirène et de la fleur sous l'aile gauche. Elle nous évoque le UL sumérien, utilisé de façon pictographique pour désigner la splendeur, la grandeur, la magnificence. Lécythe à figures noires (peintre d'Amasis), Louvre (Photo : RMN-Grand Palais / Hervé Lewandowski).

Souvenez-vous à présent des deux amantes surnaturelles d'Ulysse – l'Héraklès voyageur – dans l'Odyssée. L'une, Circé, est fille du Titan Hélios et la seconde, Calypso, est celle... d'Atlas ! Circé vit sur l'île légendaire d'Ééa et Calypso sur l'île mythique d'Ogygie – laquelle avait une localisation incertaine mais qu'Homère situait au bout du monde, à l'Occident.[168] Nous avions rapproché ces deux femmes d'Isis – et/ou de sa sœur Nephtys – ; voyons ce que l'Emeša peut nous révéler : Circé (Κίρκη / *Kírkê* en grec ancien) devient KIR$_6$(verger, jardin)-KE(lieu, terre, endroit), soit ''celle sur les terres du jardin ou le lieu du verger''. Quant à Calypso, la Nymphe qui accueillit l'époux de Pénélope dans une grotte au pied de la mer pour le garder sur son île pendant sept ans, son décodage donne le vertige. Du grec ancien Καλυψώ / *Kalupsó* nous obtenons : KAL(être puissant, grand, précieux, rare), KAL$_4$(femme, sexe féminin)-ÚP(habiter, demeure), UB$_4$(cavité, grotte)- SU(corps, restituer, remplacer), SÙ(distant, éloigné, immerger, s'enfoncer dans l'eau, couler), SU$_4$(pousser, croître, multiplier), SÚ(sagesse, connaissance, enseigner), soit ''celle qui restitue le corps de l'être puissant dans sa grotte-demeure''ou ''la femme dont la demeure éloignée s'est immergée ou s'est enfoncée dans les eaux''ou ''celle au sexe dont la cavité multiplie la connaissance''voire ''celle qui enseigne la sagesse rare et précieuse par la cavité sexuelle de la femme''. Toute une histoire ! Mais des descriptions qui n'étonneront pas le lecteur habitué aux récits de Parks et à la transmission de la sagesse de la Grande Déesse par l'entremise de la sexualité sacrée.

Calypso habitait l'île d'Ogygie (en grec ancien Ὠγυγίη / *Ôgygíê* ou Ὠγυγία / *Ôgygía*) qui se trouve être un écho de l'Atlantide. Une fois de plus le protosumérien nous en donne confirmation : UGU(sommet, partie supérieure), UGU$_4$(ancêtre)-GI(ferme, devenir stable, restaurer)-É(demeure, foyer), È(sortir, émerger, apparaître), E$_4$/A(eau), Á(puissant), soit ''la demeure des puissants ancêtres devenue stable''ou ''la partie supérieure du foyer des ancêtres sortie des eaux et restaurée''. Dans les textes égyptiens d'Edfu, l'*Ancêtre* désignait Tanen-Osiris comme l'a déduit Anton Parks dans la *Dernière Marche des Dieux*.[169] Le foyer des ancêtres étant le domaine des dieux dont la restauration, suite au passage de l'Œil du Son (Vénus) et aux assauts de Seth, occupe les compagnons de feu Osiris – l'Amenti ou Atlantide de Platon,

---

[168] Homère, *Odyssée*, VII, v. 241.
[169] Anton Parks, *La Dernière Marche des Dieux*, op. cit., page 57.

plutôt ce qu'il en restait c'est-à-dire l'archipel des Canaries actuel.[170]

***

Revenons à présent sur ces fruits d'or, décrits de façon unanime comme étant des pommes. Entendons une fois encore l'avis de R. Graves : *"Selon un point de vue, les pommes auraient été en réalité de magnifiques moutons (melon signifie à la fois "mouton" et "pomme") ou bien des moutons avec une étrange toison rouge ressemblant à de l'or, qui étaient gardés par un berger appelé Dragon, à qui les filles d'Hespéros, les Hespérides, avaient coutume d'apporter de la nourriture."*[171] En réalité les termes sont proches mais pas tout à fait similaires pomme se disant μηλο / *mêlo* et mouton μῆλον / *mêlon*, en grec ancien. Mais la proximité phonétique a permis un mélange des genres très subtil entre les mythes de Jason et d'Héraklès, nous y revenons plus bas. R. Graves pense pour sa part que la véritable explication du Travail d'Héraklès au jardin des Hespérides : *"doit cependant être cherchée dans les rites en usage, plutôt que dans l'allégorie. On verra que le futur roi devait vaincre un serpent et prendre son or ; et c'est ce que fit Héraklès à la fois ici et dans son combat contre l'Hydre. Mais l'or qu'il prit n'aurait pas dû, normalement, être des pommes d'or – celles-ci furent données à la fin de son règne par la Triple-déesse, en guise de sauf-conduit pour le Paradis. Et, dans ce contexte, le serpent n'était pas son ennemi, mais la forme même qu'assumerait son ombre prophétique après qu'il aurait été lui-même sacrifié. Ladon avait cent têtes et parlait avec plusieurs langues parce que de nombreux héros prophétiques avaient le droit de s'appeler Héraklès (…) Le Jardin des Trois Hespérides dont le nom les identifie avec le couchant est placé dans l'Extrême-Occident parce que le coucher du soleil était le symbole de la mort du roi sacré. Héraklès reçut les pommes à la fin de son règne, considéré, à juste titre, comme une Grande Année de cent lunaisons. Il avait pris en charge le fardeau de la royauté sacrée*

---

[170] Ibidem, pp. 61 ; 67.
[171] Robert Graves, op. cit., page 778.

après avoir succédé à son prédécesseur et, du même coup, le nom d'Atlas, "celui qui supporte pendant longtemps".[172]

La note de bas de page 420 du tome 2 de *Quand les dieux foulaient la Terre* nous a confirmé que le vocable indo-européen désignant le fruit du pommier, *abol*, évoquait le Soleil, d'où son association avec la pomme ; fruit aux caractéristiques pertinemment *solaires*. Le Soleil et sa lumière sont synonymes d'illumination, qui, d'un point de vue mystique, était atteinte par des rituels initiatiques. Mais avant d'élucider le sens véritable dissimulé par les pommes d'or du jardin des Hespérides, reprenons les aventures de Jason et d'Héraklès et mettons-les en parallèle :

1- les deux héros partent en expédition au bout du monde et traversent une mer/un océan,
2- vers un endroit mythique non identifié – en Colchide pour Jason, au jardin des Hespérides pour Héraklès –,
3- afin de récupérer un précieux artefact :
4- des pommes d'or pour Héraklès et une Toison (de mouton) d'or pour Jason.
5- Les pommes sont gardées par Ladon tandis que la Toison d'or est protégée par un dragon qui ne dort jamais.
6- Héraklès tue Ladon et cueille les pommes d'or depuis l'arbre où était enroulé le serpent-dragon ; la Toison d'or est elle aussi pendue à un arbre d'une forêt dangereuse, car consacrée à Arès.
7- Parfois le héros n'affronte pas le dragon : Héraklès fait cueillir les pommes par Atlas quand Jason laisse sa concubine Médée endormir le gardien de la Toison d'or.[173]

Ouvrons une dernière parenthèse concernant Médée. Tous les voyants nous indiquent qu'elle répond positivement à un avatar d'Isis ; déesse égyptienne de la Terre et de la Lune. R. Graves nous confirme notamment que le char de Médée était : *"tiré par des serpents – les serpents sont les des créatures du Monde Souterrain – munis d'ailes parce qu'elle était à la fois déesse de la terre et*

---

[172] Ibidem, page 779.
[173] Pseudo-Apollodore, *Bibliothèque*, I, 9, 23 ; Ovide, *Métamorphoses*, VII, 149-158 et 192-214.

déesse de la Lune (...) La déesse-Terre hindoue du Rāmāyaṇa se promène également dans un char tiré par des serpents."[174] Refermons cette parenthèse et revenons à nos précieux artefacts.

Nous le voyons l'acquisition d'un artefact fabuleux en or confère sinon l'immortalité, du moyen la légitimité au héros d'accéder à une position, à un statut supérieurs. Yves Dacosta précise que selon la pensée antique, l'or était la *"lumière solaire matérialisée"*.[175] À la façon de Gilgameš, sans le savoir durant sa vie, le héros accédera à ce statut : pour renaître en tant qu'immortel, il doit avant tout mourir en tant qu'humain ! Son voyage vers l'Autre Monde (île-de- la-Mort après avoir effectué le parcours du Soleil pour Gilgameš, jardin des Hespérides pour Héraklès) et surtout son retour vers le monde des vivants garantiront au héros d'être divinisé. Héraklès montera vers l'Olympe après son immolation sur le mont Œta, tandis que Gilgameš deviendra un, sinon le, seigneur du Kigal après sa mort ; il est en effet qualifié de LUGAL.KUR.RA (litt. "Seigneur du monde inférieur"[176] en sumérien) dans de nombreux textes mésopotamiens.[177] On le voit donc : l'or ou la lumière solaire ont le même effet : illumination/connaissance et immortalité.

Confirmons à présent ce dont vous vous doutiez déjà concernant ses fameux fruits ou artefacts d'immortalité gardés par

---

[174] Robert Graves, op. cit., page 926.
[175] Yves Dacosta, op. cit., page 99.
[176] Le souverain du Séjour inférieur était classiquement le bouillonnant Nergal mais il se peut que celui-ci ait servi à bâtir le personnage et la légende de Gilgameš. Les plus anciennes formes écrites, en sumérien, du nom du légendaire roi d'Uruk donnent les translittérations suivantes : BIL.GA.MEŠ ou GIBIL.GA.MEŠ. Avec notre méthode de décodage par valeurs phonétiques, nous pourrions le décrypter ainsi Gilgameš : BÌL(pousser, croître, crier, hurler), BIL(brûler), GIBIL(renouveler, restaurer, brasier)-GA₆(porter, transporter)-GÁ(maison, foyer), GÀ(champ)-MEŠ(prince), soit "le prince qui porte le hurlement ardent"ou "le prince qui renouvelle la croissance des champs et restaure les foyers"voire "le prince qui porte la brûlure du brasier". Le premier décryptage nous renvoie à Vénus, donc à Nergal-Horus ; le second évoque le rôle de bâtisseur et de civilisateur d'Apollon-Dionysos(2) quant au dernier il nous rappelle qu'il est bien Nergal, le dieu des Enfers à qui il ne valait mieux pas se frotter.
[177] Samuel Noah Kramer, *The death of Ur-Nammu and his descent to the Netherworld*, Journal of Cuneiform Studies, 21, 1967, pp. 114-115.

des serpents arboricoles. Ce qui vous a mis sur la voie, c'est bien entendu les notions de jardin/verger, de femmes seules sur une île, de serpents et surtout d'arbres : autant d'éléments qui nous renvoient aux Étoiles Sombres, les Amašutum des *Chroniques du Ĝírkù*. Le vocable sumérien pour la pomme est ḪAŠḪUR que l'on pourrait décrypter en ḪÁŠ(bas ventre, cuisse, reine), ḪAŠ$_4$(matrice, giron, laisser suinter)-ḪUR(trou, anneau, ouverture, palais), soit plusieurs indications nous renvoyant à la plante de la vie (ĜIŠ'ŠENNUR[178] ou Únamtila, cf. Le chapitre consacré à Déméter dans les *Douze Dieux de l'Olympe*) des déesses et prêtresses Amašutum dont l'ingestion provoquait guérison spontanée et entendement exacerbé : ''ce qu'on laisse suinter depuis l'ouverture du giron''ou plus poétiquement ''le palais de la reine, anneau de la matrice''. Évocations sans équivoque sur lesquelles ne ne reviendrons pas. Confirmons seulement que le grec ancien μηλo / *mêlo* désignant la pomme trouve sens aussi à nos yeux par l'entremise du langage des dieux : ME(destin, charge, responsabilité)-LU(multiplier, accroître) : ''ce qui multiplie les responsabilités ou ce qui accroît le destin''. Pour une plante d'immortalité, nous n'en attendions pas moins : le héros se voit éclairé d'un nouveau prestige, habité de nouvelles responsabilités, celles qui vont avec la tenue royale. C'est ici que la Toison d'or révèle son secret ; elle figure la nouvelle majesté, la nouvelle gloire dont se couvre le héros, celle des immortels.

Se couvrir d'une peau animale, c'était s'approprier ses vertus, ses pouvoirs. Rappelez-vous la nébride d'Osiris et de Dionysos. Dans ce dossier, c'est la peau de lion ou de mouton qui nous intéresse. La symbolique du lion est finalement assez simple : le fauve figure la lumière, le soleil, la puissance et la royauté. Quand Héraklès et Gilgameš se vêtissent de la peau du grand félin, c'est pour s'approprier sa force, son essence mais aussi parce qu'ils sont des rois légitimes ou en devenir ; ils réaliseront également le parcours du Soleil. C'est la parfaite armure pour le héros grec : l'invulnérabilité de la peau du lion de Némée garantit au fils d'Alcmène la meilleure protection possible pour ses aventures. Cette capacité s'étend au cuir d'autres animaux. Dans le cas du

---

[178] Litt. ''le fruit de l'arbre''en sumérien.

mouton, c'est la nature génésique et féconde des caprinés qui intéresse le porteur de sa Toison (d'or). Qui plus est, celle-ci est d'or et donc rattachée au Soleil et ses bienfaits. Elle est donc l'artefact ultime pour le roi-héros garant de la fertilité, au sens général, de son royaume.

Les aventures du héros scandinave Sigurd apparaissant dans les *Eddas* et la *Völsunga Saga* exposent approximativement le même mythème, finalement assez répandu : celui de la victoire d'un héros d'ascendance divine sur un dragon fantastique, ici nommé Fáfnir, pour obtenir un trésor. Hormis que dans l'histoire de Sigurd, le trésor contient un anneau ''maudit'', préfiguration de l'anneau de pouvoir des cycles de Tolkien. Cet artefact entraîne, en effet, dans son sillage la maladie et la mort. Pour occire Fáfnir, Sigurd utilisera l'épée Gramr, héritage de feu son père Sigmundr, décédé au combat avant la naissance du héros. Ce dernier sera mis en page auprès de Reginn,[179] maître forgeron du roi du Danemark, lequel aura épousé la veuve de Sigmundr. Le forgeron formera Sigurd[180] à tous les arts – un classique dans les traditions indo-européennes, de même que la généalogie du héros le faisant descendre, dans ce cas précis, non moins que d'Odin en personne. Après avoir récupéré le trésor du dragon, Sigurd offre l'anneau à son épouse ; la malédiction pouvait faire son œuvre. À la suite d'un complot, le descendant d'Odin est assassiné d'un coup d'épée puis immolé sur un brasier avec son jeune fils de trois ans.

Avant d'entamer le sous-chapitre final de ce dossier consacré aux héros, résumons la matrice ci-après les principaux héros ayant eu à en découdre avec des monstres de nature ophidienne. Nous

---

[179] Équivalent scandinave de Goibniu pour Lugh, Scáthach Uanaind pour Cúchulainn ou encore de Chiron pour une grande partie des héros grecs.
[180] Du vieux norrois *Sigurðr* que l'on peut décrypter en SIG-UR-DUR ou SIG-UR-TUR : SÌG(frapper, démolir), SIG$_5$(renommée), SIG$_9$(cornes)-UR(héros, guerrier)-TUR(jeune), soit ''le jeune héros à cornes renommé qui frappe et démolit''ou SIG$_7$(brillant)-UR(héros, guerrier)-TÙR(halo), ''le guerrier au halo brillant''voire SIG$_7$(être vert)-UR(héros)- DUR$_4$(père, ancêtre), ''le héros à l'ancêtre vert''– rappelez-vous que l'être vert était Osiris- Odin. En lien avec la malédiction qui aura raison de la vie de Sigurd, une dernière décomposition donne SÌ(mettre, donner)-GÚR(anneau)-TUR(être malade, mourir), ''celui qui donne l'anneau rendant malade, faisant mourir''!

précisons le nom du monstre en question ainsi que l'arme ayant servi à le tuer sans oublier l'éventuelle récompense attendue – qu'elle fût palpable ou d'estime. D'un point de vue symbolique, vous aurez saisi que le privilège obtenu pour avoir surmonté ses peurs est, pour le héros, la Connaissance – au sens large du terme –, ultime présent de l'enseignement initiatique. Nous n'intégrerons pas ici les combats de Zeus, Seth, Indra ou Marduk qui participent plus d'un scénario cosmogonique que d'un récit héroïque initiatique.

Héros	Monstres	Arme	Récompense
Gilgameš	Humbaba	Épée + Massue	Renommée
Sigurd	Fáfnir	Épée Gramr	Trésor
Beowulf	Dragon sans nom	Épée	Trésor
Thor	Jörmungand	Marteau Mjöllnir	Renommée
Héraklès	Hydre de Lerne Monstre marin Ladon	Épée Massue Massue (?)	Renommée Renommée Pommes d'Or
Bellérophon	Chimère (pour 1/3 serpent)	Arc et flèches ou Lance	Renommée
Persée	Méduse Monstre marin	Épée Tête de Méduse	Tête de Méduse Main d'Andromède
Jason	Dragon sans nom	Magie de Médée	Toison d'Or
Cadmos[181]	Dragon sans nom	Épée ou lance	Fondation de Thèbes
Apollon	Python	Arc et flèches	Maîtrise de l'Oracle de Delphes

---

[181] Dans les cas des dragons grecs, il était plus question – c'est le cas des créatures ophidiennes affrontées par Jason, par Cadmos ou encore de Ladon – de serpents volumineux que de "véritables" dragons tels qu'on les imagine par le prisme de l'imagerie traditionnelle d'Europe occidentale. C'est peut-être la raison pour laquelle Cadmos, du grec ancien Κάδμος / Kádmos, est décodable via le protosumérien en KÀD(attacher)-MUŠ(serpent), soit "celui qui attacha le serpent". Ici, il n'est pas question de l'éliminer mais de l'immobiliser ; le corollaire est le même : son pouvoir est éteint.

4 - Le Héros des Deux Terres, mort et descendance des avatars d'Heru

> *"Et Horus-Behutet était à leurs trousses* (NDA : de ses ennemis) *(...) Et Horus- Behutet fit un grand massacre parmi eux. (...) Alors, les ennemis s'éloignèrent de lui, leurs faces tournées vers [vers le nord, et ils se dirigèrent] dans les marécages reculés de Uatch-Ur (la Méditérranée). Mais Horus-Behutet les suivait de près dans le bateau de Râ, le Fer Divin dans la main et tous ses Suivants avec leurs armes de fer forgé étaient équipés avec leurs armes des forgerons. (...) Il les tailla en morceaux avec son épée."*
> **Extraits des textes d'Edfu, E. VI, 115,4 – 117,4, traduction d'A. Parks.**[182]

Nous n'avions jusqu'ici pas trop mis les pieds sur le sol ardent du Double Pays. Il faut dire que hormis pour servir de modèle divin aux futurs héros mortels, Horus – et par extension Osiris – n'apparaît dans aucun récit héroïque patent. Non pas qu'il ne porte pas les caractéristiques classiques d'un héros ; c'est simplement que la mythologie des Deux Terres ne comporte pas d'épopée héroïque. Pas de récits expéditionnaires fabuleux, pas de Travaux achevés avec gloire et encore moins de princesse/reine épousée en fin de parcours. Ce que l'on pourrait apparenter au mieux à ce genre de mythes orientaux et indo- européens, ce sont, pour Osiris, l'apport de la civilisation et de l'agriculture, et, pour Horus, son combat à mort contre Seth et ses partisans pour la conquête de la souveraineté de l'Égypte. Osiris déclare notamment dans le *papyrus Chester Beatty I* :

> *"Pourquoi fait-on du mal à mon fils Horus, alors que c'est moi qui ai fait de vous des êtres puissants ? Et que c'est moi qui ai créé l'orge et le blé pour faire vivre les dieux ; ainsi que le*

---

[182] Anton Parks, *La Dernière Marche des Dieux*, op. cit., pp. 83-84.

bétail qui suit les dieux, alors qu'aucun dieu ni aucune déesse n'avait découvert comment le faire ?"[183]

Le héros est un être civilisateur, un bâtisseur qui repousse le chaos et les adversaires de la stabilité du royaume, image du Monde à l'échelle microcosmique. En ce sens c'est Osiris qui occupait cette fonction en Égypte. Horus poursuivra l'objectif de son géniteur avec, toutefois, des traits plus guerriers, impulsifs voire brutaux et terrifiants – comme en témoigne le texte d'introduction. Les textes du temple d'Edfu (dont nous avons découvert la pleine mesure via les traductions de Parks dans la *Dernière Marche des Dieux*) sont, à ce propos, extrêmement éloquents : Horus traque sans relâche et massacre littéralement les partisans de Seth, son ennemi juré. L'action répressive d'Horus est également décrite dans les *Textes des Pyramides* avec une violence crue : *"Horus a débité les épaules de tes adversaires et Horus te les apporte découpées, Horus a éloigné d'eux leur ka* (NDA : c'est-à-dire les a privés de sépulture et d'un culte funéraire)".[184] La chasse d'Horus contre Seth et ses soutiens est née d'un ressentiment profond car, comme l'exprime A. Petrilli : *"il y a, d'un autre côté, les tentatives de restauration d'une certaine légitimité ou de reconquête d'un trône perdu. La privation du trône, ou l'accession légitime au trône, est très souvent le facteur déclencheur d'une série d'exploits. Héraklès, Thésée et Persée connaissent tous plus ou moins ce cas de figure ; et c'est notamment ce qui fait partir Jason à la conquête de la Toison d'or. La motivation principale dans les deux cas reste, malgré tout, l'accession à un niveau supérieur, que ce soit la royauté ou l'immortalité."*[185]

Dans le cas d'Horus la recherche de l'immortalité est vaine, étant déjà par nature une déité. En revanche, la reconquête d'un trône perdu prend tout son sens : l'objet de sa vengeance personnelle concernant tant le meurtre de son géniteur que

---

[183] Les aventures d'Horus et Seth dans le *Papyrus Chester Beatty I*.
[184] *Textes des Pyramides*, 653a-c.
[185] Aurore Petrilli, *Le trésor du dragon : pomme ou mouton ?*, in Gaïa : revue interdisciplinaire sur la Grèce Archaïque, 2013, Volume 16, Numéro 1, pp. 133-154.

l'invasion de son royaume. En âge de se battre, après avoir été éduqué et entraîné par feu Osiris, qui revenait de l'Amenti pour l'occasion, Horus rentrera en conflit avec son oncle. La majorité des textes évoquant Horus le Faucon, fils d'Isis, le met en conflit avec Seth, où, assisté de ses Suivants, il lutte contre les partisans de ce dernier. Avant d'en arriver à cette période, il était Horus l'Enfant, appelé aussi localement Harpocrate. Protégé en permanence par sa mère Isis, le jeune Faucon n'en fut pas moins, lors d'un moment d'inattention, piqué par un scorpion. Désespérée, Isis fait appel à Nephtys et Serkit, qui ne peuvent rien non plus devant le petit Horus agonisant. Elles font alors appel au grand Rê qui stoppe sa course céleste et envoie Thot sur Terre. Ce dernier, à l'aide d'incantations, arrive à évacuer le poison du corps d'Horus qui revient à la vie.[186] C'est ainsi que le fils d'Isis sera vu comme un dieu sauveur et guérisseur. Ce lien entre la mort et les scorpions n'est évidemment pas sans nous rappeler l'épisode de la mythologie grecque où Orion, l'Héraklès béotien, meurt en étant piqué au pied par l'arachnide ; sans oublier l'*Épopée de Gilgameš* dans laquelle le roi d'Uruk doit accéder aux portes de l'Autre Monde (route du Soleil vers l'île de la Mort) en traversant un chemin gardé par un couple d'hommes-scorpions.

Il a été découvert parmi les ruines éparses mais capitales d'Hiérakonpolis (Nékhen en égyptien) une figuration d'un Horus-Scorpion creusant un canal le long du Nil. Paraissant anodine, cette représentation est pourtant pertinente pour notre étude. Un peu d'Histoire s'impose ; avant la première dynastie égyptienne, que l'on nomme par convention la dynastie 0, il existait trois confédérations : Tjenu, Noubt (Nagada) et Nékhen. Ces trois protoroyaumes entrèrent en concurrence pour obtenir la souveraineté du Double-Pays et c'est la confédération de Nékhen qui l'emporta sur ses adversaires. Elle entama la conquête de tous les territoires environnants afin d'unifier l'Égypte. La première unification du pays s'opéra donc sous l'impulsion d'Hiérakonpolis. En raison de l'importance du rôle joué par Nékhen dans les fondements de l'État égyptien, son dieu tutélaire,

---

[186] Traduction de la Stèle de Metternich (78-82) par François Lexa, *La magie dans l'Égypte antique de l'Ancien Empire jusqu'à l'époque copte*, Éd. Librairie orientaliste Paul Geuthner, 1925, tome II.

Horus le Faucon devint le dieu-roi archétypal. Par référence à cette autorité politico-religieuse, tous les nouveaux souverains seront des "Horus", porteront un "nom d'Horus", se plaçant ainsi sous les ailes protectrices du Faucon divin.[187] Tous les Suivants d'Horus porteront ainsi dans leur nom le qualificatif d'Horus. Ainsi Horus, comme nous l'avions pressenti dès le début de ce chapitre, a servi de référence, d'étalon divin au souverain mortel qui prendra les rênes du royaume après le dieu.

Parlons un peu sémantique : Horus est la grécisation de Heru, lui même translittération de l'égyptien ancien Ḥr. Un théonyme qui devait étymologiquement désigner le "lointain", le "supérieur". Ḥr désignait le faucon en protoégyptien, d'où l'idéogramme servant à l'écrire. Depuis la dynastie 0, il peut arbitrairement désigner le souverain mais peut également remplacer le nom commun nṯr (Neter) qui désigne un dieu ! Au Ḥr égyptien répond le ḪERŪ akkadien, un terme qui désigne l'action de creuser, d'entailler, de trancher ; Ḥr-Heru serait ainsi depuis l'akkadien "celui qui creuse" ou "celui qui tranche". L'action de creuser nous rappelle l'Horus-Scorpion d'Hiérakonpolis, qui dessine des canaux d'irrigation le long du Nil, nous renvoyant là à une figure civilisatrice qui répand les bienfaits de l'agriculture – à l'image de son défunt géniteur Osiris. "Celui qui tranche" évoque, dans les textes d'Edfu, de Denderah, ou des Pyramides, l'Horus vengeur qui débite les partisans de Seth en morceaux – parfois consommés comme de la viande animale par les Shemsu.

Cela va encore plus loin : ḪERŪ s'écrivait à l'aide de différents idéogrammes dont les définitions en sumérien étoffent notre enquête. Ainsi l'idéogramme ou cunéiforme pour l'akkadien ḪERŪ désignait aussi en sumérien les vocables BAL et ŠUL. Le premier vocable se traduit par "dynastie" ou "insigne royal" mais nous rappelle aussi le théonyme du dieu phénicien Baal ; quant au second, il désigne un homme héroïque. Que les cunéiformes akkadiens pour ḪERŪ se traduisaient aussi en sumérien par les vocables BAL et ŠUL qui présentent quasiment les mêmes usages que le Ḥr égyptien nous démontre une chose : cette sémantique ne

---

[187] Bernard Mathieu, *Horus : polysémie et métamorphoses*, ENiM 6, 2013, p. 1-26.

peut pas être simplement due au hasard. D'autant que le dieu Baal reprend pour les Cananéens et les Phéniciens, les mêmes attributs que l'Heru des Deux Terres. Le théonyme de Baal proviendrait de l'hébreu בַּעַל / Báʿal désignant un seigneur ou un maître. L'appellation servant généralement de nom commun ou d'épithète – provenant peut-être de l'akkadien BĒLU signifiant ''seigneur''. Nous aurions pu détailler Baal dans le chapitre consacré à Dionysos dans le tome 2 tellement les points communs entre ce dernier le dieu phénicien sont nombreux. À l'instar du fils de Sémélé, Baal présente divers attributs associables à Osiris et à Horus : il était un dieu du Soleil et de la fertilité, de l'orage et de la pluie ; dans tous les cas il est le Maître des Cieux. Figure anthropomorphique, il est représenté entouré de fleurs, de grappes de fruits, parfois des épis, de la vigne et du lierre, symboles de force fécondante. Il portait les épiclèses de ''Prince-Seigneur de la Terre'' mais aussi de ''Celui qui chevauche les nuages'' et certaines sculptures le montraient sous une forme non plus humaine, mais chimérique : créature à corps humain à tête de taureau. D'autres éléments de sa mythologie nous interpellent. Dans le texte ougaritique du *Cycle de Baal*, il est en outre question d'une rivalité fraternelle entre ce dernier le dieu de la mort Mot – de l'akkadien MŪTU désignant la mort. Selon ce mythe Baal, le Souverain des dieux, donne une fête dans son nouveau palais et l'invitation est lancée auprès de toutes les déités du panthéon. Toutes se présentent à la fête excepté Mot. Afin de soumettre celui-ci à son autorité, Baal décide de se rendre seul dans l'Outre Monde, séjour du dieu de la mort. Son absence commençant à durer, l'infertilité gagne le monde terrestre, la pluie cesse et les récoltes meurent. La sœur de Baal, Anat, et la déesse du Soleil, Šapaš – qui portait l'épiclèse de ''Torche des dieux''–, décident alors de partir à la recherche du dieu de la fertilité. Anat se rend au royaume des morts où elle affronte et vainc Mot. Baal finit par être libéré et engage alors le combat contre Mot. De forces égales, Mot se lasse et accepte la domination de Baal sur la Terre ; il en retournera aux Enfers régner sur les morts.

Le caractère agraire de ce mythe saute évidemment aux yeux. Il évoque aussi d'autres récits mythologiques rencontrés tout au long de notre étude, dont voici les principales séquences :

➤ un dieu qui se rend aux Enfers : Nergal, Damu-Dumuzi, Dionysos, Déméter ;
➤ un dieu prisonnier ou absent entraînant l'infertilité de la Terre : Dionysos, Déméter, Damu-Dumuzi, Telepinu, Rê, Amaterasu ;
➤ la recherche d'un dieu enlevé par une déesse ou une paire de déesses : Perséphone recherchée par Déméter et Hékate (déesse aux torches, comme Šapaš), corps d'Osiris poursuivi par Isis et Nephtys ; sœur et/ou mère de Damu-Dumuzi tentant de libérer ce dernier ; Telepinu recherché par Hannahanna et une abeille ;
➤ le sauvetage du dieu par une déesse (souvent parente proche) : Damu- Dumuzi, Osiris, Perséphone, Telepinu ;
➤ un combat entre un dieu de la lumière contre un dieu de la mort : Horus contre Seth, Ahura Mazda contre Ahriman ;
➤ une victoire sur la ''mort''d'un dieu de la fertilité : Osiris règne sur l'Amenti, Dionysos revient à la ''vie''ainsi que Damu-Dumuzi, Adonis, Attis, Zagreus, Telepinu ou Perséphone.

Refermons cette parenthèse linguistique en précisant que la décomposition depuis le protosumérien de Baal en BA$_7$-AL donnerait quelque chose comme ''l'âme formée ou cristallisée''. Encore un élément nous renvoyant à la légende osirienne ! En Égypte, Baal fut, à raison, assimilé à Montu, divinité hiéraconcéphale et guerrière, qui fut l'un des nombreux aspects d'Horus avec Shed, Nefertum, An-Her, Resheph, Soped, Miysis, Harsomtus et Khonsu.

Déités solaires, guerrières – souvent archères –, associées au faucon et/ou au lion, aux pouvoirs guérisseurs et magiques.

***

Ces pouvoirs et ces capacités seront exploités par Horus, et ses avatars, pour protéger Pharaon et le Double-Pays. Avant cela, le légitime héritier d'Osiris aura passé des décennies à lutter contre le pernicieux Seth et ses partisans afin de l'empêcher de régner sur les territoires de ses parents divins. Le fils d'Isis avait été traqué sans relâche par son oncle alors qu'il n'était qu'un enfant ; Seth laissant constamment planer la menace de le supprimer. Devenu adulte, Osiris prit en charge son éducation physique, intellectuelle et martiale. Il préparait ainsi son héritier à réclamer son trône. Pour cela, il fallait qu'Horus soit reconnu par l'assemblée des dieux comme fils légitime et Seth condamné pour le meurtre de son frère. En marge du procès, déjà décrit dans cette étude, qui opposa Seth et Horus, les deux belligérants eurent à en découdre dans plusieurs épreuves et affrontements qui furent plus ou moins sournoisement imposés par Seth. Rien pour autant ne nous autorise à rapprocher ces épreuves de quelques Travail ou quête héroïque. Jugez plutôt :

- lors d'une rixe, Seth arrache un œil à Horus,
- une autre fois, lors d'une invitation chez Seth, Horus manque d'être violé par son hôte,
- en marge du procès les opposant : Seth et Horus se lancent dans un concours de fabrication de bateaux,
- enfin, faisant suite à la précédente épreuve, les deux prétendants au trône luttent dans le Nil sous l'aspect d'Hippopotames !

Nous sommes loin, très loin, de la geste héroïque d'un Gilgameš ou d'un Héraklès. Il faut plutôt, comme précisé plus haut, regarder du côté des textes d'Edfu ou de Denderah où il est question de luttes acharnées ponctuées par quelques joyeusetés macabres : massacres et cannibalisme, par exemple. Les victimes étant, dans ce contexte, les partisans de Seth.

Horus ne luttait pas seul, cependant. Il était assisté de compagnies de Shemsu ou Suivants. C'est une des analogies récurrentes avec ses cousins Dionysos-Apollon et Héraklès. Dionysos possédait un thiase (plutôt espiègle et enjoué quoique tumultueux) mais surtout une armée solide grâce à laquelle il conquit l'Asie. Apollon est le père (spirituel ?) et compagnon des Curètes-Corybantes, qui protégèrent la petite enfance de Dionysos. Apollon(1)-Heru-Nergal comptait parmi eux ses Suivants, les fameux Neferu-Dogan, et Apollon(2)-Her-Râ-Erra, les siens. Erra était le leader des démons Sebittu grâce auxquels il ravagea des contrées entières (cf. Mythe mésopotamien de l'*Épopée d'Erra*) .

Gilgameš était quant à lui : *"un roi célèbre, prestigieux et exceptionnel. Tel un buffle aux cornes terribles, il entraînait ses troupes à sa suite ; quand il les suivait, c'était pour les protéger."*[188]

Dans sa cité d'Uruk, le fils de Ninsun : *"arpentait constamment les ruelles entre les enclos de la ville. Il paradait la tête haute exhibant sa force comme un buffle. Il était toujours là à brandir ses armes, et son escorte le suivait comme son ombre. Les hommes les plus robustes d'Uruk ne cessaient d'avoir peur, tremblaient au plus profond d'eux-mêmes et disaient : "Ce Gilgameš, aussi sage et averti soit-il, est trop arrogant. Il ne laisse pas un fils à son père ni une adolescente à sa mère, qu'elle soit fille de guerrier ou déjà fiancée, car il a toujours soif de puissance et de gloire.""*[189] Il ressort clairement de la description du souverain, présente sur la première et la seconde tablette de son épopée, son tempérament ambigu tantôt sage, averti et tantôt arrogant et emporté.

Concernant maintenant Héraklès – et ses doublets régionaux –, il pouvait compter sur des groupes de compagnons divers rassemblés au gré des aventures à mener : coalition des Achéens d'Achille et d'Ulysse, les Argonautes de Jason, groupes variés pour l'assister dans ses Travaux et ses expéditions militaires terrestres et maritimes (Héraklès).

Certains ont voulu voir dans la légendaire – que nous serions tentés de qualifier de mythique – Guerre de Troie la réminiscence d'un conflit non moins mythique entre les Atlantes et les Athéniens. De cette Atlantide belliciste évoquée par Platon, nous n'avons aucune preuve historique tangible ni récit convaincant, pas plus que pour la puissante Ilion d'Homère. Malgré les alléchantes allégations de l'archéologue Heinrich Schliemann qui affirma avoir découvert la ville de Troie sur le continent turc au début du siècle dernier, rien dans la cité découverte alors ne s'apparente aux descriptions homériques d'Ilion. Sans compter sur le fait que l'épopée d'Homère est trop proche d'autres récits indo-européens

---

[188] M. Laffon, op. cit., page 10.
[189] Ibidem, pp. 10-11.

aux contenus superposables pour ne pas y déceler l'héritage d'un fonds commun dont les origines se perdent à une époque où la transmission culturelle était exclusivement orale. Il n'est pas exclu qu'il y ait eu une guerre antique entre deux peuples ennemis dont l'un des deux aurait traversé une mer pour laver son honneur. Si tel est le cas, ce conflit a sans aucun doute eu lieu sur les rives de la Mer Noire ou de la Mer Caspienne, seules mers aux abords de la Steppe pontique, berceau d'origine des proto- Indo-Européens ; là où sont nés les mythes qui contaminèrent les peuples allant du sud de l'Inde jusqu'à l'Islande.

Un site archéologique précis associé à une culture particulière attire notre attention à ce propos. Il s'agit de la nécropole de Varna située sur la côte ouest de la Mer Noire (en actuelle Bulgarie) appartenant à la culture Gumelnița-Kodjadermen-Karanovo. Cette culture semble être antérieure aux premières incursions des Indo-Européens sur ce territoire ; un territoire riche en minerai occupé depuis le Paléolithique. Varna semble avoir été l'une des toutes premières villes de la Vieille Europe : les plus anciens objets découverts sur place remontant à 4600 ans av. J.-C. Il y existait une intense activité économique marquée par des échanges longues distances avec d'autres centres culturels, alors qu'à la même période le reste de l'Europe était en voie de néolithisation. L'on suppose que cette civilisation s'est dispersée pour des raisons climatiques : le niveau des mers – dont celui de la Mer Noire – a radicalement et rapidement augmenté durant le Ve millénaire av. J.-C. et l'on estime que les inondations auraient fait fuir environ 150 000 personnes de leur habitat.[190] Nous pouvons présumer sans mal qu'il y eut d'autres villes de ce genre autour de la Mer Noire avant et durant la même période. Nous avions déjà évoqué cet épisode de notre lointain passé dans le dossier consacré au Déluge plus haut dans cet essai.

La culture Gumelnița-Kodjadermen-Karanovo aurait ensuite été remplacée par celle dite de Cernavodă, relevant des premières infiltrations des Indo- Européens depuis les steppes de l'Est.[191] Nous sommes donc en présence d'une cité-civilisation riche, de

---

[190] http://dspace.nbuv.gov.ua/handle/123456789/56511
[191] http://www.culture.gouv.fr/fr/arcnat/harsova/ro/dobro4.htm

marchands en avance sur le reste de l'Europe présente aux abords de la Mer Noire. Cette civilisation fut remplacée officiellement par des pasteurs indo-européens venus de la Steppe pontique par la terre. Pourrait-il en être autrement ? Se pourrait-il que Varna eût commercé également par la mer avec d'autres cités-États établies sur les rives de la Mer Noire ; toutes s'étant éteintes suite à deux phénomènes distincts : l'inéluctable montée des eaux du Ve millénaire avant notre ère et l'acculturation causée par les incursions des Indo-Européens provenant de l'Est. Durant cette période, l'on peut parfaitement imaginer qu'un conflit éclata entre deux cités-États poussant les uns à s'imposer aux autres. Il n'y a aucune preuve archéologique à cette hypothèse donc officiellement, pas de commerce ni de guerre en bateaux sur la Mer Noire au cours du Ve millénaire. Pourtant certains, dont l'archéologue français Jean Guilaine, apportent la preuve que des déplacements maritimes avaient lieu, par exemple, en mer Égée quelque onze mille ans avant notre ère ![192] Sans parler de la consommation de thon – espèce pêchée au large – par des hommes préhistoriques du VIIIe millénaire en Argolide, laissant conclure à une maîtrise technique de l'assemblage de bateaux de pêche et à des connaissances éprouvées de la navigation en pleine mer à l'époque.[193] Entre parenthèses, d'autres hominidés, bien avant Sapiens, étaient allés plus loin dans ce domaine. On a récemment retrouvé en Crète des outils de pierre taillée datant d'au moins 130 000 ans alors que l'île est isolée du continent depuis cinq millions d'années. Cela signifie donc que la Crète fut colonisée par des membres du genre Homo (Neanderthalensis, Georgicus ou Antecessor ? Nous n'avons retrouvé aucun ossement nous permettant à ce jour de désigner la branche à l'origine de ce mouvement migratoire maritime) qui fabriqua des embarcations capables de naviguer en pleine mer alors que nous ne pensions l'île habitée que depuis le Néolithique ![194]

---

[192] Jean Guilaine, *La mer partagée. La Méditerranée avant l'écriture. 7000-2000 av. J.-C.*, coll. Pluriel, Éd. Hachette, 2005, page 107.
[193] Ibidem, page 98.
[194] Thomas F. Strasser, *Hesperia : The Journal of the American School of Classical Studies at Athens*, Vol. 79, No. 2 (Avril-Juin 2010), pp. 145-190.

Faut-il chercher la légendaire Ilion et la cité d'origine de l'alliance achéenne sous les eaux de la Mer Noire ? Je le pense assurément ; et peut-être que Varna représentait l'un des deux camps opposés. À ces époques bien entendu, il ne s'agissait pas de Troie. Les noms des riverains de la Mer Noire et de leurs cités – ceux qu'ils s'attribuèrent – sont malheureusement perdus à jamais. Refermons cette parenthèse et revenons à nos héros.

Seth fut emprisonné puis démembré par Horus. Cet acte fait écho à l'écartèlement de Lycurgue, roi des Édoniens de Thrace, par Dionysos et celui de Pyraechmès, roi des Eubéens, par Héraklès. En ancienne Mésopotamie Gilgameš, à l'instar d'Horus avec son épée dans les textes d'Edfu, mit en pièces dans son épopée à la fois Ḫumbaba[195] (écho élamite d'Enlíl) et les Hommes-de- pierre. Faut-il croire alors qu'Enlíl-Seth sera tué ainsi par Nergal-Heru dans les *Chroniques* ?

Parmi les attributs et symboles communs, nous retrouvons le lion (ou le grand félin), le chien (ou le loup), le taureau, le scorpion, l'aspect solaire, la petite enfance menacée, la double nature tantôt civilisatrice et pacifique tantôt tyrannique et belliciste, l'entraînement avec une figure paternelle. Dans quasiment tous les cas de figure, notre protagoniste est en lien avec l'Outre Monde : Osiris, maître de l'Amenti, visite Horus ; Gilgameš revient du royaume des morts, de même que Dionysos ; Nergal et Erra sont quant à eux des déités appartenant à l'Arallû. Enfin, la maladie et la guérison, voire la magie, reviennent régulièrement chez Horus (et ses avatars), Nergal-Erra et Apollon ; sans oublier la nature archère de ces derniers, apparaissant chez Shed et Resheph pour Horus.

Outre le fait qu'ils soient issus d'un dieu très haut placé dans le panthéon local : Osiris pour Horus, Enki-Éa pour Nergal, Zeus pour Apollon-Dionysos-Héraklès ; les protagonistes qui nous intéressent sont mis au monde par une déesse (ou assimilée) de la

---

[195] Le gardien de la forêt de cèdres possède également des caractéristiques le rapprochant de l'Hydre de Lerne, vaincue par Héraklès. Ce mythe nous rappelle le sempiternel combat entre un héros solaire et une entité féminine serpentine qui répand le chaos. L'issue, vous la connaissez.

Terre et de la Lune. Ainsi Horus naît d'Isis liée au luminaire nocturne mais regardée également comme la Terre-Mère. Gilgameš naît de Ninsun, dont la dénomination bovine l'associe à la Terre et à la Lune. Son père, Lugalbanda, est lui-même divinisé dans plusieurs textes akkadiens. Quant aux mères d'Héraklès, de Dionysos et d'Apollon, respectivement Alcmène, Sémélé et Léto, elles sont toutes trois ''fertilisées''par le dieu des Cieux, Zeus, mais aussi regardées comme des représentantes de l'astre lunaire. Pour amante, comme nous l'avons déjà démontré, Isis servira de modèle : elle est l'Hathor d'Horus, l'Ereškigal de Nergal, l'Ariane de Dionysos, la Coronis d'Apollon et enfin Hébé qu'Héraklès épousera dans l'Olympe.

Chez les Celtes d'Irlande, la mère de Lugh était Eithne, une déesse-mère que l'on présentait également comme son épouse – toute ressemblance avec le couple Isis/Hathor-Horus étant purement fortuite, bien entendu. La classique triplication d'Eithne, rappelons-le, servait à magnifier son statut mais rapprochait aussi sa nature des trois phases de la lune. Son théonyme était utilisé comme dénomination poétique de l'Irlande, faisant d'Eithne une déesse, non seulement de lune, mais aussi de la Terre. La naissance du héros Cúchulainn se décline en plusieurs versions : l'une prétend qu'il est le fils de Lugh et d'Eithne, faisant de lui un dieu à part entière, une autre version plus courante lui donne pour génitrice Deichtine laquelle, bien que mariée avec Sualtam, s'unit en esprit avec Lugh. Cette conception miraculeuse de Cúchulainn le rapproche un peu plus du mythe osirien tant de fois évoqué dans cette série d'essais. Enfin, en Scandinavie, Jörd est la Terre-Mère et l'épouse d'Odin, par qui elle mettra au monde le fameux Thor.

***

La mort du héros se produit au terme d'une vie ponctuée d'aventures et d'exploits. Parfois le héros est précipité dans l'Autre Monde suite à une trahison (Agamemnon, Héraklès), ailleurs il meurt naturellement et paisiblement au terme de son règne (Gilgameš, Ulysse, Persée), certains meurent en exil (Bellérophon, Œdipe), d'autres achèvent leur vie par une apothéose (Héraklès, Énée, Dioscures, Rāma), mais la plupart du temps, le héros est assassiné (Agamemnon, Orphée, Achille, Thésée, Orion, Oreste, Dionysos, Cúchulainn, Lugh, Baldr, Osiris) quand, plus rarement, il se suicide (Jason).

Agamemnon et Héraklès sont tous deux morts suite à la trahison de leur épouse. Si le mythe d'Héraklès est bien connu, celui d'Agamemnon l'est moins. Pour rappel, Héraklès est empoisonné par sa femme Déjanire et il décide d'être immolé. Il fait préparer un bûcher sur lequel il s'allonge et, au moment d'être entièrement consumé par les flammes, ses parties mortelles ayant déjà péri, Zeus intervient pour l'élever dans l'Olympe où il achève le processus le menant à l'immortalité. Agamemnon, lui, de retour de l'expédition punitive des Achéens contre Troie, retrouve son royaume et son épouse Clytemnestre qui entre temps s'est laissée séduire par un autre homme, Égisthe, le demi-frère du roi. Selon Homère, Agamemnon est égorgé par celui-ci lors d'un banquet donné en son honneur.[196] Selon d'autres sources, sa propre épouse, échaudée par l'union incestueuse de son époux et de la captive troyenne Cassandre, participa au meurtre en jetant un filet sur le malheureux tandis qu'il sortait de son bain. Là, elle et Égisthe n'eurent plus qu'à le poignarder. La suite, vous la connaissez : Oreste, fils de Clytemnestre et d'Agamemnon obtiendra vengeance sur cet attentat en éliminant à la fois son oncle et sa génitrice. Robert Graves nous en dit plus : *"Le mythe d'Agamemnon, Égisthe, Clytemnestre et Oreste a survécu sous une forme dramatique tellement stylisée que son origine est presque complètement effacée. Dans la tragédie de ce genre, le fil conducteur est généralement la manière dont meurt le roi : il est soit précipité du haut d'un rocher, comme Thésée ; soit brûlé vif, comme Héraklès ; soit victime d'un accident de char, comme Œnomaos ; soit dévoré par des chevaux sauvages, comme Diomède ; soit noyé dans un étang, comme Tantale ; soit tué par la foudre comme Capanée. Agamemnon meurt d'une manière étrange : avec un filet jeté sur sa tête, un pied encore dans la baignoire, mais l'autre pied posé sur le sol et dans un bâtiment annexe réservé aux bains (…) Clytemnestre a peut-être aussi donné une pomme à manger à Agamemnon et qu'elle l'a tué au*

---

[196] Homère, *Odyssée*, XI, v. 409-411.

moment où il la portait à ses lèvres (…) Donc, fondamentalement, il s'agit ici du mythe familier du roi sacré qui meurt au milieu de l'été, de la déesse qui le tue, de l'alter ego qui lui succède, du fils qui le venge. La hache de Clytemnestre était le symbole crétois de la souveraineté et ce mythe a des affinités avec le meurtre de Minos, qui se perpétra dans une baignoire.''[197]

Cratère attique à figures rouges du Boston Museum of Fine Arts (vers 470-460 av. J.-C.) dépeignant le meurtre d'Agamemnon par Égisthe. Le malheureux roi d'Argos est pris au piège dans un filet à pêche avant d'être littéralement embroché par l'amant de son épouse. Un attentat qui n'est pas sans nous rappeler la manière dont Seth a mis fin aux jours d'Osiris...

Bien entendu ce récit présente bien des analogies avec le traditionnel mythe osirien, hormis pour la trahison de l'épouse. Agamemnon figure Osiris assassiné par son frère aux abords d'un sanctuaire aquatique et Oreste (''celui de la Montagne'') est Horus qui vengera son géniteur. Nous apprenons aussi d'autres versions

---

[197] Robert Graves, op. cit., pp. 636-637.

de la mort des rois-héros, toutes plus joviales les unes que les autres. Les anciens pouvaient penser que brûler vif leur roi lui permettait d'atteindre le royaume des dieux, il n'en revenait pas plus en phénix à chaque tentative ! L'accueil d'Héraklès (bûcher), d'Énée (disparition soudaine), des Dioscures (traitement préférentiel par Zeus), Arthur – d'une certaine façon puisqu'il séjourne en Avalon – ou encore de l'indien Rāma auprès des immortels figurait le destin post-mortem que l'on souhaitait à son bon souverain. Dans tous les cas, l'interprétation de R. Graves concernant les morts non naturelles frappant les rois-héros ressort plus que pertinente : le roi sacré devait terminer son règne ''fauché'' par la décision des hommes et non par le Destin. C'était la condition selon laquelle pouvait émerger un nouveau souverain, investi des pouvoirs de son prédécesseur, un nouvel avatar divin au service du royaume et de ses sujets. Si Agamemnon est un cas d'école, d'autres morts le sont bien moins : la mort en exil et dans l'oubli de Bellérophon et d'Œdipe, le suicide Jason suite à la mort de ses enfants, pire : le décès paisible de Gilgameš, d'Ulysse et Persée suite, tout de même, à une vie mouvementée ! Tous les rois n'ont visiblement pas le même destin. Les autres décès de héros (ou assimilés) présentent par contre des constantes surprenantes :

> Dionysos, Osiris, Orphée et Lugh se retrouvent mis en pièces : nous ne reviendrons pas sur les cas de Dionysos-Zagreus ni d'Osiris. Orphée fut démembré et décapité par des femmes de Thrace. Quant à Lugh, sa mort est évoquée par sa variante galloise, Llew Llawgyffes. Ce dernier présente bien des analogies avec Dionysos mais aussi avec la légende d'Agamemnon afférente au mythe osirien. La déesse Arianrhod, pourtant vierge, mit au monde des jumeaux en passant au-dessus d'une baguette (à l'évidence magique). À leur vue, elle prit la fuite, sans remord aucun de cet abandon. L'un des deux nourrissons fut recueilli par le dieu-magicien Gwydion, frère d'Arianrhod. Il s'appellera plus tard Llew Llawgyffes. Mais avant cela il l'enveloppa dans un manteau et l'enferma dans un coffre. Le manteau et le coffre figuraient allégoriquement le placenta et l'utérus dans l'esprit des Celtes anciens. Oubliant le nourrisson ainsi, Gwydion ne le ressortit de sa cachette que lorsque le bébé se manifesta par des cris.

Devenu rapidement adolescent puis jeune adulte – sa croissance étant anormalement accélérée –, Llew se maria à la belle Blodeuwedd. Mais cette dernière ourdit un misérable complot avec son amant Gronw Pefr : celui d'éliminer son époux et prendre le pouvoir sur le royaume. Gronw attenta à la vie de Llew en lui envoyant lâchement un javelot dans le dos, lequel atteint sa cible. Llew se changea alors en aigle et alla se réfugier dans un arbre. Gwydion partit à la recherche de son fils adoptif et le retrouva sous son aspect aviaire au sommet de l'arbre ; chaque battement de ses ailes faisant tomber de sa plaie des morceaux de chair humaine. La puissante magie de Gwydion lui permit de rendre sa forme humaine à Llew et de le guérir progressivement. Une fois sur pied Llew chercha à se venger de son épouse et de l'amant de celle-ci. Gwydion lança un sort qui métamorphosa Blodeuwedd en chouette tandis que Llew appliqua la loi du Talion contre Gronw : il le transperça d'un coup de javelot.[198] Nous retrouvons bien des éléments des mythes dionysiaques : naissance par une déesse de la Terre, terme de la grossesse mené par un dieu hors du ventre maternel, une forme d'assassinat et de démembrement (chair en décomposition de l'aigle) et enfin une résurrection opérée par la figure paternelle divine. La mère de Llew, Arianrhod, comme nous l'avions déjà signalé, nous évoque l'épouse de Dionysos, la belle Ariadne de Crète. La métamorphose en chouette de Blodeuwedd nous indique un lien entre celle-ci et Athéna, dont l'animal fétiche est précisément l'oiseau nocturne. La forme d'aigle adoptée par Llew lorsqu'il se trouve transpercé par le javelot de Gronw représente bien entendu l'âme du fils d'Arianrhod. Enfin la trahison par une épouse et son amant et la vengeance d'un fils (Llew ressuscité, fils de Gwydion) nous renvoie clairement aux mythes d'Agamemnon et d'Osiris.

> Achille,[199] Orion, Oreste, Tylon,[200] Talos, les Centaures Pholos et Chiron, Bran Vendigeit en Grande-Bretagne ou encore Krishna en Inde[201] meurent d'une blessure au talon :

---

[198] Claude Sterckx, op. cit., pp. 250-252.
[199] Robert Graves, op. cit., page 430.
[200] Ibidem, page 475.
[201] Ibidem, pp. 488-489.

Oreste est mordu par un serpent, l'on supposera au pied ; Orion est lui piqué par un scorpion au pied ; les autres reçoivent une blessure infligée de main d'homme – très souvent une flèche décochée ou une lance envoyée par un ennemi.

Cas réellement unique, Cúchulainn meurt des suites de ses blessures après la bataille de Mag Muirthemne mais afin de ne pas tomber sous les coups de ses ennemis, le fier fils de Lugh décida de s'attacher à un pilier de pierre : il sera ainsi retrouvé mort ''debout''. Ses adversaires le retrouveront ainsi et le décapiteront.

Ces dernières morts, par décapitation et par blessure au pied, apparaissent de prime abord singulières. Pourtant elles ont le même dessein : priver le roi de son pouvoir fécondant, de sa force de vie transmissible. Comment peut-il en être ainsi, me direz-vous ? Laissons la parole au celtologue Claude Sterckx qui nous décrit le destin funeste de Bran Vendigeit ou Bran le Béni. Associé au corbeau et à l'Autre Monde, Bran Vendigeit était un géant fils du dieu de la mer Lir à l'instar de Lugh il était doué dans tous les arts : divination, musique, techniques artisanales et martiales. Un avatar d'Horus-Apollon ? À n'en pas douter. Au terme d'une guerre contre des ennemis d'outre-mer, Bran Vendigeit : *''est tué et décapité, ou plus exactement il est cette fois blessé à mort dans ses ''membres inférieurs'', puis décapité par son propre camp mais de telle sorte qu'il ne meurt pas et que sa tête devient en fait ce qui assure la félicité parfaite et l'abondance inexhaustible de l'Autre Monde hors du temps.*

Si l'on se rappelle que celles-ci sont normalement assurées par le récipient alimentaire du dieu-père souverain, on devine une équivalence à première vue inattendue entre cette tête coupée et ce récipient.''[202] Et Sterckx de faire l'analogie entre ce surprenant récipient, qu'était le crâne humain, avec les calices et autres *Graals* contemporains de cette époque : *''il convient d'abord de rappeler l'assimilation universelle de la tête à un récipient alimentaire, attestée par la coutume fréquente de boire dans les crânes amis ou*

---

[202] Claude Sterckx, op. cit., pp. 295-296.

ennemis. Notre mot "coupe" est directement apparenté à l'allemand Kopf, *"tête", le toast (d'origine scandinave)* Skål ! *est le même que* skull, *"crâne", et même notre mot français "tête" n'est à l'origine qu'un "vilain mot" d'ancien argot – le "vrai beau" mot est "chef", du latin* caput, *mais il est devenu rare et précieux en dehors du terme "couvre-chef"... – : le latin* testa *utilisé pour désigner notre "chef" et ses deux oreilles... "comme un pot à deux anses"! Ce rapprochement a été également induit par la croyance que, comme le pot contient les aliments nécessaires pour entretenir l'existence, la tête enfermait la réserve de vie transmissible qui pouvait assurer la continuité des existences."*[203]

Les Celtes étaient des chasseurs de têtes ; leur mode de pensée préscientifique nous permet d'en comprendre la raison. Ils n'étaient bien entendu pas les seuls et l'on peut noter que : *"la collation des attitudes des autres peuples chasseurs de têtes livre un résultat parfaitement cohérent. Tous, depuis les temps les plus anciens jusqu'aux derniers pratiquants récents et d'un bout du monde à l'autre* (NDA : l'on pense aux Aztèques et aux Mayas notamment), *laissent entrevoir la même motivation : les têtes coupées servent à augmenter les forces vitales – et singulièrement les pouvoirs géniteurs."*[204]

La décapitation des leaders ennemis semblait être une pratique partagée par les Grecs avant le Ve siècle av. J.-C. – époque où elle fut abandonnée – : on en trouve notamment des mentions dans les tragiques et des figurations sur des vases peints.[205] Sans oublier le cas d'Orphée sur lequel nous revenons plus bas. Ces actes – de nos jours qualifiables d'abominables – devaient avoir été très tôt ritualisés puisque, sans que pour autant nous n'imaginions une quelconque continuité ou transmission, manquant de preuves pour en témoigner, nous retrouvons chez Néandertal des formes de cannibalisme incluant la consommation de cerveaux – dans ce qui semble être un cadre religieux. L'on peut déjà se poser la question

---

[203] Ibidem, page 298.
[204] Ibidem, page 356.
[205] André De Ridder, *De l'idée de la mort en Grèce à l'époque classique*, Éd. A. Fontemoing,1896, pp. 56-57 ; 65 ; 79.

de la conceptualisation, par nos lointains ancêtres et cousins, d'une âme ou d'un esprit situé dans le crâne.[206]

Poursuivons : la décapitation est, à en croire la pensée des Indo-Européens, à un acte castrateur. La tête fournit la semence de vie et avec elle la source de vie transmissible par fécondation. Pour arriver à l'organe sexuel qui permet de déposer cette énergie vitale dans le giron de la femme, ce fluide passait pour être véhiculé le long de la colonne vertébrale – c'était la moelle épinière. Le lien avec le pied provient d'une homologie autrement plus surprenante. La jambe était, selon le même mode de pensée, un modèle réduit du corps humain, où la tête était le genou, le tibia le torse et le pied... le pénis ! Pour priver son propriétaire de sa nature génésique, il fallait alors lui blesser le pied ; l'équivalent d'une castration en somme. Sterckx précise en outre que le pied était un *"substitut phallique parmi les plus universels, formant paire avec la chaussure qui, elle, représente évidemment l'organe sexuel de la femme. Tout comme le français dit, en une expression de la gauloiserie n'est peut-être plus toujours perçue, que tel homme a "trouvé chaussure à son pied"."*[207]

Cette croyance n'appartenait pas aux Celtes seuls. D'autres peuples bien plus éloignés ont partagé ces notions préscientifiques, parmi eux les Égyptiens et les Grecs – y a-t-il eu connaissance commune diffusée ou constats identiques à travers le temps et l'espace ? – : *"Ceci nous amène à considérer un autre problème posé par les données du mythe en question. Il s'agit de l'embryologie assez curieuse, d'après laquelle certains éléments constitutifs du corps viennent du père et d'autres de la mère. Les bases de cette embryologie sont nettement présupposées par le texte du Papyrus Jumilhac. Or, remarquons bien ce que dit le texte : "quant à ses os <ils existent> grâce à la semence de son père."Cette liaison entre os et semence doit être retenue. S. Sauneron et J. Yoyotte ont abordé, dans deux études récentes, cet aspect de l'embryologie égyptienne, en faisant d'ailleurs allusion au texte de Plutarque et à des passages de médecins et philosophes*

---

[206] John M. Roberts, Odd Arne Westad, *Histoire du Monde*, tome 1, Éd. Perrin, 2016, page 46.
[207] Claude Sterckx, op. cit., page 299.

grecs. Il ressort de ces études qu'à partir de l'époque perse, on voit apparaître en Égypte des expressions selon lesquelles les os viennent de la semence du mâle et de la moelle. Selon les prêtres de basse époque, une liaison fonctionnelle semble avoir existé entre le phallus et l'épine dorsale : la moelle des os part de l'épine dorsale, servant en quelque sorte de collecteur, s'écoule par le phallus sous forme de sperme et se concrée en os dans le sein maternel. Le corollaire est que le squelette du nouveau-né est formé du sperme paternel seul. Mais ces conceptions se retrouvent également chez plusieurs savants grecs présocratiques et aussi chez Platon. (…) Hippocrate nous dit que "la plus grande partie de la semence passe par la moelle épinière" pour arriver au phallus. (…) Ainsi, tant en Égypte qu'en Grèce, on établissait des rapports entre moelle épinière, os et semence du mâle."[208] Nous comprenons peut-être mieux sous cet angle la naissance d'Athéna depuis le crâne de Zeus…

Un morceau de récit mythologique du Double-Pays nous confirme cette croyance d'un lien entre la semence masculine et le crâne. Le protagoniste principal est Seth qui, une fois de plus, fond sur une déesse – ici Metut – afin de la violer. Une fois son méfait accompli, il est atteint d'atroces douleurs dans tout le corps, expliquant que "le sperme lui est remonté jusqu'à la tête".[209]

Si le "chef" est le contenant de l'âme, de l'esprit, de la vie transmissible et que sa manifestation empirique est la semence dont on pensait qu'elle s'écoulait de la tête jusqu'au phallus en passant par l'épine dorsale, peut-on imaginer alors que le Graal des mythes celto-bretons revêtait quelque fonction de ce type ? Le Graal était un calice dans lequel le sang de Jésus Christ est censé avoir été recueilli lorsque ce dernier était accroché à sa funeste croix de bois. Au contact du liquide vital du fils de dieu, le récipient a, dit-on, depuis la propriété de transformer l'eau dont il est rempli en élixir de jouvence et de guérison. C'est exactement ce qu'on attendait des crânes des ennemis (ou amis) décapités dont

---

[208] Jean Hani, *Plutarque et le mythe du "démembrement d'Horus"*, Revue des Études Grecques, 1963, Volume 76, Numéro 359, pp. 118-119.
[209] Roland Harari et Gilles Lambert, *Dictionnaire des dieux et des mythes égyptiens*, Éd. Le grand livre du mois, 2002, page 19.

on se servait pour trinquer chez les Celtes ! L'étymologie du mot *graal* est discutée et beaucoup de pistes inappropriées ont été explorées. Nous avons déjà évoqué *gradalis* dans le sous-chapitre 2 du chapitre I du tome 1. D'autres étymologies latines comme *crater* ou *gradus* ne donnent pas non plus satisfaction. Peut-être qu'une fois encore, les dieux ont leur mot à dire avec le protosumérien : GAR-Á-AL ou GAR-Á-ḪAL donnent par exemple GAR(restaurer, établir, entreposer, stocker)-Á(force)-AL(symbole, figure), ḪAL(distribuer) ; soit ''ce qui stocke et distribue la force''ou ''le symbole, la figuration de la force établie ou restaurée''! Une autre possibilité nous donne GAR(stockage)-À(anses, oreilles)-AL(forme), ''le stockage formé d'anses ou d'oreilles''. Mais il y a mieux encore : GAR(placer, délivrer)-A(liquide séminal), Á(force)-ḪAL(entrejambe, secret), soit ''ce qui délivre le secret de la force''ou ''ce qui place le liquide séminal à l'entrejambe''... Et de retrouver l'association entre le récipient de vie transmissible qu'était le crâne et le phallus de l'homme.

Athéna surgissant littéralement du crâne du dieu-père Zeus. Le crâne est vu ici comme le contenant d'un potentiel de vie transmissible. Amphore à figures noires, Musée du Louvre, vers 550-540 av. J.-C.

Souvenez-vous maintenant que nous avions évoqué le cas des héros jumeaux Hunahpu et Xbalanque de la mythologie des Mayas Quichés. Nombre de leurs caractéristiques et aventures présentent des analogies frappantes avec nos héros indo-européens, orientaux et africains :

> ils sont frères jumeaux et sont nés de l'union d'un dieu (Hun Hunahpu) et d'une mortelle (Xquic étant parfois présentée comme une princesse, parfois comme une déesse) ;
> ils sont nés d'une union extraordinaire : Xquic est fécondée lorsque la tête décapitée de Hun Hunahpu, alors accrochée à un arbre, lui crache dans les mains (nous retrouvons ici le concept de crâne-source de vie transmissible puisque contenant la semence fécondante !) ;
> très tôt, ils démontrèrent leur force herculéenne ;
> les jumeaux sont ensuite entraînés dans une série d'épreuves les mettant face à des dieux et à des géants, à voyager dans l'Outre Monde souterrain avant d'en ressortir vainqueurs (catabase) sans oublier qu'ils meurent et reviennent à la vie à plusieurs reprises – gagnant en puissance à chaque résurrection ;
> enfin, une fois leur géniteur vengé et les dieux de l'inframonde humiliés, ils ressuscitèrent leur père en rassemblant ses morceaux puis remontèrent à la surface de la Terre. Ils continuèrent leur ascension jusqu'à devenir le soleil et la lune (les yeux d'Horus sont : le premier associé à l'astre du jour, le second au luminaire des nuits).

Les récits de la vie des héros mythologiques des Mayas Quichés couplés aux croyances cosmogoniques et anthropogoniques locales – évoquées plus haut – sont si semblables à ce que l'on connait des mythes grecs ou celtes (pour ne citer que ceux-là) qu'il est exclu que le hasard puisse en être l'unique responsable. Une fois de plus nous voyons trois causes probables à ces analogies : soit il y eut transmission de connaissances par diffusionnisme – qui de proche en proche finit par traverser littéralement la planète –, soit ces diverses cultures ont pioché dans un patrimoine commun de symboles et mythes antiques dont l'antériorité défie notre imagination, soit il y a eu un ou plusieurs contacts entre Européens et Mésoaméricains. Dans le premier cas de figures nous trouvons étonnant qu'il n'y ait pas de mythes et légendes proches de celles des Mayas Quichés sur les territoires allant du Mexique au nord du continent américain et de la Sibérie orientale à l'Anatolie ; soit les routes migratoires qu'auraient logiquement empruntées un groupe d'Hellènes – bien antérieurs aux Mayas et donc à l'origine de ces fameux mythes. Ce diffusionnisme là, a du plomb dans l'aile. Même si l'on pense aux conquêtes d'Alexandre le Grand, il manque des relations de proche en proche pour arriver jusqu'au Mexique et Alexandre s'arrêta aux portes de la Chine !

Le cas d'un patrimoine commun de mythes est tout aussi discutable, pour des raisons quasiment identiques (en tout cas pour des narrations aussi précises dans leurs détails que celles qui unissent les Indo-Européens et les Mayas) : pourquoi des récits héroïques et cosmogoniques analogues ne trouvent-ils pas leur place dans les mythologies des paléo-Américains du nord du continent ou des anciens habitants de la Sibérie ? Nous n'excluons pas, en revanche, que des symboles forts puissent avoir traversé le temps – sur des dizaines de milliers d'années ? – et les espaces pour se répandre sur le globe comme c'est le cas pour le fameux Svastika et ses dérivés ou encore de l'Arbre cosmique. Reste l'hypothèse de contact(s) entre navigateurs venus du Vieux Continent et populations mésoaméricaines de type olmèques ou toltèques, ancêtres culturels des Mayas Quichés. De ce côté-là, aucune évidence, encore moins de début de preuve... jusqu'à présent. Restent les récits, comme celui de Pausanias de Périégète, géographe grec de son état qui, bien que qualifiant les marins lui ayant apporté les propos qui vont suivre de fieffés menteurs, juge malgré tout pertinent de les transmettre à ses contemporains ; ainsi rapporte-t-il qu'il existait des îles, au-delà de l'Atlantique, peuplées de *"d'hommes à peau rouge, à chevelure noire et raide comme le crin d'un cheval."*[210] Est-ce là une coïncidence si cette description correspond au phénotype des Mésoaméricains ? D'autres contacts transocéaniques précolombiens ont été attestés à différentes époques – toutes précédant Colomb, bien entendu – mais il manque des preuves concrètes d'une permanence culturelle sur le sol américain par des populations exogènes pour pouvoir

---

[210] L.-H. Parias, *Histoire universelle des explorations*, en 4 volumes, Éd. Nouvelle Librairie de France, 1959, tome 2, page 226.

affirmer sans l'ombre d'un doute qu'il y eut contamination et/ou emprunt d'ordre religieux et mythologique.

Y a-t-il un lien entre le Graal de la légende arthurienne, les crânes décapités des Celtes et les *Chroniques du Ǧírkù* d'Anton Parks ? Pouvons-nous suggérer qu'Heru, sous l'identité de l'un de ses avatars, mourra d'une des manières décrites ci-dessus ? Que ce soit par trahison ou suite à une blessure ou encore qu'il sera décapité ? À ce jour nous ne pouvons rien affirmer ; l'histoire des *Chroniques* n'étant pas encore arrivée à la période qui nous occupe principalement dans ce chapitre. Avec les informations recueillies jusqu'ici, nous pensons cependant que la tête (ou le crâne) revêtant un caractère sacré serait celle d'Enki-Osiris et non celui de son fils.

En effet, nous savons que la tête d'Osiris aurait vogué jusqu'à Byblos en Syrie avant d'être retournée en Égypte, à Abydos, où elle sera conservée comme une relique sacrée.[211] Que deviendra-t-elle par la suite ? La légende d'Orphée fait écho à celle d'Osiris, l'époux d'Eurydice fut démembré et décapité ; sa tête fut portée par l'Hèbre et flotta jusqu'à Smyrne. Elle fut enterrée dans l'île de Lesbos où elle commença à rendre des oracles.[212] Chez les Germano-Scandinaves c'est le dieu de la Sagesse Mímir qui est tué et décapité durant la guerre opposant les Ases et les Vanes. Sa tête est momifiée par Odin qui la place au pied de l'Arbre du Monde Yggdrasil afin que ses conseils et ses prédictions continuent d'être prodigués. Il existe ainsi un lien indéfectible entre le père de Thor et Mímir. Même si Odin n'est pas décapité, nous l'incluons dans l'analyse ; rappelons que lors du Ragnarök il sera mis en pièces par le terrible Fenrir aux ordres de Loki. Dans les légendes celtes irlandaises il était question d'un géant, Bran Vendigeit (ou Bran le Béni) dont le nom signifie littéralement "corbeau", l'un des principaux symboles d'Odin ou encore d'Apollon. Bran est tué par une lance qui l'atteint au pied, il sera décapité par ses compagnons qui transporteront sa tête jusqu'à Londres pour l'y enterrer. Tout au long du parcours, ses sept compagnons profiteront des récits et

---

[211] Lucien, *De Dea Syria*, 7.
[212] Auguste Bouché-Leclercq, *Histoire de la divination dans l'Antiquité. Divination hellénique et divination italique*, II, Éd. Leroux, 1879-1882, pages 114-115.

prédictions de Bran dont la tête, bien que démise de son corps, resta vive jusqu'à son enfouissement. Rappelons-nous aussi que le père des héros jumeaux des mythes mayas, Hun Hunahpu, avait été décapité par les Seigneurs de l'Ombre en punition de ses agissements. Sa tête conserva cependant sa puissance génésique puisqu'elle fécondera plus tard Xquic, la déesse lunaire. Dans beaucoup de cas de figure, la tête décapitée possède de surprenantes propriétés, la fécondation comme nous venons de la dire mais tout aussi surprenant, la capacité à produire des oracles. Ce sera le cas des têtes d'Orphée,[213] de Mímir ou encore de Bran.

Nous avons repéré nombre d'analogies entre ces différents protagonistes surnaturels et nous vous proposons de les découvrir à travers la matrice qui suit. De notre point de vue il s'agit de réminiscences d'Enki-Osiris et des épisodes qui suivirent sa mort tragique. Dans chaque cas de figure, vous constaterez que le décryptage du nom de tel ou tel protagoniste correspond exactement avec le personnage concerné ou peut être utilisé comme une épithète courante d'Osiris.

Pour conclure, notons toute l'ironie du Destin quant au sort réservé à la divine trinité constituée d'Isis, Osiris et Horus : tous trois semblent avoir fini décapités !

---

[213] Afin de soulager un peu le tableau qui suit, donnons ici les deux décodages du nom d'Orphée. Du grec ancien Ὀρφεύς / Orpheús : ÚR-(tronc d'arbre)PE₅(habiter)-ÚŠ(cadavre) ou ÚR₅(âme)-PE₆(déchirer en lambeaux)-ÚŠ(assassiner), soit "celui dont le cadavre habite un tronc d'arbre" ou "l'âme de l'assassiné déchiré en lambeaux". Des définitions aisément

Les personnages mythologiques décapités	Orphée	Odin	Mimir	Bran Vendigeit	Osiris–Asar	Hun Hunahpu
Étymologie officielle	Ορφεύς / Orpheus	*Wōdanaz basé sur Ōđ ("fureur", "esprit", "poésie")	"Celui qui mesure le destin"	"Corbeau"	"Siège de l'œil"	inconnue
Protosumérien (décodage)	"Celui dont le cadavre habite un tronc d'arbre" ou "l'âme de l'assassiné déchiré en lambeaux"	Ú(charge, fardeau)-DA(protéger)-NA(humanité) -AZ(chaînes, cage), soit "en charge de protéger l'humanité enchaînée"	MÍ(charge)-MÍ(destin)-IR₁₀(dispenser, apporter), soit "en charge de dispenser les destins" (cf. Enki-Éa)	BA₇(âme)-ÁR(glorifier)-AN(s'élever), soit "l'âme glorifiée qui s'est élevée"	AŠ(unique)-ÁR(glorifier), soit "l'unique glorifié"	HUN(apaiser), HUN(reposer)-ÁH(assécher) PÚ(profondeurs), soit "l'apaisé, l'asséché qui reposedansles profondeurs"
Mort	Mis en pièce et décapité	Mis en pièces par Fenrir	Décapité par ses ennemis	Tué d'un coup de lance par ses ennemis puis décapité	Tué d'un coup de lance par ses ennemis puis décapité	Tué puis décapité par ses ennemis
Tête	Coupée : Oracles (Enterrée à Lesbos)	Place la tête de Mimir au pied de l'arbre Yggdrasil	Coupée : Oracles (propriété d'Odin)	Coupée : Oracles (Enterrée à Londres)	Coupée : Relique sacrée (Abydos)	Coupée et placée dans un arbre : Féconde Xquic
Descendance	Aucune	Thor, Baldr, Vidar (Avatars d'Horus)	Aucune	Aucune	Horus	Hunahpu et Xbalanque
Compagnons	(Lyre à sept cordes)	Geri et Freki (loups fidèles)		7 fidèles compagnons	7 Shebitiu	
Attributs & Fonctions	Héros, devin, musicien. Mage et sorcier.	Dieu des poètes et des magiciens. Dieu de la Sagesse. Accompagnés de corbeaux et de loups.	Dieu de la Sagesse	Héros, devin, musicien. Symbole du corbeau (Bran).	Dieu de la Sagesse. Divinité agricole. Accompagnés de Shemsu à têtes de loup.	Divinité agricole.
Lien avec le Séjour inférieur	Catabase	Dieu des morts			Divinité de l'Autre Monde	Dieu de l'Amenti	Tête conservée dans le Monde souterrain

***

Si Heru verra apparaître ses deux fils dans le tome 4 des Chroniques, ils ont peut-être déjà marqué les mythes de leur présence. Soyons honnêtes : lorsqu'on ne sait pas où regarder, il est malaisé de trouver ce qu'on cherche. Dans ce cas précis nous sommes partis du postulat que si Heru devait avoir eu des enfants, la mythologie égyptienne devrait nous en laisser trace. Ce qui est le cas. Les quatre fils d'Horus, par Isis, sont Amset, Hâpi, Duamutef, et Qebehsenuf. Chacun d'entre eux est associé à la protection d'une partie des viscères du défunt ainsi qu'à l'un des points cardinaux. Ils sont tous quatre sous la protection de l'une des pleureuses divines ayant participé à la résurrection d'Osiris : Amset est le protégé d'Isis, Hâpi celui de Nepthys, Duamutef celui de Neith et enfin Qebehsenuf est sous la protection de Serkit. Nous n'en savons pas beaucoup sur leurs actions ; leurs principales tâches étant liées aux rituels funéraires. Par conséquent l'on peut supposer que leur destin les mènera en dehors d'Égypte. Peut-être en Europe du Nord ou parmi les Mésoaméricains.

Ariane présentant deux de leurs enfants à Dionysos. Sont-ils les futurs jumeaux qu'Isis aura d'Heru ? Amphore à figures noires, vers 530-520 av. J.-C., British Museum.

En Grèce il existe tant d'avatars d'Horus qu'il est difficile, sans information supplémentaire sur le parcours de ses fils, d'identifier ces derniers. Les plus évidents à déceler au milieu de cet imbroglio sont Œnopion, Staphylos, Thoas et Péparéthos, les fils que Dionysos eut d'Ariane[214] – l'Isis crétoise. Déjanire donna de son côté également quatre fils à Héraklès : Hyllos, Ctésippe, Glénos et Hoditès (ou Onitès)[215] quand Hébé lui donnera, en Olympe, après son apothéose de nouveau deux fils, des jumeaux portant les noms d'Alexiarès et d'Anicétos – ''l'Invincible''et ''Celui qui évite les guerres''. Dans la mythologie grecque, Apollon est le géniteur d'un nombre impressionnant d'enfants issus d'unions amoureuses avec des mortelles et des immortelles. Les plus fameux d'entre eux sont ses deux fils Aristée et Asclépios.

Du côté du nord et de l'ouest de l'Europe, Thor a deux fils : Móði (''Colère'') et Magni (''Force''), Baldr est le géniteur par Nanna de Forseti (''Celui qui préside'', dieu de la Justice), quant à Lug(h) il est le père du héros celte Cúchulainn (qui a peut-être donné le nom au civilisateur maya Kukulkan que les Aztèques nommaient Quetzalcóatl). Retrouvons-nous chez ces avatars germano-celtiques les quatre fils d'Horus et Isis ?

Enfin le dieu solaire des Suméro-Akkadien, Utu-Šamaš, eut deux fils de son épouse Šerida-Aya : Kettu et Mēšaru.[216] Tous ces fils d'avatars d'Heru sont-ils liés entre eux et représentent-ils les mêmes protagonistes ? Difficile d'en être certains sans en savoir

---

[214] Robert Graves avait supposé en son temps que le nom d'Ariane n'était ni préhellénique, ni crétois ni grec, bien entendu. Il en suggéra (op. cit., page 473), ce qui n'est pas pour nous déplaire ni nous surprendre, une origine sumérienne, décomposant à notre façon Ariane/Ariadne en AR-RI-AN-DE et le traduisant par ''Mère très féconde de l'orge''! Bien que félicitant l'instinct de l'éminent Graves sur cette question, et malgré tous nos efforts, nous avons été incapables de reproduire sa décomposition telle qu'il l'exposât dans *Les Mythes Grecs*.
[215] Les quatre fils de Déjanire et d'Ariane – sans compter les enfants des autres héros grecs majeurs – deviendront soit des rois soit des héros ; ils seront vus pour certains comme les ascendants originaux des plus prestigieuses dynasties royales qui dirigeront les provinces grecques.
[216] L'on pourrait rapprocher phonétiquement le terme Mēšaru de Maṣṣāru, signifiant ''veilleur''ou ''sentinelle''. Kettu et Mēšaru semblaient être des personnifications des idées de justice et de vertu, fils et acolytes de Šamaš, dieu du Soleil, de la justice et de la divination.

plus sur l'évolution des *Chroniques du Ĝírkù* mais il semblerait que deux de ces héritiers se détachent de l'ensemble, l'un étant associé aux équipées guerrières quand le second se rapproche des idées de justice, de diplomatie, de moralité et de souveraineté.

Terminons ce chapitre avec le dernier arbre généalogique de notre étude comprenant les dernières générations divines et semi-divines détaillées notamment dans le présent essai ; avant de conclure avec une matrice sommaire des rapprochements effectués entre les héros des univers mythologiques suméro-akkadiens, égyptiens et grecs.

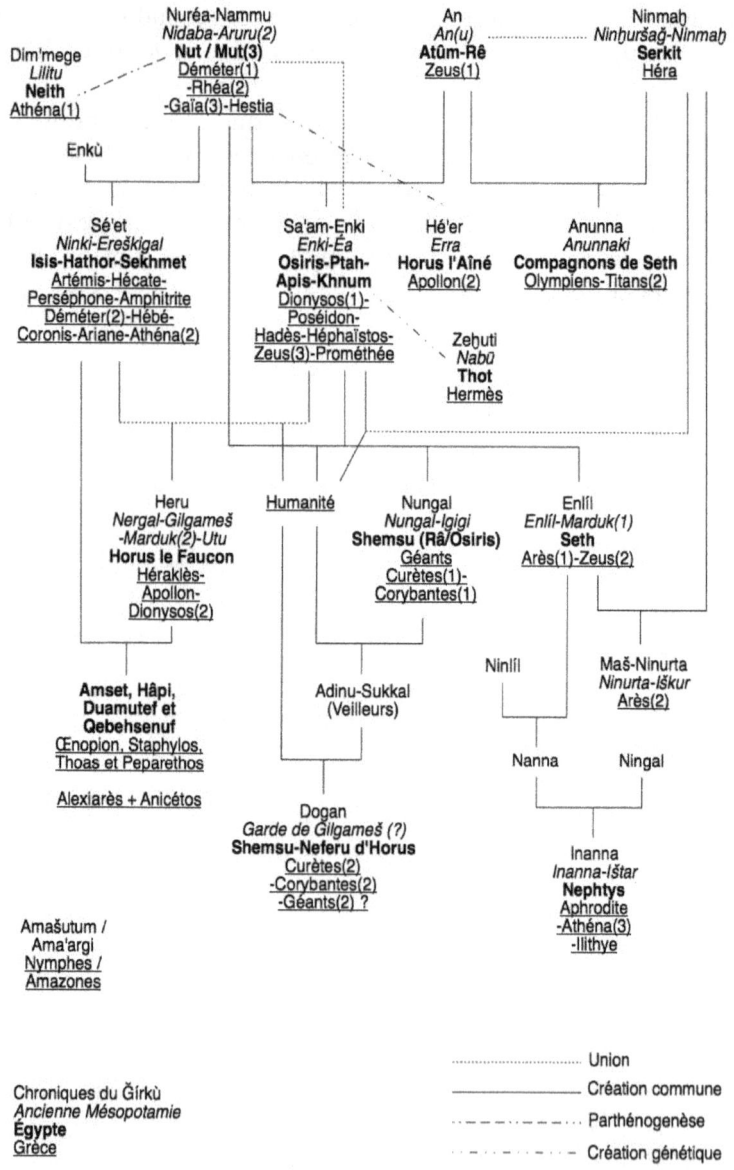

	Horus-Heru-Nefertum-Shed	Gilgameš-Nergal-Erra	Héraklès-Apollon-Dionysos(2)
Filiation / Parenté	a- Fils d'Osiris b- Fils d'Isis, déesse de la Terre et lunaire c- Amant d'Isis-Hathor d- Père de Amset, Hâpi, Duamutef, et Qebehsenuf	a- Fils d'Enki-Éa (Nergal) (=Zeus(3)=Osiris) b- Fils de la déesse lunaire Ninsun (Gilgameš) c- Amant d'Ereškigal (Nergal)	a- Fils de Zeus (Zeus(3)=Osiris) b- Fils d'une déesse de la Terre et de la Lune c- Amant d'Hébé-Coronis-Ariane d- Père de Œnopion, Staphylos, Thoas et Péparéthos (Dionysos).
Attributs / Fonctions & Symboles	e- Tantôt juste tantôt effroyable f- Naissance et petite enfance menacées g- Dénomination originale du héros (Horus-Heru) h- Entraînement avec Osiris i- Nature gémellaire j- Nature solaire (figure du soleil) k- Accompagné de Shemsu, Urshu et Mesentiu (Guerriers, Sages et Forgerons)* l- Contact avec l'Amenti via visite d'Osiris m- Dieu Archer (Shed / Resheph) n- Maladie et guérison o- Lion (Nefertum/Horus) p- Achève Seth sous l'aspect d'un taureau q- Scorpions (Horus) r- Victoire et vengeance sur Seth, le meurtrier de son père (Quête d'un trône perdu)	e- Tantôt juste tantôt effroyable voire tyran h- Préparation à l'Épopée avec Enkidu (Gilgameš) i- Nature gémellaire (Enkidu + Gilgameš) j- Héros solaire (Épopée de Gilgameš) k- Maître des Sebittu (Erra) l- Voyage dans l'Autre Monde (Gilgameš) m- Arc et Flèches (Gilgameš / Nergal) n- Maladie et guérison (Nergal/Erra) o- Lion (Gilgameš) p- Taureau céleste (Gilgameš) q- Hommes Scorpions (Gilgameš) r- Victoire sur Humbaba (=Enlíl) puis sur les Hommes-de-pierre (Gilgameš) s- Jardin des Gemmes (Gilgameš)	e- Tantôt juste tantôt effroyable voire fou f- Naissance et petite enfance menacées g- Heru → Héros → Hélios → Eros → Oreste → Héraklès h- Préparé par figure paternelle (Chiron) i- Nature gémellaire j- Héros solaire (Travaux d'Héraklès) k- "Père" des Curètes-Corybantes (Apollon) ; compagnon des Argonautes (Héraklès) l- Descente aux Enfers (Héraklès / Dionysos) m- Dieu Archer (Apollon / Héraklès) n- Maladie et guérison (Apollon) o- Lion (Héraklès) p- Taureau de Crète (Héraklès) q- Scorpions (Orion = Héraklès béotien) r- Victoire sur de nombreux tyrans ; vengeance sur le meurtrier de son père (Oreste) s- Jardin des Hespérides (Héraklès)

Tableau Héros. * : *Élément avancé par les* Chroniques du Ğírkù.

CHAPITRE III

HÉRITAGES

"Les dieux meurent, nous disent les mythologies. À plus forte raison les rois, les prêtres et les chefs qui en sont les incarnations sur terre. Or ceux-ci sont les garants du cours de la nature, donc de la prospérité de leurs sujets. Les conséquences du vieillissement du roi ou de l'affaiblissement de ses forces sont très graves pour la communauté. Il n'existe qu'un moyen d'écarter le danger : c'est de tuer le Dieu-homme dès qu'apparaissent les signes de son déclin physique, et de transmettre son âme à un successeur vigoureux. C'était le cas chez les Chilluk, une population de l'Afrique orientale."
Extraits de *Frazer et le cycle du Rameau d'Or*,
Nicole Belmont et Michel Izard,
Laboratoire d'anthropologie sociale,
Collège de France.

"Or, si tous les hommes meurent, tous ne deviennent pas rois. Et puisque la mort naturelle ne suffit pas à faire un roi, il faut que l'homme qui est choisi pour exercer cette charge soit mis à mort rituellement. C'est d'autant plus vraisemblable que la cérémonie d'installation, nous le savons bien, comprend toujours une mise à mort fictive suivie de renaissance. Puisque l'on fait semblant de tuer le roi, c'est qu'autrefois on le tuait réellement. On devenait roi en mourant comme victime sacrificielle, et le sacrement originel, le rite-souche auquel tous les autres rites se rattachent, est donc le sacrifice humain.
Ce résultat à la fois confirme et renverse la théorie frazérienne. Le régicide n'est plus seulement une issue fatale, il est au principe même de la royauté. Chez Frazer, on tue le roi ; chez Hocart, on tue un homme pour qu'il devienne roi. Dans l e Rameau d'or, *le règne s'achève par la mise à mort ; dans* Social Origins, *il commence par elle."*

Lucien Scubla, "Préface" in Arthur Maurice Hocart,
Au Commencement était le Rite – De l'origine des sociétés humaines,
Éd. La Découverte, 2005, page 38.

Nous sommes les héritiers, nous Occidentaux, de sociétés dont nous ne comprenons plus grand-chose. Leurs modes de vie, de pensée ainsi que leurs pratiques magico-religieuses échappent à notre pensée rationnelle. Pourtant ils sont les fondations de notre culture. Les religions les plus pratiquées au monde sont elles-mêmes continuatrices des idéologies héritées du Néolithique voire du Paléolithique. Nous avons simplement oublié les étapes par lesquelles nous sommes passés, les routes que nous avons prises pour en arriver jusqu'ici. Et si aujourd'hui certains pensent que la pensée religieuse, frappée d'une certaine obsolescence, n'a plus rien à faire dans notre quotidien, on ne peut que leur rétorquer que notre entière culture est née des besoins de la pratique magico- religieuse ! Sans ces fondements spirituels, nulle cité, nulle agriculture, nulle écriture, nulle civilisation. Parmi ces piliers, ressort un incontournable, un universel : le rite et le plus primordial d'entre tous, celui du sacrifice – et paradoxalement du pouvoir qu'offrait celui-ci – des rois sacrés.

Le règne des Rois morts

Le sacrifice du souverain de l'Antiquité – ainsi que les rites adjacents – a longtemps posé question. C'est d'ailleurs toujours le cas et nombre d'anthropologues sont agités par la chose. Deux principales écoles se sont distinguées depuis la fin du XIXe siècle, se rejoignant sur certains aspects mais s'opposant frontalement sur leurs corollaires : celle de Frazer et celle d'Hocart. Il semblerait aujourd'hui que l'on puisse plus donner raison au second qu'au premier. Mais laissons la parole aux spécialistes – ici Erwan Dianteill, de l'Université Paris Descartes – qui résumeront, mieux que nous ne serions jamais le faire, ci-après l'essentiel des thèses frazérienne et hocartienne :

"En anthropologie, et plus largement en sciences sociales, ce n'est guère la définition du rite (ou du rituel comme ensemble de rites) qui pose problème, contrairement par exemple à celle du mythe, de la croyance ou encore celle de la religion. Certes, il existe dans la littérature scientifique quelques variantes, mais presque tous les anthropologues s'accordent à concevoir le rite comme un acte invariable, régulier et symbolique. En outre, il y a aussi un accord sur l'existence de rites détachés des cultes organisés : <u>s'il n'y a pas de religion sans rite, il y a des rites sans religion</u>, tels que les salutations quotidiennes, les manières de table ou les vœux du président de la République.

Ce caractère peu problématique de la définition du rite, probablement issu du caractère gestuel, donc directement observable du rite, est à l'origine à la fois de la fortune de ce concept, et de son caractère relativement subordonné dans la théorie anthropologique. Tout traité d'anthropologie culturelle ou a fortiori d'anthropologie de la religion accorde une place au rite, mais elle est rarement centrale par rapport aux notions de croyance, de communauté, d'église, de clergé, de mythe ou de sacré par exemple. Mais si la définition descriptive du rite est assez claire et partagée, son origine historique et son rôle dans la vie sociale et religieuse, dans le rapport de l'homme et de la nature, font l'objet de controverses. Je me propose ici de relire quelques textes bien connus de Frazer (…) et d'autres un peu oubliés de Hocart, afin de délimiter les orientations d'une anthropologie du rite prenant en compte le rapport à la nature et à la société opéré par le symbolisme. Beaucoup d'anthropologues contemporains travaillent aujourd'hui sur le rite (J.P. Albert, M. Houseman, A. Piette, Cl. Rivière, C. Séveri, pour ne citer que quelques chercheurs francophones), mais beaucoup des problèmes abordés aujourd'hui s'enracinent dans une longue histoire savante : revenir aux sources de l'anthropologie du rite peut permettre de mettre en perspective l'anthropologie contemporaine. Si le rite est une action symbolique, c'est que celui qui l'accomplit fait toujours appel à quelque chose d'absent rendu présent dans son geste. Ce geste a souvent aussi une rationalité en finalité, dans le vocabulaire weberien, mais le symbolisme s'y combine avec l'action technique qui enchaîne les causes et les effets empiriques. Frazer (...) et Hocart s'interrogent tous sur ce symbolisme. À quoi renvoie-t-on dans le rite ? Quels rapports peut-on trouver entre action rituelle et action technique ? Peut-on concevoir le rite sans efficacité supposée ? Les réponses divergent entre les auteurs choisis, mais cet écart nous sera utile, car il nous révélera aussi peut-être ce qui fait le socle théorique d'une anthropologie du rite.

1. James Frazer : le rite comme institution politique et naturelle

Frazer est évidemment célèbre pour son œuvre majeure, Le Rameau d'Or, *publié dans des éditions successives augmentées, de 1898 jusqu'en 1935. Il appartient à l'école britannique d'anthropologie, souvent qualifiée d'intellectualiste du fait de sa focalisation sur les aspects psychologiques de la vie humaine, en particulier la magie, la religion et la science. Ce qualificatif est certainement justifié pour Edward B. Tylor, théoricien de l'animisme comme forme primitive de religion, et en partie pour Frazer lorsqu'il définit la magie comme régie par des lois de la pensée, par des associations d'idées sur la base de la similitude et la contiguïté, ou la religion comme conciliation de puissances supérieures à l'homme.*

En revanche, la théorie frazérienne du sacrifice du roi divin ne peut se réduire à cette approche psychologique. <u>Le rite fondamental de toute société humaine est le meurtre rituel du roi et son remplacement.</u> *On connaît l'exemple privilégié par Frazer, équivalent précoce du mythe de référence dans les* Mythologiques *de Lévi-Strauss, soit le sacrifice du roi du bois de Nemi dans les monts Albains en Italie. À cet endroit ce trouvait dans l'antiquité romaine, un sanctuaire de Diane, déesse des bois, des bêtes sauvages, et plus largement de la fécondité de la nature et des hommes. Dans le bois sacré se trouvait un arbre gardé jour et nuit par le roi de Némi ; selon Frazer,[217] ce personnage était à la fois prêtre et meurtrier, car il avait tué son prédécesseur pour prendre*

---

[217] James Frazer, *Le Rameau d'Or*, Éd. Robert Lafont, 4 volumes, 1981 (1915), page 19.

sa place. Toujours un esclave fugitif, le prétendant devait d'abord casser un rameau de l'arbre sacré, ce qui lui donnait le droit d'attaquer le roi en exercice, et de lui succéder s'il était victorieux. Cette branche représentait le rameau d'or cueilli par Enée avant de descendre aux enfers (Virgile, Enéide, *VI, 156-235). Le roi du bois devient l'époux de Diane, incarnation de Janus, dont les deux têtes figurent le roi mort et son successeur. (…)*

À partir de ce rite de référence, Frazer se propose d'en examiner les variantes dans l'histoire de l'humanité et dans toutes les civilisations. Si une grande partie des exemples analysés sont issus de l'histoire ancienne de la Méditerranée et de l'Europe, d'autres proviennent de l'ethnographie des peuples extra européens, africains en particulier (Yoruba, Ashanti, Evé). Il est exact que l'ensemble du Rameau d'Or *semble parfois singulièrement désordonné, mais l'on trouvera aussi ce défaut chez Mauss et Hocart. Frazer a une ambition large, et il procède souvent par comparaison illégitime, par amalgame rapide visant à minorer la spécificité d'une situation culturelle au profit de la démonstration de l'existence d'un rite royal et sacrificiel universel. Mais l'essentiel n'est pas là : le projet encyclopédique évolutionniste est daté, certes, mais comme l'ont remarqué Michel Izard[218] et Luc de Heusch,[219] l'immense mérite de Frazer a été d'avoir posé la question de la relation entre le pouvoir, la nature et le rite. Dans un grand nombre de sociétés, cette relation est de nature sacrificielle : <u>le roi ou le dieu est mis à mort. Pourquoi ? Dans les sociétés primitives, des hommes passent pour avoir des pouvoirs sur le cours de la nature et sur leurs congénères. On considère ces individus comme des magiciens capables de toutes sortes de prouesses. Selon Frazer (1981, tome 1, p. 718), ils peuvent exercer un pouvoir temporel sur leurs fidèles, ou bien ne posséder qu'un pouvoir spirituel et surnaturel : ils sont rois et dieux, ou dieux seulement. L'essentiel est que leur existence est le gage du cours normal de l'environnement naturel dont dépendent les hommes.</u> Par leurs pouvoirs, ces individus charismatiques*

---

[218] Michel Izard, *Le roi magicien dans la société primitive*, in James Frazer, *Le Rameau d'Or*, Vol. 1, Éd. Robert Lafont, 1981, pp. XXXI-XLVIII.
[219] Luc De Heusch, *Le sacrifice dans les religions africaines*, Éd. Gallimard, 1986.

évitent famines, sécheresses, inondations, bref, tous les aléas naturels incontrôlables par le commun.

La collectivité qui entoure l'un de ses individus exceptionnels attend donc de celui-ci qu'il la protège, qu'il garantisse sa survie. Or, nul, même le roi dieu n'est immortel. Sa mort implique donc un grand risque, celui du désordre naturel auquel il remédiait. <u>Avant même son décès, le roi dieu vieillit, il est sujet à la maladie, à la déchéance physique, peut-être à la folie, qui l'entrave dans son rôle de régulateur de la nature. Le roi dieu antique est donc l'objet d'une attention collective de tous les instants. Cette vigilance conduit à éliminer le roi dieu lorsqu'il manifeste des signes de faiblesse irrémédiable. Il faut soit le déposer, soit le sacrifier pour qu'un autre lui succède dans toute sa vigueur.</u> Le roi dieu est donc le lieu de convergence de la nature, de la surnature et de la souveraineté. Le dieu roi est donc un opérateur symbolique entre ces trois ordres.

Développons une interprétation un peu hétérodoxe de Frazer. Si le roi est sacrifié, c'est certes pour conserver la maîtrise de la collectivité sur la nature par la médiation d'un nouvel individu charismatique. Mais, formulé dans des termes moins utilitaristes, c'est pour maintenir le nexus *entre la nature, la surnature et la société que l'on tue le roi, car il est à l'interface de ces trois ordres de réalité. Il symbolise à la fois le contrôle social, l'accès au monde des esprits et au monde naturel. La maladie et la mort qui affectent le roi menacent de défaire le nœud qui lie les hommes aux esprits, aux animaux et aux végétaux. Il vaut mieux trancher et reconstituer le lien immédiatement, plutôt que de tolérer son relâchement. Le sacrifice du roi dieu s'accompagne donc toujours d'un rite d'institution d'un successeur. L'exemple du bois de Nemi le manifeste de façon parfaite : celui qui sacrifie devient* ipso facto *le Roi du Bois, sans transition et sans médiation. L'inter-règne, dans ce cas, n'existe pas. Ajoutons que l'identité à la fois servile et rebelle de l'assassin fait de lui l'opérateur symbolique par excellence : le nouveau roi dieu est un individu marginal, en rupture de ban, à la frange de la société. Il épouse la déesse et devient roi de la végétation et des animaux. Il est bien à la convergence de l'humanité, de l'animalité et de la divinité.*

(...)

2. Arthur M. Hocart : *l'origine rituelle de la civilisation*

A. M. Hocart (1883-1939), bien qu'il soit anglais, ne peut être rangé ni du côté des intellectualistes de la première génération, ni du côté des fonctionnalistes. Contrairement aux premiers, c'est un véritable ethnologue de terrain, spécialiste des Fidji et de Ceylan. À l'opposé des seconds, il s'intéresse aux origines de la civilisation humaine et à son évolution. Hocart est donc un anthropologue historique, et par bien des aspects, son œuvre entretient une parenté avec celle de Frazer. Mais ce qui constitue son originalité la plus grande est la place centrale qu'il accorde au rite dans la civilisation.

En premier lieu, Hocart s'oppose à l'idée que l'invention technique serait le produit d'une démarche d'observation des causes et des effets. L'être humain aurait dans cette perspective découvert par hasard le feu, la pierre taillée, la roue, ou la domestication animale et les semis au néolithique, et aurait ensuite maîtrisé ces inventions dans un but utilitaire. Dans l'ouvrage The progress of man *(1933, traduit en 1935)*, <u>Hocart s'emploie au contraire à démontrer que toutes les inventions techniques de l'homme (ou presque) ont pour origine l'action rituelle</u>, c'est-à-dire et non l'action utilitaire mécanique. <u>C'est du rite que dérive la civilisation matérielle et technique, et non l'inverse ; du symbolique vient la rationalité empirique.</u> Le feu est d'abord l'objet d'un culte avant d'être utile, la roue a d'abord une signification cosmologique avant de devenir roue de chariot, les animaux sont d'abord domestiqués pour le sacrifice aux esprits, les semis dérivent du symbolisme sexuel de la fertilité. L'être humain est avant tout une créature rituelle ; c'est de là que dérivent certaines applications techniques ''utiles'', même si un grand nombre de rites n'ont aucun dérivé ''rationnel'' au sens occidental du terme.

Reste à comprendre le sens des rites. Pour Hocart, il ne s'agit pas de reconstituer la société par la ''syntonisation'' des corps ; le *rite vise à maintenir et développer la vie. Pour Hocart, la distinction entre magie et religion est oiseuse ; il propose de se concentrer sur un seul élément qui leur est commun, à savoir le rituel. <u>Le but du rituel est l'accroissement de la vie : par ce type d'action symbolique, on doit garantir l'approvisionnement en nourriture, la santé des hommes et des bêtes, prévenir les accidents et la mort, favoriser la fertilité des femmes.</u>[220] (...)*

La théorie hocartienne du rite ne se limite pas à affirmer le caractère vitaliste du rite. De façon très originale, le vitalisme y est conçu comme étroitement associé au pouvoir politique. Hocart revient ici aux thématiques frazériennes. Dans son premier ouvrage, intitulé Kingship *(1927), il s'efforce d'identifier les séquences de l'intronisation des rois, construite universellement sur le même modèle. L'impétrant doit mourir et renaître pour devenir roi. Il est d'abord reclus et purifié, puis un sacrifice animal ou humain symbolise sa mort. <u>Hocart ira jusqu'à affirmer dans l'ouvrage posthume</u>* <u>Social origins</u> *<u>(1954) que le roi était réellement mis à mort à l'origine, et régnait donc post-mortem, comme esprit. Le roi, après sa mort symbolique, naît à nouveau avec un nouveau nom, une nouvelle apparence physique, et s'installe sur le trône avec une reine consacrée simultanément afin de garantir la fertilité naturelle et humaine.</u>*

Ce rituel est assez distinct de celui décrit par Frazer. <u>Il n'y est guère question de transfert de souveraineté d'un vieux roi à un jeune roi par l'élimination du premier par le second, mais de l'élévation à la royauté par mort et renaissance, séquence inversant évidemment le cours ordinaire de la vie humaine.</u> Ce n'est pas la substitution d'un roi à un autre qui constitue le socle rituel de toute société, c'est l'intronisation comme résurrection garantissant la vie. Certes, il s'agit d'un rite de passage, mais ce n'est pas la transition spatiale qui fournit le modèle de ce rite, comme chez Van Gennep, c'est le rite qui produit un changement d'état, ce qui rapproche Hocart de Mauss & Hubert.

---

[220] Arthur Maurice Hocart, *Les progrès de l'homme*, Éd. Payot, 1935 (1933), page 163.

Si l'on considère que le rituel fondamental est l'intronisation du roi, comment expliquer que cette forme soit à l'origine des la plupart des rituels ? C'est la diffusion qui rend compte de cette prégnance. Le rituel d'intronisation royale est la condition d'existence de toute société humaine, il garantit la santé, la fertilité, la prospérité ; il a donc été adopté par toutes les couches de la société, de façon plus ou moins déformée. Le mariage, par exemple, est issu des noces royales qui accompagnent nécessairement l'intronisation du roi. Tous les rituels initiatiques sont soumis à la même structure : mort et résurrection sous une nouvelle identité. Le sacrifice animal est un substitut au sacrifice humain dérivé de la mise à mort symbolique du roi pendant son sacre. La diffusion du modèle rituel fondamental, et sa déformation, est expliqué dans l'ouvrage Rois et courtisans *(1936, traduction française 1978). C'est par l'imitation du roi par les courtisans, puis par le peuple tout entier, que se diffuse le modèle rituel fondamental. C'est par une sorte de snobisme, c'est-à-dire par imitation des grands, que se répand une innovation culturelles.*[221] *L'importance vitale de l'intronisation explique la fascination, l'adoption et l'adaptation à des fins variées de cette cérémonie.*

---

[221] Même s'il restera sans doute à jamais improuvable que des Homo Sapiens aux crânes allongés vers l'arrière – dits dolichocéphales – furent en réalité des rejetons hybrides de Gina'abul et d'êtres humains, il n'en reste pas moins que les hommes se sont, un peu partout sur la planète, volontairement déformés le crâne afin de l'allonger. Dans le *Réveil du Phénix* (op. cit, pp. 375-406), Anton Parks a parfaitement résumé les découvertes de crânes dolichocéphales au sein des anciennes cultures du Levant, de Mésopotamie, d'Égypte mais également de la Vieille Europe. D'autres ont été découverts au Pérou et ornent les étagères du musée de Lima. Même en Europe occidentale, nous retrouvons la pratique de déformation volontaire du crâne (par bandage). Officiellement motivée par des raisons esthétiques, elle serait une mode transmise depuis l'Asie centrale à partir du Ier siècle de notre ère... Cette explication ne tient évidemment pas la distance. Les déformations artificielles du crâne remontant bien avant le déferlement des Huns sur le Vieux Continent. Il faut plutôt voir dans cet acte singulier la volonté de ressembler aux dieux des anciens temps. C'est en effet ce que décrit précisément Hocart : le dieu servait de modèle à la royauté, la royauté servait de modèle à l'aristocratie et l'aristocratie servait de modèle au peuple : c'est ainsi que s'opérait la diffusion des codes culturels. Ce qui explique pourquoi de nos jours tout le monde exécute le rite du mariage, à l'origine réservé aux seuls rois et reines. Quelle autre raison crédible y aurait-il à s'allonger ainsi le crâne ?

Avec Lucien Scubla (NDA : cité en introduction de ce chapitre), *on peut voir en Hocart un précurseur de la théorie de René Girard concernant le sacrifice. Certes, il y a bien chez lui l'idée que le sacrifice du roi est le socle de l'intronisation, rite modèle de tous les rites, mais on n'y chercherait en vain l'idée que ce sacrifice vise à détourner la violence vers un tiers. On trouve aussi chez Hocart l'idée que l'imitation est un moteur de diffusion et d'innovation culturelle, mais il y a loin de cette proposition à la théorie du désir par imitation chez Girard. Chez Hocart, on imite le roi pour bien vivre.*

S'il faut conserver quelque chose de la théorie de Hocart, malgré son comparatisme débridé et son diffusionnisme, c'est d'abord que les rites inversent le cycle vital pour le réactiver. Le rite a une fonction symbolique et expressive, il manifeste une représentation du monde, mais il a aussi une finalité vitale. <u>Le rite ne singe pas le cycle naturel, il le renverse : pour que la vie continue, il faut passer du décès à la naissance, et non le contraire.</u> Alors que chez Frazer, le rite royal est interprété comme un opérateur de continuité, chez Hocart, le rite produit un changement d'état de l'impétrant, une solution de continuité entre son identité passée et future. L'homme meurt, le roi naît. On entrevoit ce qu'une telle perspective peut apporter à l'anthropologie du christianisme par exemple : ce n'est qu'après sa résurrection, doté d'un corps glorieux, que Jésus devient Roi pour les chrétiens.

En deuxième lieu, il y a une dynamique sociale des rites, de bas en haut de la hiérarchie politique. Le rite n'est pas une activation pratique d'un symbole collectif chez Hocart, mais son symbolisme est bien de nature sociale. Dans l'intronisation, c'est toute la société qui meurt et qui renaît par la médiation du roi, toujours considéré comme chef (c'est-à-dire la tête) d'un peuple. De la hiérarchie de pouvoir découle l'imitation du souverain, dont on essaie de reproduire le rituel initiatique car il est source de puissance vitale.

Conclusion

La théorisation des rituels est loin d'être achevée, comme en témoigne la publication d'un imposant volume collectif consacré à cette entreprise.[222] Cet ouvrage ressemble plus, il faut bien le dire, à une *"forêt de symboles"* (777 pages, 34 auteurs mobilisés !) qu'à une théorie unifiée du rite. Il serait néanmoins regrettable d'abandonner cet effort de théorisation : ce projet ne doit pas mener à une théorie générale du rituel mais à dessiner des schèmes interprétatifs de portée moyenne, mobilisables en vue de l'analyse de cas empiriques spécifiques. Relire Frazer, Mauss, Durkheim et Hocart nous a conduits à formuler quelques-uns de ces schèmes.

a) le rite se situe à l'interface du monde humain, de la nature et de la surnature. Le rite constitue un opérateur pratique, un nexus, entre ces ordres de réalité.

b) le rite opérationnalise un symbole, objet sacré chez les durkheimiens, personne royale chez Frazer et Hocart ; dans tous les cas, le rite pointe vers une chose qui n'est pas seulement ce qu'elle paraît être, et qui renvoie conjointement à la nature, à la surnature et à la société.

c) le rite est une réponse à la menace vitale. Le rite n'a pas de finalité mécanique, mais le symbole qu'il active doit être source de vie biologique et sociale.

d) la forme du rite est l'inversion du processus naturel ; si la mort succède naturellement à la vie, le rite pose l'inverse par l'initiation.

e) enfin, le rite est une pratique symbolique sociale dans ses conditions de réalisation et dans ses effets ; c'est le sujet d'une dynamique sociale de création, de diffusion, de déformation et d'adaptation. Sans être diffusionniste, il faut observer comment les rituels naissent, sont adoptés ou rejetés en fonction de la hiérarchie sociale.

---

[222] Jens Kreinath & Jan Snoek & Michael Strausberg, eds., *Theorizing rituals – Issues, topics, approaches, concepts*, Éd. Brill, 2008.

On voit que ces items ne forment pas une explication générale du rite ; ce sont des prismes qui en font apparaître certains aspects."²²³

***

Maintenant que l'importance du rite – dont le plus important est celui du sacre/sacrifice royal – a sublimement été synthétisée via les travaux des deux principaux anthropologues du siècle dernier ayant, à titre personnel, épuisé le sujet en question, retournons vers l'archéologie.

Il est à présent acquis que le plus ancien centre religieux²²⁴ de la planète est à ce jour Göbekli Tepe, en ancienne Anatolie. Nous avons déjà évoqué ce site. Il est d'une importance capitale à plus d'un titre. 7000 ans avant les premières pyramides d'Égypte (selon la datation officielle) et 5000 ans avant les menhirs de Carnac – soit il y a plus de 12 000 ans, voire 14 000 pour les plus anciens vestiges découverts en 2015 –, des hommes ont élevé des sanctuaires, des monolithes de calcaire en forme de ''T''ornés de bas-reliefs où figurent divers animaux : sangliers, serpents, renards, grues... la portée de ces temples est évidemment religieuse. Tous les indices archéologiques sur place le démontrent.

---

²²³ http://cedifr.blogs.usj.edu.lb/2014/02/11/du-rituel-comme-institution-fondamentale-retour-sur-frazer-mauss-et-hubert-hocart/
²²⁴ Si vous venez de lire ce qui précède, vous comprendrez que les termes de religion, magie ou rites symboliques sont interchangeables. Nous conserverons le premier pour une meilleure compréhension.

Vue d'artiste du temple principal de Göbekli Tepe en cours de construction. Source : http://www.histoiredelantiquite.net.

Ce qui est frappant cependant, c'est qu'à cette époque, point de révolution néolithique en vue dans la région ! Les hommes d'Europe de l'Ouest, quant à eux, en étaient toujours à illustrer les grottes, aujourd'hui mondialement célèbres, des récits de leurs chasses. Les hommes de Göbekli Tepe étaient également des chasseurs-cueilleurs. En ce temps, nulle civilisation n'avait vu le jour ni élevé les murs d'une cité ; nul code social ou moral n'avait encore uni une communauté et, plus important, aucune domestication animale ou végétale n'avait – officiellement – vu le jour. Pourtant ces chasseurs-cueilleurs ont érigé les piliers de ces temples. Pour l'archéologue allemand Klaus Schmidt,[225] responsable des fouilles sur le site, les données recueillies à Göbekli Tepe remettent en cause l'un des fondements de la naissance des civilisations : celui qui consistait à penser que les pratiques religieuses étaient nées suite à l'instauration de villages (puis de cités) eux-mêmes apparus avec le surplus de ressources alimentaires généré par la domestication des céréales. Une chose est certaine pour Schmidt, Göbekli Tepe démontre tout le contraire : c'est des besoins du rassemblement des hommes pour

---

[225] Klaus Schmidt, *Le premier temple – Göbekli Tepe*, Éd. CNRS Éditions, 2015.

la construction du sanctuaire religieux et pour le confort des pèlerins qu'une organisation sociale a émergé et, avec elle, la pratique de la culture d'espèces de blé sauvage, qui seront petit à petit domestiquées par les chasseurs-cueilleurs. Est-ce un hasard si la domestication des céréales et la naissance de l'agriculture débutèrent au moment où la religion pratiquée à Göbekli Tepe en était à son apogée ?

Exemples de stèles en "T" retrouvées sur le site. Remarquez les ornements animaliers récurrents. Source : http://thinkingsidewayspodcast.com.

Si nous relisons les conclusions d'Hocart, il ne fait aucun doute que Schmidt, pourtant expert dans un domaine scientifique différent, touche dans son propre corollaire à leur essence même : le rite est à l'origine de tout. Sans le rite, pas d'organisation sociale, pas de règles morales, pas de pratiques magico-symboliques, mais plus essentiel : pas d'agriculture ni d'élevage ! Sans cela, nulle civilisation humaine ne serait sortie de terre.

Enfin, notons que les temples religieux de Göbekli Tepe ont été excavés avec beaucoup d'acharnement. Un acharnement, sinon supérieur du moins égal, dont firent preuve les derniers utilisateurs du site ; en effet le complexe entier fut découvert sous des tonnes de terre dont il fut recouvert vers 8000 ans av. J.-C. Au final, avant d'être déterré, le site de Göbekli Tepe reprenait une forme habituelle pour vous : celle d'un Kourgane ou d'un tumulus. Un temple sous un tertre en somme, une colline artificielle. La traduction de Göbekli Tepe signifie d'ailleurs "la colline du nombril". Pourquoi les hommes de l'époque entreprirent-ils de faire littéralement disparaître leur centre religieux ?

Cela est-il lié à un changement de cultes ou de l'évolution des pratiques religieuses ? La colline artificielle de Göbekli Tepe se situe au point culminant d'une montagne allongée faisant du site un point d'observation qui domine la région ; de là on peut observer les monts Taurus et Karadag... anciennes résidences des dieux de l'Edin ?

QUAND LES DIEUX FOULAIENT LA TERRE

Comment conclure cette série d'essais ? Beaucoup d'informations ont été avancées ; de quoi justifier une relecture à froid ! Le premier bénéficiaire de ces recherches croisées dans les domaines de la mythologie, du symbolisme, de la sémantique, de l'anthropologie, de la généalogie génétique et de l'archéologie est votre serviteur. Cinq années se sont écoulées depuis les premières lignes jetées nonchalamment dans un traitement de texte. Depuis lors je me suis senti l'obligation croissante d'investir toujours plus loin afin d'être toujours plus clair et toujours plus précis. Cette espèce d'enquête dans notre protohistoire et notre psyché m'a personnellement beaucoup appris. J'espère que ce sera également votre cas. Nombre de sujets évoqués, en parallèle des *Chroniques*, nécessiteraient non pas un mais plusieurs ouvrages supplémentaires. Je n'aurai pas le courage d'en rédiger ne serait-ce que le commencement – d'autant que de réels spécialistes dans les domaines concernés seraient plus aptes que moi à en réaliser la vulgarisation. J'ai, en revanche, cumulé assez d'informations pour les réunir au sein d'annexes ou d'articles que je publierai sous une autre forme en temps souhaité.

Travailler sur le passé n'est jamais évident. Celui-ci se dérobe à mesure qu'il s'éloigne de nous. Les témoignages s'érodent et les traces s'estompent. Puisqu'il ne s'agit, au final, que de cela : des traces et des témoignages. Nous avons travaillé plus sur les seconds que sur les premiers. Pourtant ils sont là, éparpillés un peu partout. Nous allons y revenir. Des témoignages, que pourrions-nous en retenir et surtout comment peut-on les relier aux recherches d'Anton Parks ?

De nombreuses thématiques iconoclastes, voire choquantes, hantent les *Chroniques du Ğírkù*. D'abord celle de la présence continue et originelle d'humanoïdes de nature ophidienne, reptilienne – même si ce dernier terme prend une orientation péjorative à sa simple évocation. Que ces entités, se nommant elles-mêmes Mušidim puis Gina'abul, se sont formées en groupes, en clans : l'un au service d'une Source de Création et appuyée, promulguée plutôt par les femelles de l'espèce et l'autre au service de lui-même et du pouvoir patriarcal dont il était majoritairement constitué. Ces clans sont rentrés très tôt en guerre, entraînant de graves perturbations dans les étoiles, dans le Cosmos. Ces créatures, que nous ne pouvons qualifier d'extra-terrestres puisqu'elles étaient sur Terre avant le genre humain, ont ensuite généré des créatures pour les servir : nous-mêmes, le genre Homo. Après quoi, ils se mêlèrent à nous afin de constituer des lignées de Géants et de souverains.

Les mythes et légendes, du monde en général et ceux étudiés ici en particulier, ne disent pas moins. Ils parlent quasiment à l'unisson de dieux, provenant du Ciel ou des profondeurs de la Terre, deux lieux où ''vivent''généralement les Gina'abul. Vous avez lu en détail notre complément d'enquête sur le Monde souterrain, l'Abzu, largement évoqué dans les œuvres de Parks. Quant au Ciel, il figure l'espace et ses destinations lointaines où se sont développées d'autres sous-races Mušidim ayant quitté la planète Terre, Uraš, sous la menace d'une engeance cousine agressive. Dans tous les cas, les dieux sont créés sur Terre ou au sein du *Cosmos*, le système solaire tel que nous l'avons décrypté. Ces dieux sont à l'origine associés au serpent de par leurs caractéristiques physiques ou par leur nature chtonienne. Nous n'en referons pas la liste. Ces traits physiques seront ensuite transmis aux premiers souverains figurés, décrits ou qualifiés sous des formes ou des adjectifs ophidiens : les ancêtres dynastiques sont partout les fils d'un Dragon, d'un dieu-saurien ou représentés mi-homme mi-serpent. La création de la société divine telle que décrite par Anton Parks, notamment dans le tome 0 des *Chroniques*, ne peut être retranscrite parfaitement dans aucun corpus mythologique ; l'ancienneté des événements ne pouvant décemment pas en faire parvenir l'entière existence jusqu'à nous. Même si cela est parcellaire, les Grecs ont pourtant, comme nous l'avons vu, repris dans leurs mythes nombre d'éléments troublants : les divers groupes de Mušidim-Gina'abul, leur succession au pouvoir et leur chute, les guerres les ayant opposé et leurs émissaires finaux, ici sur Terre. Nous savons que la transmission orale était, bien avant l'invention de l'écriture, la seule façon de léguer la connaissance. Et nous avons appris dans cette série d'essais qu'un récit pouvait traverser la planète et survivre des milliers d'années. Il n'en faut pas moins pour penser que de simples témoignages directs de dieux auprès de mortels (genre Homo) ont pu ensuite, sans autre forme de réactualisation, se perpétuer comme des mythes au sein de notre espèce. Les mythes étant, comme vous le savez maintenant, plus un moyen de transfert de connaissance, une véritable connaissance, qu'un inconsistant amas de fadaises ; ce que l'on a longtemps souhaité nous faire avaler.

Les implications des dieux dans la vie des hommes ne s'arrêtent pas là. Outre le fait que notre espèce ait été témoin de leurs conflits, elle subit régulièrement le bon vouloir de leurs inaltérables décisions. À commencer par celle de créer le genre Homo. Là-dessus, tous les mythes sont d'accord : les hommes ne sont pas au centre de la Création. Ils ont été créés pour servir les dieux, les nourrir, les vénérer. Et il ne fallut pas moins de quatre ou cinq projets majeurs (selon les mythologies) de création pour en arriver jusqu'à nous, Homo Sapiens.

Anton Parks ne dit pas, au contraire ! Il y eut effectivement plusieurs projets, certains parallèles. Mais au final beaucoup plus de retouches officielles – c'est-à-dire voulues par le pouvoir Ušumgal-Anunna en place – et clandestines que les mythes ne pourraient retranscrire. Les projets abandonnés le furent parfois dans d'inimaginables conditions – même si les conditions de vie de nos ancêtres n'étaient pas moins atroces. Ainsi furent éliminés des groupes humains entiers, tel l'on supprimerait des fichiers de la corbeille de notre ordinateur. On peut parler de génocide. Nous étions du bétail. Nous avions peur de nos maîtres et de leurs changements d'humeur. Nous avions raison. Par leurs envies de tout contrôler, ils déréglèrent le climat et déclenchèrent des cataclysmes. Là encore, nul besoin d'être précis : le thème mythologique de la destruction du monde pour punir les hommes est pratiquement universel. Selon ces mythes nous parvînmes même à une quasi- extinction. Le déclencheur des déluges majeurs ayant récemment frappé tant la planète que la mémoire humaine fut le même, changeant simplement de théonyme selon les régions : Enlíl. La vision qu'en eurent nos ancêtres ne fut en revanche pas la même. Cela étant dû à l'événement qui amorça les choses, celui de l'attentat sur Enki-Osiris.

Les dieux étaient associés aux astres, particulièrement ceux du système solaire. Enki-Osiris était Mulge, l'Astre noir aujourd'hui disparu et son satellite, son compagnon, Mulge-Tab, fut associé tant à sa compagne qu'à son fils posthume. Redisons pourquoi. Après qu'Enlíl eut tué son créateur Enki, il fit exploser la planète des planificateurs Kadištu. Les deux incidents furent associés et le corps sans vie de Mulge (aujourd'hui la ceinture d'astéroïdes entre Jupiter et Mars) fut regardé comme celui d'Osiris ; découpé en morceaux selon le mythe égyptien. La revanche ne devait pas tarder : Isis l'éternelle amante d'Osiris se vengerait bientôt d'Enlíl-Seth. Mulge-Tab expulsé de son orbite arriva bientôt aux abords de la Terre, générant terreur et ravages. C'était la punition d'Isis sur les dieux et les hommes. Mais la comète fut également assimilée à Inanna-Nephtys que les hommes confondaient avec Isis et dont le comportement belliciste collait parfaitement avec la nature de l'astre. Horus, âme d'Osiris réincarné, fut ensuite mis au monde au sein de la Grande Pyramide. Il ira combattre puis défaire son oncle Seth lors du passage de la comète Mulge-Tab, le Nouveau Soleil, ce qui marquera son lien avec l'astre vengeur ; sans oublier que la furieuse comète ''naquit''après la mort de Mulge... Mulge-Tab se stabilisera ensuite à sa position actuelle dans l'espace.

Dans cette passivité lascive, elle deviendra Vénus, l'Aphrodite grecque. Nous savons à présent pourquoi Vénus est associée à tous ces protagonistes. C'est également la raison pour laquelle les Anciens épiaient le Ciel avec insistance tout en élaborant des calendriers prédisant les mouvements célestes. Notamment ceux de Vénus.

Mais les cataclysmes marquèrent tout autant les hommes que la triade formée d'Osiris, Isis et Horus ainsi que leur histoire. Il est rare de ne pas trouver de corpus mythologique ne faisant pas écho de ce dieu-père qui meurt et ressuscite dans l'identité de son fils dont la mère est aussi l'amante. C'est une constante assez troublante pour les mythologues qui étudient la question. Souvent le dieu-père est tué par un alter ego, parfois l'épouse se venge mais la plupart du temps c'est le fils posthume qui s'en charge (l'épouse-mère se contentant de jeter l'anathème) ; un fils qui naît près d'une montagne et protégé d'une menace pesant sur sa vie, un fils qui vengera à terme son père en éliminant son assassin, un fils un peu fou et impulsif qui ira jusqu'à décapiter (ou simplement éliminer) sa mère-amante dans un excès de colère. Ces liens marquent également la nature gémellaire du couple original formé du frère et de la sœur. Un sentiment profond qui s'inscrit dans l'amour charnel plus que fraternel et qui, défiant la mort, pousse la liaison incestueuse à son paroxysme ; allant jusqu'à unir dans un complexe œdipien la mère et son fils. Les *Chroniques* nous rapportent également la promotion d'Enki-Osiris au rang de régent suprême du Peuple Serpent. Cette élévation sociale passa par deux épreuves initiatiques offrant littéralement au père d'Heru la révélation du pouvoir de la Source et de l'Éternel Féminin. Tant ces épreuves que la réincarnation d'Osiris en Horus sont à la base des rites les plus archaïques pratiqués par l'homme – et évoqués plus haut.

Comme précisé dans le sous-chapitre précédent, les rites royaux – sacre, mariage, sacrifice... – sont à l'origine de tous les rites de la société qui en découle. L'organisation sociale telle que nous la connaissons de nos jours provient ainsi – très globalement – des rites royaux primordiaux. Ces rites eux-mêmes visaient dès l'origine à établir le roi dans ses fonctions et à transformer ce dernier en réceptacle du pouvoir divin afin d'assurer la prospérité de la vie sous toutes ses formes. Les rituels initiatiques/symboliques ayant prospéré jusqu'à aujourd'hui dans certaines parties du monde (notamment en Afrique) et s'étant maintenus dans nos contrées jusqu'à il y a quelques siècles ne peuvent être autre chose qu'un souvenir, qu'une répétition microcosmique d'événements majeurs ayant permis la libération de l'humanité, de l'ouverture à la vie. L'on rejouait – et l'on rejoue toujours ! – en effet lors de ces initiations (voir Éleusis) tant la consommation par le Roi de la Plante de Vie de la Déesse lui conférant l'entendement de la Source (épreuves du feu traversées par Enki-Osiris et dirigées par Nammu-Nuréa) que la mort et la résurrection du candidat afin d'assurer la continuation de la vie, à commencer par la sienne, réactivée pour l'occasion.

Bien que dramatique, puisqu'il était un bienfaiteur de l'humanité, la mort d'Osiris mena à terme à l'incarnation d'Horus et, avec lui, la libération totale de l'humanité des griffes du pouvoir Ušumgal-Anunna. La mort d'Osiris aura ainsi eu au bout du compte une portée bénéfique. Tous les mythes sont d'accord sur ce point : après que les dieux eurent terminé leurs disputes et que les bons dieux l'emportèrent sur ceux du chaos, les hommes furent mis au pouvoir et la Terre leur fut léguée. La mort d'Osiris est certainement la raison pour laquelle le roi sacré de l'Antiquité ne pouvait mourir de façon naturelle, qu'il devait être tué puis remplacé au summum de son règne. Et que, selon Hocart, il régnait par delà la mort, en esprit, au travers des actes du nouveau roi, de l'Horus souverain. Bien sûr il peut y avoir différents niveaux de lecture et bien entendu nous ne l'ignorons pas – l'avons-nous d'ailleurs ignoré plus haut ? Ainsi ces épreuves initiatiques peuvent-elles rendre compte de pratiques chamaniques dont le déroulé, le scénario s'apparente étrangement aux aventures d'Osiris puis d'Horus. L'explication la plus simple voulant que le destin des dieux soit gravé dans notre inconscient collectif et que ces récits émergent de notre psyché lorsque notre cerveau est stimulé par quelque psychotrope bien choisi.

Enfin un dernier thème revient sans cesse, celui de la victoire d'un héros sur un monstre ophidien. Ce mythème est, nous l'avons vu, interprétable de diverses façons. La plus évidente d'entre elles consistant à y voir une victoire du patriarcat sur le pouvoir matrilinéaire figuré par une entité issue de la Terre-Mère et protégeant un lieu, un sanctuaire, un artefact et/ou un secret. Ce qui revient finalement au même étant donné que les pouvoirs matriarcaux s'étendaient sur les terres, les savoirs et les compétences. En parallèle on pourrait greffer à ce mythème un événement plus ancien : celui de la victoire d'un clan divin sur un autre ; ce qu'évoque Parks lorsqu'il décrit la défaite de la reine Tiamata vaincue par Enlíl. Tel quel le modèle fut repris et emprunté de- ci de-là avant d'être "retourné"de même que la domination religieuse : le héros tueur de dragon n'était plus Enlíl mais Horus – l'opération ayant été facilitée par le fait que les deux protagonistes portèrent le titre de Marduk. Et le fameux Dragon devint non plus Tiamat mais Enlíl – récipiendaire du statut de son ennemi vaincu. Un retournement conceptuel, idéologique, "magique"diront certains mais dans tous les cas perturbant pour le chercheur !

Que dire enfin du "voyage"des mythes et des symboles à travers la planète ? Comment expliquer simplement que l'on retrouve, par exemple, en Mésoamérique des thèmes aussi analogues dans leur structure que ceux des Grecs anciens par exemple ? Nous avons exploré plusieurs pistes mais, faute de preuve tangible, il est assez difficile d'y accorder du crédit. Il est plus logique d'y voir une intervention supérieure qui facilita les contacts entre les peuples du fait qu'elle avait la capacité de déplacer les populations mais encore de se mouvoir d'un point à l'autre du globe en quelques minutes. Si nous entrons ce paramètre dans le programme, l'ensemble devient tout de suite plus clair. Il n'y a pas eu des siècles d'écart ni des contacts répétés motivés par de périlleuses navigations à travers les océans. Les symboles et histoires du monde furent simplement véhiculés par les dieux civilisateurs et les quelques hommes les accompagnant, certainement. Parfois les mythes se perpétuèrent, parfois ils s'envolèrent. Mais cela permet d'expliquer pourquoi des récits ou symboles identiques semblent avoir "sauté"un continent ou une époque afin de se retrouver sans trace ou indice intermédiaire d'une région à l'autre du monde antique.

***

S'il y a bien un élément important que nous avons omis jusqu'ici dans cette conclusion, c'est bien entendu l'Atlantide. Cette île merveilleuse supposée n'avoir jamais existé selon la Science a pourtant façonné nombre de mythes et légendes des régions avoisinantes de sa supposée localisation – du moins la plus courante, dans l'Océan atlantique. Ainsi retrouve-t-on des échos d'une île des dieux, mais également île de la Mort ou accès vers l'Outre Monde subaquatique dans les mythologies des peuples africains des régions occidentales, dans la religion égyptienne (d'Edfu notamment), dans certaines légendes celtes armoricaines, irlandaises et galloises et bien entendu dans les mythes grecs ; bref tous les peuples au contact de l'Océan et en proximité avec l'île ou plutôt l'archipel mythique. L'interprétation courante veut que l'Occident ait été considéré comme le terminus du Soleil en fin de journée, un lieu de mort où l'astre du jour périt ou alors s'enfonce dans les entrailles de la Terre pour renaître à l'Orient le matin suivant. L'idée de mort et de région occidentale formant ainsi un concept indissociable. Pourquoi une île ? Qui sait ! Comme tous les lieux habitables, il fallait bien que l'on puisse y poser le pied et comme ce lieu paraissait inaccessible, il ne pouvait être qu'une demeure divine. Quoiqu'on en fit tout aussi bien le séjour ultime des mortels exceptionnels au destin hors du commun ; ceux-là rejoignant l'île divine et de mort. Puisque les hommes ne trouvèrent jamais cette île merveilleuse, c'est qu'elle devait avoir sombré sous les eaux ou y avoir toujours été. Ainsi pouvait naître la légende de l'Atlantide de Platon.

Mais alors pourquoi y aurait-il eu des conflits meurtriers autour ou à cause de cet archipel si ce lieu était le séjour de villégiature final et paradisiaque des bonnes âmes ? Tant Platon que les mythes d'Edfu font des habitants de l'Atlantide des guerriers envahisseurs (Platon) de territoires alentours ou protecteurs (Edfu) de leur foyer face à de réelles menaces extérieures. Ces conflits et équipées guerrières autour de l'île mythique n'ont pas de sens au regard de ce que nous venons d'évoquer si ce n'est dans le cadre du récit d'Anton Parks. Rajoutons un peu d'eau à notre moulin : la forme de l'Atlantide parksienne ressemble à s'y méprendre aux descriptions de Platon, comme nous le voyons sur l'illustration ci-dessous tirée de la *Dernière Marche des Dieux*.

*L'Amenti-Dilmun telle que vu par Anton Parks dans ses souvenirs.
Source : http://www.antonparks.com.*

Cette architecture globale est composée d'une pyramide centrale bâtie sur un plancher circulaire dont l'accès est assuré par un canal lequel traverse plusieurs cercles concentriques formés de murs, qui délimitaient différentes zones d'habitations ou de cultes autour du temple principal que figurait la pyramide. Le tout semble constituer la cité principale de l'archipel atlante et se situe entre l'Océan et un volcan en arrière-plan. Diverses structures humaines antiques ont sans aucun doute pris modèle sur cette Atlantide. Nous en avions évoqué plusieurs exemples dans le dossier consacré Dionysos dans les *Douze Dieux de l'Olympe* ; certaines étant clairement des kourganes.

Rappelons que les kourganes, de la culture du même nom, sont des tertres funéraires ou tumuli bâtis sur un schéma étonnamment identique à l'Atlantide.

Est-ce à dire que les proto-Indo-Européens avaient eu connaissance de l'Amenti-Dilmun ? Ou qu'ils bâtirent de façon autonome et isolée les plus notables de leurs monuments funéraires à l'identique de l'île de la mort des dieux ? Dans tous les cas les exemples donnés dans le dossier *Dionysos* évoquent des structures qui furent sinon des kourganes à cercles de pierres du moins des constructions qui s'en inspiraient ; ne conservant que la série de cercles concentriques lithiques au sol comme cela semble être le cas au plateau de Golan en Syrie ou près de Turpan en Chine. Quant au tumulus de Goloring en Allemagne, il nous évoque sans détour un tertre funéraire à la façon des tertres funéraires britanico-irlandais (cf. Newgrange en Irlande). D'un point de vue traditionnel, nous pourrions facilement expliquer ce phénomène de diffusion conceptuel, même partiel – kourgane complet à cercles de pierres, tertres non funéraires seuls ou cercles de pierres seuls. En effet, toutes ces régions furent l'habitat de peuples indo-européens. Mais ce n'est pas si évident.

Selon toute vraisemblance, les traces archéologiques des pré-Indo- Européens nous mènent à Mezin en Ukraine, bien au nord de la Mer noire. Sur un site archéologique daté d'environ 25 000 ans ont été retrouvées les premières traces du Svastika et autres figures spiralées qui nous évoquent les spirales celtes. Toutes gravées sur des os de mammouths, ces représentations nous exposent également des préfigurations des Vénus préhistoriques ; corps de femmes stylisés aux formes proéminentes. Et enfin des formes hybrides de femmes-oiseaux, qui apparaîtront plus tard sous les traits d'Artémis notamment.[226] Plus tard dans le temps, les proto-Indo-Européens se situent dans la Steppe pontique, diffusant lentement leur culture aux alentours. Mais la montée précipitée des eaux de la Mer noire – au Ve millénaire avant J.-C. – où devaient être installés d'importants villages à portée archéologique majeure, et malheureusement perdus à jamais, accéléra la migration de ce peuple. Peuple source qui donnera les diverses peuplades indo-européennes allant former les Balto-Slaves, Germains, Italo-Celtes, Arméniens, Indo- iraniens (Perses et Aryens), les Hittites et enfin les Tokhariens d'Asie centrale. Pouvons-nous cependant relier les cercles de pierres du plateau de Golan (Syrie) et ceux de Turpan (région chinoise de Xinjiang) aux Indo-Européens : le royaume de Mitanni (aujourd'hui la Syrie) a été sous la régence de dynasties indo-iraniennes quant à Turpan, il s'agit d'une région du Xinjiang où les Tokhariens ont séjourné durant des siècles. L'on y

---

[226] http://donsmaps.com/wolfcamp.html

a même retrouvé des momies d'hommes de type caucasien habillés d'étoffes de laine à carreaux évoquant les tartans celtes ![227] La réponse est non. Les Indo-Européens ont séjourné en Syrie et en Chine bien après qu'aient été assemblés les cercles de pierres du plateau de Golan et de Turpan. D'où provient donc ce motif ? Nous le retrouvons bien loin de Chine ou de Syrie : notamment en Écosse, non pas dans un tertre funéraire ou un cercle de pierre mais gravé sur une pierre. La pierre de Cochno (ou Cochno Stone) a été découverte dans le West Dunbartonshire et date de 3000 ans av. J.-C. Mesurant environ 13m par 8m, elle présente de nombreuses gravures,[228] dont les chercheurs supposent qu'elles figureraient une carte du ciel, et parmi certaines, des formes qui nous sont particulièrement familières.

La Cochno Stone, remise à jour par des archéologues de l'Université de Glasgow en 2015 après avoir été enterrée par les autorité écossaises cinquante ans auparavant afin d'éviter que l'on ne la détériore de graffitis. Source : Université de Glasgow.

---

[227] Jacqueline Launay, *Petite histoire des peuples des Dieux et des Hommes à travers les siècles*, tome 2, Éd. Books on Demand, 2015, page 176.
[228] http://www.ibtimes.co.uk/raiders-lost-marks-how-we-uncovered-mysterious-prehistoric-rock-art-cochno-stone-1581477

Comme vous pouvez le constater, c'est précisément la forme vue de dessus de l'Amenti d'Anton Parks et de l'Atlantide de Platon. Une forme universellement connue des peuples indo-européens mais également par leurs prédécesseurs sur le Vieux Continent. Ce motif porte un nom, il s'agit de pétroglyphes à cercles concentriques et cupules. C'était un classique de la préhistoire, semble-t-il, puisqu'on en retrouve partout en Europe mais également en Inde ; sans parler de l'Amérique du Sud et du Nord. L'on retrouve également ce schéma structurel dans les temples de Göbekli Tepe (voir illustrations du sous-chapitre précédent) dont les bâtisseurs n'étaient pas de souche indo-européenne (pour rappel à majorité de l'haplogroupe R1b). Et pour cause, les prédécesseurs principalement présents en Anatolie mais aussi en Europe avant l'arrivée des R1b appartenaient à l'haplogroupe du chromosome Y G2a. Les membres G2a sont donnés pour être à l'origine de la civilisation mégalithique du Néolithique européen (en collaboration peut-être avec l'haplogroupe I apparu, lui, en Europe). Ils seraient également les premiers fermiers et éleveurs, ceux qui ont lancé la révolution néolithique en somme. Ce n'est pas par hasard que l'on met en parallèle la répartition géographique de l'haplogroupe G au Moyen-Orient (son lieu d'émergence), en Europe et en Afrique du Nord et la propagation de l'agriculture du Moyen-Orient vers l'Europe.[229]

---

[229] http://www.eupedia.com/europe/Haplogroupe_G2a_ADN-Y.shtml

Représentation de l'un des Chasseurs de Monstres de la mythologie Navajo. Datés du XVIe siècle (au plus tard), ces pétroglyphes de Crow Canyon (Nouveau-Mexique) présentent le Chasseur, la tête ornée de cornes de bovins, équipé d'une sorte de sceptre et vêtu d'un apparat le caractérisant comme un personnage solaire. Si nous poussions notre raisonnement jusqu'au bout, nous suggérerions qu'il exerce sa souveraineté sur l'Atlantide, soit le pétroglyphe auquel il fait face – figurant clairement l'antique cité des dieux vu du ciel.

Ce qui est certain c'est que les tumuli en ''trou de serrure''ou ''à couloir et enclos''découverts dans le désert du Sahara (Maghreb et Nigéria) et vielles de près 6500 ans, pour les plus anciennes, ne peuvent être d'origine indo-européenne. À cette époque précise dans ce secteur géographique, il n'y a aucune évidence de la présence de cultures de type kourganes. Et pourtant ce sont près de 400 de ces sépultures qui ont été dénombrées à ce jour, tous portant une marque de fabrique attendue. Yves et Christine Gauthier, spécialistes de la question, précisent dans leur étude sur le sujet que lorsqu'il est complet, un monument à trou de serrure présente :

➤ ''*une grande enceinte, elliptique ou subcirculaire,*
➤ *un tumulus central,*
➤ *un anneau circumtumulaire,*

> *une allée partageant l'enceinte en deux lobes sensiblement égaux et se terminant au tumulus ou à l'anneau,*
> *dans tous les cas, sans exception, tumulus et allée se succèdent d'est en ouest.*"[230]

Les tumuli à trou de serrure étaient semble-t-il des fabrications des Berbères et de leurs ascendants. Il n'y a donc aucun lien avec les Indo- Européens. Cependant, la description des tumuli et leur fonction tendent à les rapprocher des kourganes à cercles de pierres. Il y a donc bien des peuples distincts, selon la Science, qui auraient eu soudainement l'idée d'élaborer des tombeaux sophistiqués pour les membres des classes sociales supérieures. Oui, car comme pour les kourganes, les tumuli funéraires du Sahara étaient réservés exclusivement aux hommes, mais aux hommes bien reconnus socialement. L'orientation est-ouest (coucher et lever du Soleil) des tumuli et des corps ensevelis à l'intérieur supposent la croyance en une survivance de l'âme après la mort et une éventuelle résurrection. Est-ce la propagation de l'haplogroupe G en Afrique du Nord, dont on sait qu'ils participèrent au phénomène mégalithique, qui apporta ce concept funéraire sur les terres arides du Sahara ? Autre curiosité : l'on retrouve en Afrique subsaharienne, dans une zone géographique transversale partant du Nigéria à l'ouest jusqu'à l'Éthiopie à l'est, un phénomène mégalithique toujours actif de nos jours. C'est précisément sur cette étendue que l'on retrouve la plus forte concentration de l'haplogroupe R1b en Afrique. Sur le Vieux Continent seul, nous pourrions sans mal corréler la présence majoritaire de cet haplogroupe indo-européen avec le phénomène mégalithique. Excepté que, comme nous l'avons dit plus haut, les Indo- Européens n'étaient pas les bâtisseurs de mégalithes – du moins pas les premiers. Les membres des haplogroupes G (moyen-orientaux néolithiques) et I (Européens paléolithiques) en sont les créateurs, voire les instigateurs. Nous avons en effet retrouvé parmi les cultures indo-européennes de l'âge de Bronze en Europe, au Caucase, en Asie centrale ainsi qu'en Inde – notamment parmi les castes supérieures – une présence non négligeable d'un sous-

---

[230] Yves et Christine Gauthier, *Monuments en trou de serrure et art rupestre : sur la distribution du groupe d'Iheren-Tahilahi / Wa-n-Amilet ses relations avec les autres groupes culturels* in Cahiers de l'AARS N° 10, Août 2006, page 84.

clade de l'haplogroupe G2a : G2a3b1, qui forme ainsi sa branche indo-européenne. Est- ce à dire que les proto-Indo-Européens étaient moins uniformes et suprématistes qu'on ne l'imagina ? Qu'ils puissent s'être mêlés avec d'autres cultures/groupes génétiques ? À l'évidence c'était le cas. Voir par ailleurs des G2a3b1 rivaliser socialement avec les R1b au sein des cultures indo-européennes du Bronze tend à prouver qu'ils formaient une minorité respectée. Serait-ce pour leurs connaissances que les proto-Indo-Européens leur concédèrent des faveurs ? Des connaissances sur les pierres, les étoiles, l'agriculture ou encore l'élevage ? Une connaissance qui, une fois transmise et acquise, permettra aux R1b de s'accaparer les territoires anciennement exploités par les G2a ? Est-ce pour cela que nous retrouvons de nos jours une forte concentration de R1b sur des zones géographiques où, bien avant eux, des mégalithes furent élevés jusqu'en Afrique sub-saharienne, par exemple où se pose la question de la présence d'Indo-Européens ?

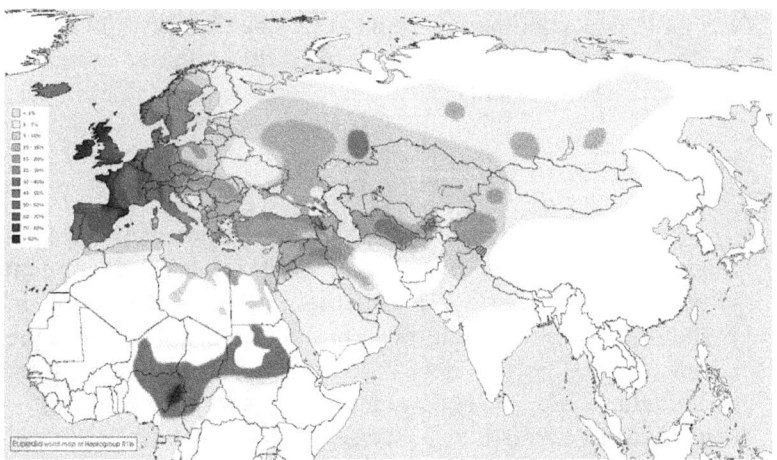

Répartition de l'haplogroupe R1b à l'intérieur et en dehors du Vieux Continent. Notez la forte concentration de celui-ci en Afrique sub-saharienne, dans une bande est- ouest s'étendant de l'Éthiopie au Nigéria ; précisément des zones où le phénomène mégalithique est toujours vivace.

S'il existe un lien évident qu'il soit structurel ou conceptuel entre les tumuli à trou de serrures africains et les kourganes-tumuli indo-européens allant de l'Asie centrale à l'Europe de l'Ouest en passant par certaines régions du croissant fertile, peut-on identifier un lien avec les pyramides d'Égypte ou d'ailleurs ? La réponse est, comme vous l'attendiez, positive.

Ôtons tout de suite le lecteur d'un doute. Officiellement, si l'on retrouve autant de constructions humaines pyramidales, c'est pour la "simple" raison, que pour nos ancêtres, il était plus aisé d'entreposer des pierres en tas et leur donner une forme conique, pyramidale de façon à assurer leur stabilité. Cela est parfaitement réducteur et insultant pour le savoir-faire des Anciens. Il existe de fabuleuses civilisations qui n'ont pas de pyramides mais qui ont su élever des habitations et des temples de pierre avec une technicité renversante. Prenons le fameux cas des Ziggurat d'ancienne Mésopotamie : bien qu'étant des temples à degrés, ils n'étaient en rien comparables à des pyramides tant sur le plan architectural que fonctionnel. De même dans les civilisations de la vallée de l'Indus, celles s'étant développées en Anatolie ou nombreuses autres d'Asie du Sud-est ne présentent pas de pyramides. C'est aussi le cas de la Grèce antique pourtant si proche des Égyptiens (malgré le cas contesté de la pyramide dite de Hellinikon dont nous reparlerons brièvement).

***

Je tenais à ouvrir une rapide parenthèse concernant une certaine mode, une mode qui perdure et dont les artifices remontent régulièrement à la surface des internets. Cette mode tend à voir des pyramides partout, surtout où il n'y en a pas et, tant qu'à y être, donner à ces pyramides un âge improbable. Ces pseudo-découvertes de pseudo-pyramides sont complétées par d'incroyables révélations apportées par des artefacts *impossibles* ; comprenez sortant du cadre du déroulé classique de l'Histoire. Nous lirons la plupart du temps *imaginaires*. Ou fabriqués de la main de l'Homme et assez éloignés d'un quelconque mystère. Je précise qu'il existe de réels artefacts stupéfiants et accréditant les Anciens d'un savoir qu'on ne soupçonnait pas – voir par exemple le fameux cas de la machine d'Anticythère.[231] Cependant, plus les

---

[231] https://fr.wikipedia.org/wiki/Machine_d%27Anticythère

révélations sont appuyées (d'autant plus si l'argumentaire provient d'un spécialiste autoproclamé aux parcours et diplômes douteux), plus les artefacts sont intacts et plus nous pouvons quasiment affirmer qu'ils sont faux. Des exemples ?

- Les pierres d'Ica, dont il a été prouvé qu'elles avaient été gravées récemment par un dentiste en mal de célébrité,[232]
- le bol de Fuente Magna, censé représenter des inscriptions sumériennes ou protosumériennes ou phéniciennes mais surtout un véritable charabia,[233]
- d'anciens artefacts mayas présentent des OVNI et des extraterrestres dont le gouvernement mexicain aurait validé l'authenticité mais qui n'est véritablement pas du tout au courant de la question...[234] etc.

Si l'on met tout cela en parallèle des crânes de cristal – la majorité d'entre ces artefacts étant des fabrications modernes –, on s'aperçoit que les Sud-Américains sont de sacrés faussaires ! Enfin, surtout de mauvais faussaires.

Qu'en est-il des pyramides, alors ? Hé bien, dans ce domaine, nous sommes également servis. Nombre de ces pseudo-pyramides sont soit des montagnes naturelles, soit des cheminées volcaniques, des formations géologiques parfaitement classiques voire des inventions pures. Ainsi entend-on régulièrement parler :

- de pyramides sur la Lune ou sur Mars,
- d'une pyramide de cristal, de verre ou d'émeraude dans le triangle des Bermudes,[235]
- de pyramides à Visoko en Bosnie,[236]

---

[232] https://archyfantasies.com/2012/05/08/the-10-most-not-so-puzzling-ancient-artifacts-the-ica-stones/
[233] https://badarchaeology.wordpress.com/2015/04/12/10-amazing-discoveries-that-will-wont-make-you-question-everything/
[234] http://viewzone.com/mexstatues.html
[235] http://www.snopes.com/photos/supernatural/crystalpyramid.asp
[236] http://thebiggesthoaxinhistory.com/en/

➤ d'une pyramide de 25 000 ans à Gunung Padang en Indonésie,[237]
➤ voire même de pyramides en Antarctique ![238]

Dans tous ces cas de figure, nous sommes en face d'une exploitation éhontée de la crédulité de néophytes par des fraudeurs ou autres pseudo- scientifiques en mal de reconnaissance. La vente de rêves à de beaux jours devant elle.

Dans la même série de pseudo-découvertes, on avance parfois des preuves palpables qui sans les connaissances *ad hoc* pourraient donner raison à leurs diffuseurs. J'ai en tête un exemple démontrant la diffusion mondiale d'une culture unique : ''les sacs à main''des dieux ! Non pas que je nie une diffusion culturelle aux racines divines à travers la planète – c'est précisément l'un des arguments de mes ouvrages ! –, mais les rapprochements faciles sont parfois trompeurs et donnent souvent tort à ceux qui les partagent sur les Blogs ou les réseaux sociaux. Au mieux ils se couvrent de ridicule, au pire ils discréditent leurs allégations passées et à venir. Qu'en est-il de ces fameux ''sacs à main''?

On nous présente régulièrement la même suite d'images que l'on met en comparaison – certains y voyant un ''pilote''– :

---

[237] http://www.smh.com.au/world/digging-for-the-truth-at-controversial-megalithic-site- 20130726-2qphb.html
[238] http://rustyjames.canalblog.com/archives/2015/01/23/31368635.html

LES TÉMOINS DE L'ÉTERNITÉ

Les fameux "sacs à main" des dieux ! Des représentations que l'on trouve souvent sur le Net supposées figurer des scènes et/ou des protagonistes identiques. Cependant ces allégations ne résistent pas une analyse un peu poussée. De gauche à droite nous trouvons un ABGAL-Apkallû près d'un Arbre de Vie (figuration symbolique du roi) sur un bas-relief du Louvre (période néo-assyrienne, env. 911-612 av. J.-C.) ; puis la stèle olmèque numéro 19 appartenant au complexe A du site archéologique de La Venta (Mexique, occupation entre 1000 et 600 av. J.-C.) et enfin un relief du portique d'Hadrien à Philae (Égypte) représentant le dieu Hâpy dans une grotte libérant les eaux du Nil depuis la première cataracte (IIe siècle de notre ère).

Par où commencer ? On ne présente plus les ABGAL (litt. ''grands sages'' en sumérien), akkadisé en Apkallû qui étaient des confréries de conseillers multitâches au service du souverain local. Ils reprenaient la dénomination et les rôles qui incombaient à leurs prédécesseurs divins-mythiques :

''Ces sept Apkallû de l'Apsû, ''carpes'' saintes, Qui, pareils à Éa, leur maître,
Ont été adornés par lui d'une ingéniosité extraordinaire...''[239]

Le chiffre 7 était sacré et donc récurrent dans les liturgies antiques, surtout mésopotamiennes puisqu'il était – croit-on officiellement – en lien avec le nombre total de planètes connues à l'époque : Mercure, Vénus, Terre, Lune, Mars, Jupiter, et Saturne. Selon notre interprétation c'est le nombre d'Abgal accompagnant fidèlement Enki-Osiris tout au long de ses épreuves sur Uraš.

On les considère comme les enfants d'Enki-Éa même si cette ascendance n'est pas claire. Jean Bottéro de rappeler à la suite de la traduction du précédent passage mythologique que *''si le mythe*

---

[239] *Épopée d'Erra*, Tablette I, lignes 162-163.

fait intervenir [les Apkallû], c'est afin d'expliquer comment Enki/Éa s'y était pris pour communiquer aux humains la culture et la civilisation (...) qu'il avait, et lui seul, mise au point, en vue de réaliser les 'desseins concernant ciel et terre '(...)"[240]

Quant aux ''paniers''ou ''sacs à main''décrits par les uns et les autres, du moins sur les représentations mésopotamiennes, il s'agit de seaux ou baquets rituels (BA-AN-DU_8-DU_8 en sumérien soit litt. ''les coffres de bois (BA-AN) qui étendent (DU_8) la liberté (DU_8)'', Banduddū en akkadien) contenant de l'eau sainte que les Apkallû utilisaient lors de rituels de purification à l'endroit de l'Arbre de Vie, lequel figurait le Monde ordonné par le Roi et, par extension, le Roi lui-même. Les cônes utilisés par les prêtres purificateurs (nommés Mullilu en akkadien, figurant des pommes de pin) servaient à asperger le Roi-Arbre de Vie de l'eau purificatrice contenue dans le Banduddū. L'on suppose que ces actions étaient accomplies dans le but d'accroître la vie du souverain, qui tendait à l'immortalité (voir l'*Épopée de Gilgameš*). Rappel : quid de la pomme de pin ? Il s'agit d'un cône Mullilu qui a l'apparence d'une pomme de pin, symbole de fertilité depuis la plus haute antiquité. Il fut parfois repris en Égypte mais surtout en Grèce antique (via l'Assyrie) comme un des attributs de Dionysos, véritable incarnation des fluides vitaux et de la vitalité végétale.

Il ne faut pas confondre les Banduddū avec les Hegallu ou ''vases d'abondance''lesquels reprennent – et en ont sans aucun doute influencé la création chez les Grecs anciens – les fonctions et iconographies d'une corne d'abondance. Ces Hegallu babyloniens auront par contre peut-être influencé les Hittites qui inclurent dans leurs mythes la notion de sac d'abondance avec le Kurša du mythe de Telepinu. Le Kurša était un ''sac de chasse''en peau de bête (généralement de chèvre, d'où la corne d'abondance de la chèvre Amalthée des Grecs) qui dans la légende de Telepinu reprend les fonctions de la future corne d'abondance – nous l'avions déjà évoqué dans les Douze Dieux de l'Olympe au sein du

---

[240] Jean Bottéro, op. cit., page 201.

chapitre consacré à Dionysos. Kurša deviendra Bursa chez les Grecs, puis ''bourse''en français.[241]

Je vais rajouter quelques éléments qui me paraissent essentiels : les ABGAL-Apkallû étaient souvent qualifiés de *''Saintes Carpes''* dans les tablettes. Cette notion ne nous a pas échappé et dissimule certainement un sens caché. En sumérien il y avait deux vocables pour le mot carpe : EŠTUB et SUḪUR. Décomposons avec les valeurs phonétiques des particules suméro- akkadiennes SUḪUR en SÚ(sagesse, savoir, connaissance)-ḪUR(dessiner, graver), soit ''ceux qui dessinent le savoir''ou ''ceux qui gravent la connaissance''. On est bien là en face de scribes. EŠTUB peut être décomposé en EŠ(beaucoup, oindre, onction)-TUB(tablettes, répandre, verser), soit ''ceux aux nombreuses tablettes''ou ''ceux qui répandent l'onction''. Dans les deux cas de figure, nous sommes bien en présence d'une caste de prêtres qui président au savoir et aux rituels de purification.

Certains évoquent d'autres bizarreries s'apparentant à des objets technologiques connus de nos jours comme des sortes de montres aux poignets des Apkallû. Il ne s'agit évidemment pas d'une montre mais d'un bouton de fleur que l'on retrouve sur divers sceaux d'ancienne Mésopotamie. C'est un idéogramme rattaché au vocable UL en sumérien dont le sens exprime à la fois ''la fleur'', ''le bouton de fleur'', mais aussi ''la splendeur'', ''la magnificence'', mais encore le fait de ''briller''. À chaque apparition sur une gravure mésopotamienne, ce symbole exprime la splendeur, la grandeur, la magnificence. Exactement ce qu'on attend de l'action d'un Abgal-Apkallû qui, par,son geste rituel, augmente la vie du Roi.

---

[241] https://therealsamizdat.com/tag/mullilu/

Exemple d'une des fameuses "montres" portées par les Apkallû sur de nombreuses gravures d'ancienne Mésopotamie.

La seconde image est une stèle olmèque dont la description ci-après se passe de commentaires : *"Ainsi la stèle olmèque numéro 19 du site de La Venta apparaît comme la première représentation du dieu serpent à plumes, le Quetzalcoatl aztèque, figure particulièrement emblématique du panthéon divin des anciens Mexicains. Cette stèle représente un prêtre, portant un masque de jaguar, assis dans les anneaux formés par le corps d'un serpent à sonnettes. La tête du reptile est ornée d'une coiffe de plumes et le prêtre est reconnaissable au sac à copal qu'il tient dans sa main. Le copal est de l'encens utilisé par les prêtres lors de toutes les cérémonies.''*[242]

Quant à la troisième figuration, il s'agit du dieu Hâpy – rien à voir avec le fils d'Horus dont le nom est un homophone –, personnification du Nil en crue. Il était vénéré dans toute l'Égypte comme un dieu bienfaiteur mais particulièrement dans l'île d'Éléphantine d'où l'on entendait gronder la première cataracte,[243]

---

[242] http://www.histoire-secrete.fr/265475276
[243] https://fr.wikipedia.org/wiki/Cataractes_du_Nil

censée être la source de la crue. L'image est la partie inférieure et découpée d'un relief du portique d'Hadrien à Philae qui reproduit le lieu d'origine de la crue à la fois de façon réaliste, avec les rochers près de la première cataracte (endroit où elle apparaît en Égypte) et de façon symbolique par la présence du serpent. Celui-ci montre que l'eau provient des forces chtoniennes des profondeurs de la Terre, renvoyant au Nun des origines. Hâpy ne tient pas de Banduddū (! !) mais clairement deux vases d'où s'écoulent les eaux en crue du Nil. Notez enfin la nature androgyne de Hâpy qui était à la fois mâle et femelle (avec sa poitrine opulente, signe de fécondité). Ce n'était bien entendu pas le cas des Abgal-Apkallû porteurs de Banduddū, exclusivement masculins.

Donc pour résumer les trois cas de figure n'ont RIEN à voir. Nous avons à la fois des prêtres purificateurs Abgal (humains parfois à coiffes de poisson ou d'oiseau), le dieu Hâpy androgyne (Nil en crue) et un prêtre de Quetzalcoatl (à coiffe de jaguar) aux rôles et attributs bien différents. Le premier contenant est donc un Banduddū (baquet rituel de purification), la deuxième figure des vases d'où s'écoule la crue du Nil et le troisième est un sac à encens cérémoniel !

Ne serait-il pas surprenant qu'en plusieurs centaines de milliers d'années d'existence, Sapiens n'ait pu inventer indépendamment d'un coin à l'autre de la planète des sacs, seaux et autres contenant pour véhiculer nourriture, liquides- boissons, plantes et autres contenus rituels ou alimentaires ? Ne pensez-vous pas que ce serait l'absence éventuelle de figurations de ce genre ''d'outils''qui devrait plutôt nous interpeller ? Heureusement ce n'est pas le cas !

Prenez garde aux raccourcis faciles, aiguisez votre sens critique et remontez aux sources, sans cela les diffuseurs de fausses informations tenteront de vous faire avaler n'importe quelle ineptie.

Refermons notre parenthèse désenchantée et revenons à nos véritables pyramides !

***

Il existe ainsi un lien conceptuel entre les pyramides (notamment égyptiennes) et les kourganes-tumuli. Il faut en effet comprendre qu'avant d'être des montagnes de pierres, les pyramides figuraient des édifices mortuaires. Pour en prendre toute la mesure, il faut revenir en arrière dans le temps. Si l'on met de côté la grande pyramide de Gizeh, laquelle présente une datation contestée et régulièrement remise en doute, toutes les pyramides d'Égypte étaient des tombeaux basés sur le concept de mastaba. Un mastaba était un édifice funéraire destiné aux régents des premières dynasties, voire aux dignitaires de l'époque archaïque. Le plus vieux mastaba remonte à l'époque de Naqada III soit entre 3200 et 3000 avant notre ère ; il s'agirait du mastaba de Tell El-Farkha.[244] Un mastaba était constitué :

> d'une chapelle autour de laquelle était bâti un mur d'enceinte dont les quatre façades étaient orientées vers l'intérieur,
> d'un puits menant au caveau contenant le sarcophage du défunt,
> du caveau qui contenait en plus du défunt, le mobilier funéraire de circonstance.

La chapelle abritait également une statue figurant le défunt dont le véritable corps se trouvait dans le sarcophage quelques mètres plus bas.

Aux débuts de la IIIe dynastie, les mastabas sont complétés pour devenir des pyramides à degrés. C'est enfin durant la IVe dynastie que les pyramides à faces lisses feront leur apparition.

Les plus anciens kourganes dateraient de 4000-3500 av. J.-C. et seraient le fruit de la culture de Maïkop du nord du Caucase ; une culture proto-indo-européenne. Peu de temps après, aux environs de -3200 ans, émergera l'imposant tumulus de

---

[244]

http://www.academia.edu/5251116/The_origin_of_Egyptian_mastabas_in_the_light_of_research_at_Tell_el-Farkha

Newgrange qui ne peut avoir été bâti par les édificateurs de kourganes. Ce, pour une seule raison évidente qui veut que les premiers bâtisseurs de kourganes n'auraient pas eu le temps nécessaire de migrer et de s'implanter jusqu'au site de Newgrange. Les kourganes-tumuli ont une portée presque exclusivement funéraire, au même titre que les mastabas. Parmi les kourganes, nous retrouvons plusieurs types ou versions selon les lieux et les époques : kourganes à charpente, à ciste, à fosse et, celle qui nous interpelle le plus, les kourganes à catacombe. Si l'on compare la structure de ces dernières aux mastabas égyptiens, la ressemblance est frappante.

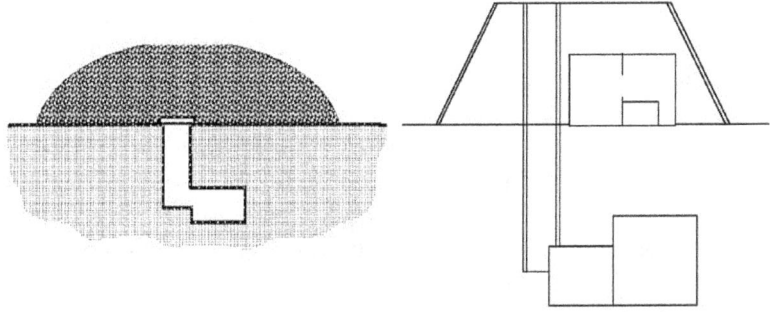

À gauche, le schéma d'un kourgane à catacombes d'Asie occidentale et à droite un plan de mastaba typique de l'Ancien Empire égyptien. Il y a à l'évidence un lien tangible entre ces deux structures funéraires. Hormis l'absence de chapelle présentant au visiteur un mannequin imitant le défunt dans les kourganes, le rôle et forme générale de ces derniers sont identiques à ceux des mastabas d'Égypte qui donneront plus tard les pyramides que l'on connaît aujourd'hui.

Avant de poursuivre, remarquons que la pseudo-pyramide grecque d'Hellinikon n'en est pas une mais plutôt une réplique de mastaba, tel qu'ils étaient construits par les Égyptiens depuis la fin de la période archaïque. Les Grecs ayant été depuis le commencement en contact avec les Égyptiens, il y a fort à parier qu'un souverain d'Hellinikon a voulu un tombeau à la mesure de ce dont ses contemporains du Double-Pays, du moins les mieux placés dans l'échelle sociale, bénéficiaient.

Notons également que comme pour les kourganes-tumuli et les mastabas-pyramides, les structures de Göbekli Tepe avaient une fonction funéraire,[245] et par une heureuse coïncidence, ces structures furent intentionnellement enterrées pour former des collines artificielles...

Les connaissances en constructions mégalithiques des Grecs furent bien plus tardives que celles des Minoens, des Mésopotamiens, des Égyptiens et des Européens du Néolithique. Ils n'en furent finalement que des héritiers. Le plus ancien phénomène mégalithique de masse fut lancé et répandu par les cultures du Néolithique européen. Ce savoir-faire de l'assemblage de structures cyclopéennes était associé à des connaissances avancées concernant l'agriculture, l'élevage mais aussi l'astronomie. Cette dernière protoscience (de l'époque) fut essentielle aux premiers navigateurs. Ce qui laisse à penser que les édificateurs de mégalithes européens ont parcouru la planète en navires afin de répandre la connaissance mégalithique aux cultures habitant les côtes d'Amérique centrale (Olmèques et Aztèques), d'Amérique du Sud (Caral), en Inde, en Asie du Sud-est, à Madagascar ou encore dans les îles polynésiennes, soit en des lieux où aboutissent les principaux courants marins et océaniques. C'est une hypothèse séduisante, malheureusement peu (ou pas du tout) appuyée par les études sur la généalogie génétique. Le scénario que nous allons exposer ci-après nous apparaît plus crédible, mais ne contredit pas non plus la thèse des navigateurs porteurs de la connaissance mégalithique.

À la fin de la dernière période glaciaire, les dieux étaient très présents dans les régions nord-africaine, caucaso-anatolienne et mésopotamienne. Les guerres permanentes entre les engeances divines diminuaient drastiquement le nombre de ces entités prétendument immortelles. Afin d'assurer le maintien de leur souveraineté sur leurs territoires respectifs, ils s'unirent à leurs créatures mortelles, les Homo Sapiens, pour que leurs hybrides gèrent les provinces leur appartenant. Ces progénitures hybrides s'unirent à leur tour à des mortels et ces rejetons furent des Géants

---

[245] Le rôle d'observatoire astronomique et/ou de lieu culte solaire de certaines structures mégalithiques comme celles de Stonehenge (comté du Wiltshire, Angleterre) ne sont pas à exclure. Cela n'étonnera pas le lecteur qui finit de lire cet essai !

– du moins considérés comme tels au regard de leur stature supérieure à la moyenne. Ils étaient les Neferu (pour les Égyptiens) ou les Dogan (pour les caucaso-anatoliens). Dotés de caractéristiques physiques et intellectuelles supérieures, ils furent les élèves privilégiés des dieux civilisateurs (Nungal et Abgal) dans les domaines les plus divers : astronomie, sciences, métallurgie, agriculture, arts militaires.

De notre point de vue, ils furent à l'origine de la lignée génétique ou haplogroupe G. Les sous-clades de l'haplogroupe G, G1 et G2 et leurs variations se retrouvent dans tous les "bons coups" de l'Histoire : ils sont à n'en pas douter les bâtisseurs de Göbekli Tepe en Anatolie orientale – une région où cet haplogroupe est "né"– ; ils ont diffusé l'agriculture et l'élevage depuis le croissant fertile jusqu'à l'Europe occidentale et le nord-ouest de l'Afrique en collaboration avec les haplogroupes J2 et E1b1 ; de concert avec l'haplogroupe I d'origine européenne, ils élevèrent des mégalithes sur tout le Vieux Continent et grâce aux connaissances en navigation de l'haplogroupe J2 (qu'ils côtoyèrent plusieurs siècles) ils purent répandre élever des mégalithes sur des littoraux éloignés ; ils intégrèrent les cultures indo-européennes à majorité R1b et prirent le commandement de certaines comme en Inde mais les R1b finirent par les supplanter : c'est pourquoi nous retrouvons cet haplogroupe en forte concentration sur les territoires où G éleva des mégalithes comme en Afrique sub-saharienne où il est surprenant de retrouver des Indo-Européens ; allant jusqu'en Inde, l'haplogroupe G y répandit son savoir-faire mégalithique : là, il fut copié par les populations australoïdes locales puis voisines soient les populations dravidiennes (Inde), austronésiennes ou celles à l'origine des premiers Coréens et Japonais (Aïnous) – c'est pourquoi nous retrouvons précisément des mégalithes notamment en Inde, en Corée, au Japon dans les îles polynésiennes mais aussi à Madagascar dont le premier peuplement fut assuré par des navigateurs austronésiens[246] ; de là

---

[246] Tout cela est une fois de plus validé par la généalogie génétique. En effet l'haplogroupe (du chromosome Y) O et ses sous-clades O1, O2 et O3 sont majoritairement présents en Asie. Ils servent de marqueurs de l'expansion austronésienne en Polynésie. Mais l'on retrouve également des O1 en concentration significative à Madagascar alors qu'ils sont absents sur les

le mégalithisme put atteindre les côtes ouest du continent sud-américain puisque, comme nous l'avons vu plus haut, il existe une ascendance australo-mélanésienne à plusieurs cultures locales (notamment les Surui et les Karitiana d'Amazonie[247]), ce qui implique que le mégalithisme propagé par l'haplogroupe G – et issu de la connaissance des dieux – a pu à la fois atteindre le continent américain par des migrations océaniques venues de l'est et par des celles venues de l'ouest grâce aux Autralo-Mélanésiens héritiers du savoir-faire de G.

Il n'est pas exclu que les dieux eux-mêmes aient répandu les techniques de construction d'édifices cyclopéens aux populations locales d'Amérique. La chronologie officielle donne tord à une éventuelle expansion du mégalithisme provenant de navigateurs venus du Vieux Continent. Nous verrons qu'il est pourtant possible que de tels contacts aient pu avoir lieu.

Tout semble indiquer que les premiers phénomènes mégalithiques prirent naissance en Anatolie (Göbekli Tepe) au XIe ou XIIe millénaires avant notre ère avant de rayonner sur la région comme en Arménie (cercles de pierres de Zorats Karer, entre le VIe et le IVe millénaire av. J.-C.) ou en Syrie (ensemble mégalithique de El Hiri Rujm, IIIe millénaire avant notre ère) avant de s'étendre sur l'Europe occidentale comme à Malte (où l'on trouve divers temples mégalithiques dont les plus anciens flirtent avec les 5500 ans av. J.- C.) ou en Bretagne (Grand Menhir brisé de Locmariaquer dressé durant le Ve millénaire av. J.-C.) et sur l'Afrique du Nord (Haute-Égypte, Abu-Simbel, 4500 av. J.-C.) et centrale (Éthiopie, IIe millénaire av. J.-C.). C'est plus tard que le phénomène atteint l'Asie (Inde, IIe millénaire ; Corée, Ier millénaire ; Japon VIIe siècle ; Chine IIe siècle av. J.-C.) sans passer le détroit de Béring.[248]

---

littoraux est-africains. Tout porte à croire que les membres de O étaient d'excellents navigateurs mais que leur étape ultime vers l'Occident fut Madagascar.
[247] http://secher.bernard.free.fr/blog/index.php?post/2015/07/23/Affinité-génétique-Australo-Mélanésienne-chez-les-Amérindiens-d-Amazonie
[248] Les cairns des peuples inuit et yupik rencontrés dans les régions arctiques

Le phénomène mégalithique prit précocement une route plus au sud pour atteindre les îles indonésiennes (comme Sulawesi[249]) à partir du IIIe millénaire avant d'atteindre la Polynésie plusieurs millénaires plus tard (île de Pâques, Xe siècle après J.-C.). C'est peut-être par cette route maritime océanique qu'arriva le mégalithisme en Amérique du Sud (Colombie, VIe siècle av. J.-C. ; Brésil, Ier siècle après J.-C. ; Bolivie, Tiwanaku, VIe-Xe siècles de notre ère ; Pérou, Sacsayhuamán, XVe siècle de notre ère). L'apparition la plus récente d'un style de construction mégalithique est celle de Madagascar qui vit ses premiers dolmens être érigés entre le XVIIIe et le XIXe siècle de notre ère ![250]

Le fait que le mégalithisme soit toujours actif en certaines régions d'Afrique, d'Asie ou encore de Polynésie alors qu'il est éteint en Europe et au Levant depuis plusieurs millénaires démontre l'apparition plus tardive du phénomène dans ces régions éloignées du point d'origine que nous estimons être l'Anatolie.

Les diverses datations donnent raison à notre hypothèse – basée répétons-le sur une chronologie officielle au regard la Science actuelle – selon laquelle tout ce qui fait la civilisation telle qu'on la connaît actuellement serait né au Levant : le mégalithisme accompagnant la révolution néolithique (mode de vie d'éleveur/agriculteur) prit naissance en Anatolie sans aucun doute initiée par l'haplogroupe G et ses sous-clades G1 et (surtout) G2a. Cet haplogroupe diffusa et accompagna la néolithisation au Levant, en Europe et en Afrique du Nord, précisément où les premiers mégalithes et cercles de pierres apparurent. La néolithisation progressive du reste du monde s'accompagna de l'apparition de mégalithes. Plus l'on s'éloigna d'Anatolie et plus l'haplogroupe G diminua au sein des lignées masculines. Sa

---

d'Amérique du Nord ne rentrent pas, de notre point de vue, dans la catégorie des édifices mégalithiques. Du reste, les cultures des mounds nord-américaines ne présentent pas non plus, malgré leur art et leur ingéniosité, de caractéristiques propres à la civilisation mégalithique : point de levage de pierres massives pour réaliser dolmens, menhirs et autres temples cyclopéens.
[249] https://fr.wikipedia.org/wiki/Célèbes
[250] Roger Joussaume et Victor Raharijaona, *Sépultures mégalithiques à Madagascar*, Bulletin de la Société préhistorique française, 1985, Volume 82, Numéro 10, pp. 534-551.

collaboration avec l'haplogroupe R1b (créateurs des kourganes, héritage à n'en pas douter de l'haplogroupe G) mit certainement un terme définitif à son hégémonie préscientifique ; ce dernier le supplanta en effet sur les territoires où G avait lancé la néolithisation et érigé des mégalithes (Afrique, Europe et une partie du Moyen-Orient). G se déploya jusqu'en Inde où il enseigna sa science aux populations australoïdes, lesquelles la répandirent dans le sous-continent indien avant de la diffuser en Indonésie, en Corée, au Japon puis à Madagascar, précisément des lieux riches en mégalithes. Depuis la Polynésie, les Australo-Mélanésiens – héritiers des techniques diffusées sur leur territoire – naviguèrent jusqu'en Amérique centrale et du sud pour se mêler aux populations déjà présentes depuis des millénaires. À partir de là, les Olmèques et les cultures préIncas, commencèrent à bâtir des murs cyclopéens, des temples, des pyramides et à façonner des têtes gigantesques aux traits foncièrement négroïdes (ou australoïdes). La pyramide est l'une des constructions classiques associées au mégalithisme. Elle est l'image de la butte primordiale, la montagne des origines, du Dukù des dieux célestes. C'est tout naturellement que nous retrouvons cette colline artificielle un peu partout des kourganes aux mastabas, des tertres funéraires aux pyramides à degrés ; jusqu'à la butte de terre de Göbekli Tepe ! Des pétroglyphes analogues ornent souvent les mégalithes : nous y voyons des formes à cupules et à cercles concentriques, vision du ciel de la capitale atlante, de l'Amenti, de Dilmun. Quand cette forme n'est pas gravée dans la pierre, elle est le schéma de construction même de la structure mégalithique : des cercles de pierres concentriques avec en leur centre un tumulus, lequel est parfois relié au dernier cercle de pierre par un canal. Le tumulus central est lieu de vie et de mort : il symbolise la Montagne de l'Horizon,[251] la Grande Pyramide où est né Heru grâce à son défunt père Asar- Osiris. Dans la cérémonie qui appelle l'âme à la résurrection, Aset-Isis, recherca son frère-époux dans le Cosmos. C'est certainement les raisons pour lesquelles certains sites mégalithiques sont donnés pour avoir des fonctions funéraires, de culte solaire (astre d'Heru) et d'études astronomiques ! Ces constructions mégalithiques rendaient hommage aux dieux

---

[251] Anton Parks, *Le Réveil du Phénix*, op. cit., page 226.

bienfaiteurs de leurs bâtisseurs autant qu'aux lieux mythiques qui étaient associés à leur souveraineté.

Il y a pourtant un sacré fauteur de trouble à cette hypothèse et cette chronologie que nous venons de formuler. Il s'agit du site archéologique de Caral, situé au Pérou. Ce site est présumé figurer la culture mère des civilisations andines de par son ancienneté (XXXe – XVIIIe siècle av. J.-C.), l'art raffiné et la maîtrise technique de sa population. L'on y a découvert plusieurs cités équipées de temples, habitations, places circulaires et autres pyramides. Des préfigurations techniques, artistiques et culturelles que nous retrouverons plus tard chez toutes les autres civilisations alentour comme celles de Chavin, Valdivia, Nazca, Moche, Tiwanaku, Huari jusqu'aux fameux Incas. Comment expliquer ce mégalithisme précoce ? Plusieurs possibilités s'offrent à nous :

- soit la civilisation de Caral s'est développée en société mégalithique indépendamment de la civilisation mégalithique primordiale née en Anatolie,
- soit les héritiers de la civilisation mégalithique primordiale ont traversé plus précocement que nous l'imaginions le Pacifique et donc le globe,
- soit le phénomène mégalithique a atteint le continent américain par deux voies distinctes : le Pacifique (populations australo-mélanésiennes) et l'Atlantique (Eurasiatiques et/ou Africains),
- on ne peut enfin pas exclure la possibilité que les hommes aient été déplacés à cet endroit du globe (parmi d'autres) par nos ancêtres célestes.

La première hypothèse ne peut être rejetée : Sapiens déploie les mêmes techniques dans des environnements analogues et contraintes identiques.

La seconde hypothèse est séduisante mais manque de preuves. Ou bien celles-ci gisent sous les eaux du Pacifique, sur des landes de terre constituant autrefois des îles, des archipels voire peut-être un continent ? En revanche, nous avons des indices suffisants pour penser qu'il existait des contacts (commerciaux ?) entre les civilisations d'Asie du Sud-Est et celles d'Amérique du Sud. Trois exemples parmi d'autres : les poteries japonaises de type Jōmon et celles de la civilisation de Valdivia en Équateur ; les totems de pierre de ou de bois aux styles résolument proches (Tikis océaniens/polynésiens, Totems amérindiens Chinook ou Kodiak, mâts totémiques Jangseung coréens, japonais[252] ou chinois voire Moaï de l'île de Pâques) ou encore les quipus – système d'enregistrement de données basé sur l'encodage de cordes et de nœuds – quasiment analogues retrouvés au Pérou (notamment à Caral) et toujours utilisés de nos jours dans l'archipel de Ryūkyū (Japon). Des quipus étaient également utilisés en Chine et à Taïwan jusqu'au milieu de XXe siècle. Il est peu probable que des poteries aux styles identiques et des systèmes de conversations basées sur des cordes aient pu spontanément naître en deux lieux distincts. Il faut donc accepter qu'il y eût des contacts transpacifiques durant le Néolithique.

---

[252] https://japanesemythology.wordpress.com/mystery-a-dol-hareubang-spotted-in-japans-kosenji-temple-in-kusatsu-onsen-resort-town-gunma-prefecture/

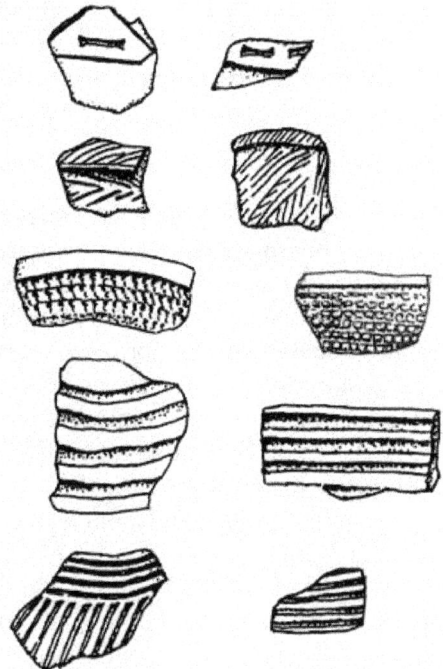

Illustrations de l'ouvrage de Stuart J. Fiedel, Prehistory of the Americas *(Éd. Cambridge University Press, 1992, page 188) montrant à gauche des éclats de poteries de la civilisation de Valdivia (Équateur) et à droite des styles identiques provenant de poteries de la culture Jōmon (Japon). Alors que l'art et la maîtrise de la céramique des Jōmon remonte à quelque 17 000 ans av. J.-C., les Valdivia ne développèrent cette technique qu'à partir du IVe millénaire avant notre ère.*

Le courant marin Kuroshio naît dans l'ouest de l'Océan Pacifique, près de l'archipel de Ryūkyū (Japon) avant de se prolonger vers les eaux du nord-est du Japon ; là il se mêle avec la dérive orientale du courant du Pacifique Nord pour finir sa route sur les côtes d'Amérique du Nord. Les populations du Sud-est asiatique ont-elles été aidées dans leurs explorations par les courants marins ? À n'en plus douter ! Quant à ceux qui rétorqueraient que le voyage était impossible avec les embarcations de l'époque, nous ne dirons qu'un mot :

Tilikum. Tilikum (''ami''en langage chinook) fut le nom donné par l'explorateur germano-danois John Klaus Voss à une pirogue fabriquée par les membres d'une nation amérindienne nommée

Nuu-chah-nulth (vivant sur la côte occidentale du Canada). Avec cette petite pirogue, entre 1901 et 1904, Voss, secondé d'un équipier, traversa non moins que les trois Océans (Pacifique, Atlantique et Indien) ! Il parcourut notamment le Pacifique, soit 16 000 kilomètres, en seulement cinq mois.[253]

La troisième hypothèse donne également une place prépondérante aux courants marins et océaniques. Elle suppose que les édificateurs de mégalithes, ayant prospéré largement en Europe occidentale, étaient également des navigateurs aguerris. Ce qui expliquerait notamment la forte concentration de sites mégalithiques aux abords des côtes. Partis du Vieux Continent ils auraient pu être poussés par les courants sur les littoraux d'Afrique de l'Est ou d'Amérique du Sud, notamment. De là, ils auraient pu atteindre le Pérou par les terres et enfin fonder la civilisation de Caral. Mais pourquoi auraient-ils alors lancé l'édification de pyramides au Pérou, alors qu'en Europe il n'y en a pas ? Nous y trouvons effectivement plutôt des tumuli. La civilisation de Caral serait-elle plutôt liée à l'Égypte antique plutôt qu'à l'Europe préceltique ? Pourquoi pas : après tout Caral a prospéré durant l'âge d'or de l'Égypte antique (large partie du IIIe millénaire avant notre ère), à savoir à l'époque de l'Ancien Empire. C'est durant cette époque que l'Égypte connut la plus longue période de stabilité politique de son histoire. C'est dans l'Ancien Empire que se développèrent des techniques artistiques et architecturaux sans précédent. On y vit notamment apparaître les premières pyramides à degrés (roi Djéser à Saqqarah) avant que le phénomène n'arrive à son paroxysme sur le plateau de Gizeh où l'on peut encore aujourd'hui admirer les trois plus fameuses pyramides du monde. Des embarcations égyptiennes ont-elles pu s'égarer dans l'Océan atlantique jusqu'à atteindre les côtes d'Amérique du Sud, poussées par quelque courant océanique ? Si tel était le cas, n'aurions-nous pas trouvé des traces évidentes de la culture égyptienne de l'Ancien Empire dans les ruines des cités de Caral ? Les preuves se font rares pour cette dernière hypothèse !

---

[253] https://archive.org/details/venturesomevoyag002022mbp

Celle-ci nous permet néanmoins de mettre en exergue les talents des édificateurs de mégalithes pour le transport de pierres de plusieurs dizaines voire centaines de tonnes. Quelques exemples en Europe :

- ➤ le Grand Menhir brisé de Locmariaquer (Bretagne, France) d'un poids de 336 tonnes aurait été érigé au Ve millénaire av. J.-C. Le menhir fut taillé dans de l'orthogneiss provenant d'un gisement situé sur la presqu'île de Rhuys, de l'autre côté de l'estuaire qui ferme le golfe du Morbihan. Il a fallu ainsi faire traverser un estuaire de plus de 30 mètres de profondeur à des blocs de plus de 300 tonnes et dans une zone de courant maritime importante (9 à 11 nœuds avec de forts coefficients),
- ➤ plus impressionnant : à Belle-Île (toujours en Bretagne) on a trouvé de grandes stèles en roche inconnue localement. Et pour cause, le granit en question se retrouve à 40 kilomètres de l'île. Imaginez devoir transporter des blocs de 25 tonnes en pleine mer sur une distance aussi importante au Néolithique
- ➤ autre prouesse, cette fois en Grande-Bretagne à Stonehenge. Les ''pierres bleues''ceinturant le fameux site, au nombre de 82, sont des monolithes de dolérite et de rhyolithe (de deux tonnes chacun en moyenne) érigés vers -2600. Ils furent extraits d'une carrière se situant dans le Pays de Galles soit à 250 kilomètres de distance, ce qui nécessita une alternance de transports terrestre et maritime ![254]

Il n'y a plus rien de véritablement mystérieux à tout cela, l'archéologie expérimentale ayant répondu à la grande majorité des questions concernant ces ''transports de l'impossible''. Concernant le déplacement de mégalithes de plusieurs centaines ou milliers de tonnes avec les moyens de l'époque, je vous renvoie en note de bas de page à ce brillant article de Jean-Pierre Adam datant de 1977 détaillant les prouesses des Anciens quant au trilithon de Baalbek (Liban) et aux mégalithes d'envergure équivalente.[255]

---

[254] https://neolithiqueblog.wordpress.com/2017/02/10/transports-exceptionnels-au-neolithique/
[255] http://www.persee.fr/doc/syria_0039-7946_1977_num_54_1_6623

***

Le phénomène mégalithique ne pouvait pas se diffuser sans un minimum de culture et de religion, donc de mythologie. C'est ainsi que nous retrouvons des mythèmes analogues aux quatre coins de la planète : par diffusion puis emprunts puis re-diffusions sur des siècles et des millénaires, des motifs peuvent apparaître tout à fait semblables entre mythologies japonaise et grecque ; égyptienne et indienne ou encore maya et sumérienne. Nous ne vous referons pas l'étalage des analogies relevées avec force argumentaire tout au long des trois essais que vous venez de lire. Vous en avez suffisamment retenu ! Rappelons malgré tout que l'haplogroupe G n'est pas seul responsable de cette diffusion planétaire. Les dieux avant lui, alliés d'Enki-Osiris, Nungal et Abgal, avaient entamé un travail civilisateur auprès des hommes développant le langage et, surtout, l'agriculture bien avant que G2a, E1b1 ou J2 ne s'en emparent après la fin de la dernière période glaciaire. Cette épopée civilisatrice menée en parallèle d'une guerre civile entre engeances patriarcales et matriarcales conduisit à la codification des idiomes de toutes les sociétés d'Homo Sapiens répandues sur la planète. Une codification que nous avons mise en lumière suffisamment de fois dans cet essai pour que son existence ne puisse pas être remise en cause.

Le lien entre développement de l'agriculture et naissance du mégalithisme n'est pas anodin. Dans au moins deux endroits du monde où nous retrouvons d'extraordinaires mégalithes l'on soupçonne l'usage de techniques différentes que celles de la taille et de l'assemblage de pierres. C'est en Égypte et au Pérou que nous retrouverions des traces de techniques perdues de moulage de pierres. Par des procédés chimiques inconnus (Pérou) ou supposément retrouvés (Égypte, voir les travaux et publications du Pr Joseph Davidovits)[256], les Anciens auraient été capables de déliter certains types de pierres pour en faire une sorte de mortier. Ce mortier, coulé dans des moules ou coffrages, une fois solidifié, retrouverait la structure et les propriétés de la pierre d'origine

---

[256] https://www.geopolymer.org/fr/archeologie/pyramides/les-pyramides-sont-elles-faites-en- beton-1/

avant sa transformation. Cela aurait effectivement grandement simplifié la tâche des bâtisseurs de structures mégalithiques !

Si l'on suppose que certaines pierres des pyramides d'Égypte furent réalisées par ce procédé, l'égyptologie actuelle possède suffisamment d'éléments pour attester d'un travail quasi exclusif de taille de pierres. Quant aux murs péruviens montés par les civilisations précolombiennes, des légendes attestent d'un procédé chimique basé sur un mélange de plantes capable de ramollir certaines pierres ; il serait bien entendu ensuite plus simple de les agencer et les assembler dans des configurations hallucinantes. L'on retrouve parfois des murs assemblés sans mortier qui comportent des blocs de 12, 13, 14 voire 15 angles ! Au-delà des légendes, le même Pr Davidovits apporta des éléments théoriques et expérimentaux dès 1982 montrant que la réalisation d'un acide (issu d'un mélange de plantes locales) ayant la propriété de ramollir la pierre était à la portée des populations sud-américaines à l'époque de la construction des édifices mégalithiques aux architectures improbables.[257] Une fois encore, les conclusions de ses théories ne rallièrent que peu de chercheurs et la majorité des scientifiques considèrent de nos jours le chimiste comme un fumiste.

Personnellement je n'écarte pas l'hypothèse de techniques de moulage. Il est un fait que la révolution néolithique apporta en Europe la maîtrise de l'agriculture en parallèle de la connaissance du levage de pierres massives. Et si ces savoirs et expériences sur les plantes avaient conduit, par le fruit du hasard, à une solution chimique capable de déliter certaines roches ? L'idée est intéressante et permettrait de mettre en phase le mégalithisme et l'agriculture. L'agriculteur du Néolithique a très tôt utilisé les saisons, le ciel, la lune – et donc des calendriers – pour arriver à maîtriser les cycles des cultures. La connaissance des étoiles a ensuite permis des voyages au long cours aux navigateurs les plus braves. C'est pourquoi nous pourrions parfaitement imaginer que

---

[257] https://www.geopolymer.org/fichiers_pdf/CemPlant.pdf

le phénomène mégalithique se répandit aussi par les voies maritimes et océaniques.

Outre les évidences mythologiques, sémantiques, archéologiques (que nous venons en partie d'étayer au travers de la culture mégalithique) et anthropologiques (présentées succinctement au sous-chapitre précédent), de nouveaux éléments dans divers domaines de la recherche scientifique viennent chaque jour alimenter les allégations d'Anton Parks. L'astronomie est très active du côté des découvertes. Ainsi vient-on d'apprendre que dans le système stellaire AR Scorpii, une naine rouge procédait à une forme de communication par impulsions lumineuses avec sa voisine, une naine blanche.[258] Au sein même de notre système solaire, nous avons découvert un nouveau corps céleste, nommé Niku, dont l'orbite, inhabituelle, est en décalage avec les autres corps de notre système stellaire – il évolue à reculons et sur un plan incliné à 110 degrés par rapport à celui du système solaire.[259] Des comportements parfaitement inattendus d'objets célestes bien proches de nous !

De même l'ineffable inventeur sud-africain Elon Musk a remis sur le tapis en 2016 une hypothèse soutenue par une poignée de scientifiques et philosophes comme Nick Bostrom[260] : celle selon laquelle nous évoluerions dans une réalité virtuelle de type informatique.[261] En somme, l'univers entier tel que nous le connaissons ne serait conçu que pour nous voir évoluer en son sein avec des règles fixées par une entité administratrice supérieure. Cela n'est pas sans rappeler au lecteur les actes de Barbélú, la Mère des Origines du Peuple Serpent, décrits dans la réédition du tome 1 des *Chroniques du Ğírkù* : grâce au pouvoir incommensurable

---

[258] http://www.sciencesetavenir.fr/espace/univers/un-mysterieux-rayon-emanant-d-une-naine-blanche_101930
[259] http://www.maxisciences.com/espace/niku-ce-mysterieux-objet-decouvert-au-dela-de-la-planete-neptune_art38564.html
[260] http://www.simulation-argument.com/simulation.html
[261] http://www.realite-virtuelle.com/ceo-de-tesla-elon-musk-pense-vivons-realite-virtuelle

de sonNíama elle parvint à créer une simulation de réalité d'une partie de l'univers dont elle peut régir les lois !

Plus près de nous, des scientifiques ont apporté des éléments de preuve que sous nos pieds – très loin sous nos pieds puisque nous parlons de ce qui se trouve dans le manteau terrestre à 700 km de profondeur – serait présente une immense réserve d'eau.[262] Cet océan souterrain, dont le volume correspondrait à trois fois celui de la somme des étendues d'eaux douces et salées de la surface, fait écho bien entendu aux mythes de l'ancienne Mésopotamie qui présentent l'Abzu comme la source de toutes les eaux du Monde ! C'est également un élément que nous retrouvons dans les récits d'Anton Parks qui aborde la question des planètes creuses à longueur de *Chroniques du Ǧírkù*.

Quant à une éventuelle vie pouvant se développer en milieu souterrain, dans les interstices du manteau terrestre, par exemple, la grotte géante de Hang Soon Dong[263] (située à la frontière entre le Viêt Nam et le Laos) nous apporte des éléments de réponse favorables. Sur 4 kilomètres de long pour 200 mètres de hauteur, la grotte a développé son propre climat accueillant une jungle unique en son genre et sa propre rivière ! Dans la même catégorie, il a été découvert en Chine un réseau de profondes dolines – des cavités creusées par l'eau – d'une superficie totale de 600 kilomètres carrés. Ce réseau se situe dans une forêt tropicale humide du pays et est accessible via 49 gigantesques béances dont la plus importante atteint les 520 mètres de diamètres. Leur profondeur approche les 320 mètres et l'on y trouve des écosystèmes uniques. Ce ne sont pourtant pas les gouffres les plus profonds de Chine, d'autres du même acabit, plus au sud atteignent presque les 700 mètres ![264] Autant dire que la vie s'adapte à tous

---

[262] http://www.maxisciences.com/oc%E9an/un-ocean-gigantesque-a-700-km-sous-la-surface-de-la-terre_art32834.html
[263] http://www.futura-sciences.com/planete/videos/hang-soon-dong-plus-grande-grotte-monde-filmee-drone-1773/
[264] http://www.futura-sciences.com/planete/actualites/environnement-49-mondes-perdus-decouverts-chine-fond-gouffres-65431/

les environnements, y compris ceux qui s'enfoncent loin, très loin sous la terre.

Nous conclurons sur les faits les plus marquants au regard des informations portées par Anton Parks à notre connaissance. Rappelez-vous que nous avons soutenu tout au long de nos trois essais l'idée selon laquelle Vénus, avant d'être la planète que nous connaissions, était une comète ayant parcouru erratiquement le système solaire suite à l'explosion de la planète Mulge (aujourd'hui la ceinture d'astéroïdes entre Mars et Jupiter), dont elle était le satellite (Mulge-Tab). Cet événement se serait produit dans la foulée de l'assassinat d'Enki-Osiris par Seth il y a environ 12000-13000 ans.

Le corps d'Osiris fut ensuite débité en morceaux – à l'image de la ceinture d'astéroïdes – et sa tête détachée de son corps. Cet acte odieux est le meurtre de Baldr de la mythologie germano-nordique : elle fut à l'origine du Ragnarök qui conduit à la quasi extinction des dieux, des géants et des hommes. La tête d'Osiris deviendra une précieuse relique qui, plus tard, sera conservée à Abydos. Cette tête coupée sera celle de Mímir, de Bran Vendigeit, d'Orphée ou encore de Hun Hunahpu dans, respectivement, les corpus mythologiques germano-nordique, celte, grec et maya quiché. Elle figurera symboliquement selon moi le Graal des cycles arthuriens. Qu'ils soient légendaires et réels, les pouvoirs du crâne d'Enki-Osiris seront notamment d'ordre divinatoire.

Avant que Mulge-Tab (Vénus) ne soit expulsée de l'orbite de Mulge, pour devenir une comète, le satellite était viable et servait de lieu de résidence aux instances planificatrices du système solaire. Les dernières recherches en astrophysique nous confirment que Vénus aurait été habitable pendant des milliards d'années : possédant une atmosphère et de l'eau à l'état liquide.[265]

Plus fort encore, après le premier passage supposé de Vénus près de la Terre (-12 000/-13 000 ans environ, selon Anton Parks)

---

[265] http://www.pourlascience.fr/ewb_pages/a/actu-venus-aurait-ete-habitable-pendant-des- milliards-d-annees-37352.php

s'acheva la dernière période glaciaire (-12 000/-11 000 ans) qui vit la disparition de nombreuses espèces animales notamment. Ce ne sont pas là des élucubrations de gogo mais des faits appuyés par des preuves palpables. En 2012, une équipe de chercheurs internationale a démontré qu'il y a 12 800 ans la Terre subit un ou plusieurs impacts cosmiques : *"ces scientifiques ont identifié trois niveaux contemporains il y a plus de 12 000 ans, sur deux continents produisant des objets siliceux ressemblant à des scories (SLO, scoria-like objects)", affirme H. Richard Lane, directeur de programme de la section des Sciences de la Terre de la National Science Foundation américaine, qui a financé la recherche. "Les SLO indiquent des explosions/impacts cosmiques à haute énergie, qui soutiennent l'avis selon lequel ces événements ont constitué le commencement du Dryas récent. Cette époque a été un départ majeur dans l'histoire biotique, humaine et climatologique".*"[266]

Cet événement a été confirmé en 2016 dans un papier de la revue Nature.[267] On a en effet identifié dans des couches géologiques datant de la période du "Dryas récent", il y a environ 13 000 ans donc, des sphérules produites par la combustion fulminante de roches cosmiques qui auraient recouvert quatre continents de la planète – et ce durant un siècle –, ayant amené les humains à migrer pour survivre. C'est cette fois-ci l'université de Cincinnati qui apporte ces nouvelles preuves.

Nous ne sommes pas ici dans la pseudoscience mais bien dans le réel. Et si la dernière période glaciaire était arrivée à son terme plus rapidement que prévu suite à cet impact venu de l'espace, à cet événement cosmique d'origine non identifié ? L'Œil du Son / Inanna (alias Vénus) est-il le responsable de cet état de fait comme les mythologies égyptienne / sumérienne le laissent entendre ? Est-ce là le déclencheur des derniers déluges subis par l'homme et dont le souvenir traversa le globe sous forme de mythe, marquant toujours aujourd'hui notre mémoire profonde ? Cela débutera-t-il le cycle de guerres entre les diverses engeances divines et celles des mortels conduisant à la disparition, du moins évidente de nos jours, des derniers dieux qui foulaient la Terre depuis les époques

---

[266] http://cordis.europa.eu/news/rcn/34823_fr.html
[267] http://www.nature.com/articles/srep44031#auth-1

éloignées de la préhistoire ? Je laisse le lecteur seul juge et l'encourage à étudier sérieusement les hypothèses ouvertes par mes essais.

***

À nos enfants, À nos héritiers, Aux mortels

Ô hommes mortels ! de l'humus friable vous naquirent,
Vulnérables, mais avec audace, vous vous êtes élevés.
Le regard vers le ciel sans cesse fixé, prêts à conquérir !
Il n'y a désormais plus de canopées qu'il vous manque à dominer !

Sans relâche vous nous avez servis,
Sans jamais un noble geste, jamais un merci,
Sans jamais démériter ni vous décourager,
Malgré l'ingrat destin que nous avions arrêté !

De l'Âge d'Or vous avez goûté les délices,
Mais, désinvoltes, vous firent preuve d'hybris.
Trop de douleur nous causèrent ces préjudices,
Ô comme vous vous éloignèrent de vos prémices !

Maintes fois vous furent détruits, presque anéantis,
Autant de fois vous vous relevèrent, vous avez reconquis !
Maintes fois vos foyers finirent en cendres ou sous les eaux,
Autant de fois, sans sursis, vous les avez rebâtis !

En nous glissant sous les draps de vos filles.
Nous vous donnèrent des Rois, de grands Héros,
Ils nous ont priés, vénérés, assistés, obéis,
Puis ils nous ont trahis, mentis et parfois dominés !

Dans les cieux, nous finîmes par nous évaporer,
Nous vous laissâmes le pouvoir sur cette Ère.
Sans nous, vous avez évolué, vous vous êtes transformés,

Désormais, c'est vous les Témoins de l'Éternité !
Désormais, c'est vous les Sentinelles de l'Infini !
Vous souvenez-vous néanmoins de vos Pères ?
Lorsque nous descendions parmi vous, cette époque bénie !
... Quand les dieux foulaient la Terre.

Satoshi Nasura [268]

---

[268] SA$_6$(favorable)-TU$_{15}$(vent)-ŠI(être là)-NA(humanité)-SÚ(connaissance)-RÁ(apporter) : ''un vent favorable est là pour apporter la connaissance à l'humanité''.

LEXIQUE

(GINA'ABUL OU PROTO-SUMÉRIEN & SUMÉRO-AKKADIEN & ÉGYPTIEN)

⚔ **A'a** = l'un des deux Abgal originels avec Wa. Engendrés par la Triple- Puissance (parthénogenèse) de Barbélú sur Dubkù-Uraš (la Terre).

⚔ **A'amenptah** = ou Amenti, nom égyptien de l'Atlantide. Sa traduction stricte en égyptien d'A'amenptah est ''le lieu grand et stable de Ptah''.

⚔ **Abgal** = ou Apkallû (en akkadien), Sages du système de Gagsisá (Sirius). Gina'abul de type amphibien. Ils apparaissent dans notre étude sous différents collèges comme les Djaïsu (Égypte) ou les Cabires (Grèce).

⚔ **Abzu** = les abysses, le monde intérieur de toute planète. Partie creuse de chaque globe planétaire abritant ses eaux souterraines.

⚔ **Abzu-Abba** = roi des Gina'abul de Margíd'da (Grande Ourse), un des sept Ušumgal, époux de Tiamata et survivant de la Grande Guerre.

⚔ **Ádam** = ''bêtes'', ''animaux'', ''troupeaux''en sumérien (Á-DAM), soit l'appellation des dieux donnée aux premiers hommes.

⚔ **Ama'argi** = femelles Amašutum de la Terre dont la souveraine est Dìm'mege, fille de Nammu-Nuréa et sœur de Sé'et et Sa'am.

⚔ **Amašutum** = nom commun des femelles chez les Gina'abul. Elles font partie de l'engeance multiraciale des Kadištu (planificateurs).

⚔ **An** = le septième et dernier des Ušumgal, créateur de Sa'am et des Anunna (avec Ninmaḫ) dont il est le souverain.

238

⋏   **Anšár** = père créateur (avec Kišár) de An, membre du conseil restreint des sept Ušumgal.

⋏   **Anunna** = litt. ''progéniture princière'' ou les ''les princes du Père'', souche guerrière Gina'abul créée par An et Ninmaḫ sur le Dukù.

⋏   **Anunnaki** = Anunna du KI (''terre'' ou ''lieu''), soit ceux vivant sur Terre.

⋏   **Arallu** = nom que les Akkadiens donnaient au Kigal, le Séjour inférieur de leur mythologie.

⋏   **Asar** = litt. En égyptien le ''siège de l'œil'', véritable nom d'Osiris selon Anton Parks.

⋏   **Ašme** = premier fils de Nammu-Nuréa et ancienne incarnation de Sa'am.

⋏   **Barbélú** = astrophysicienne appartenant aux Mušgir, elle est une très ancienne incarnation de Šuḫia elle-même incarnation de la première reine Mušgir Pištéš. Barbélú arriva sur Dubkù-Uraš par accident suite à une mission qui s'est mal déroulée. Sur Terre, elle mettra au monde cinq enfants, à l'origine des souches Gina'abul (Emesir et Muš'šagtar), Abgal (A'a et Wa) et Kingú (Ía'aldabaut).

⋏   **Diğir ou Dingir** = divinité(s).

⋏   **Dilmun** = île mythique de l'Est (aujourd'hui à l'Ouest), où Enki, dans la mythologie mésopotamienne, a établi son domaine maritime. Nom sumérien de l'Amenti.

⋏   **Dìm'mege** = sœur de Sa'am-Enki et de Sé'et-Isis. Elle est la fille de Nammu-Nuréa et reine des Ama'argi.

⋏   **Djaïsu** = groupe égyptien de sept divinités figurant les sept paroles créatrices de Neith dans la religion d'Edfu. Ils sont des échos des Abgal de Kalam.

⋏   **Djehuti (ou Zehuti)** = nom égyptien de Thot, archétype de l'Hermès grec.

⋏   **Dogan (ou Neferu)** = mot turc (signifiant ''faucon'') provenant du sumérien DU_{14}-GAN, soit ''porter le combat'' ou ''enfanter la guerre''. Ils sont les enfants hybrides de Nungal-Adinu et de femmes Homo Sapiens.

⋏   **Dubkù** = nom Mušgir de la planète Terre. Appelée Uraš par les Gina'abul.

⋏   **Dukù** = nom de la planète principale du système Ubšu'ukkinna dans la constellation Mulmul (Les Pléiades).

⊥ **Dukug** = montagne du Taurus où fut établie la cité de Kharsağ (actuelle Turquie).
⊥ **Éa** = "(celui de la) Maison de l'Eau". Nom akkadien d'Enki (Sa'am)
⊥ **Eden** = jardin de Ninmaḫ à Kharsağ.
⊥ **Edin** = litt. en sumérien : "la plaine", "la steppe". Le lieu où les Ádam travaillent pour les Gina'abul.
⊥ **Emešà** = langage matrice des prêtresses comprenant les syllabaires sumérien et akkadien, clé de la codification des langues de la Terre.
⊥ **Emesir** = seule fille de Barbélú. Elle est avec son frère Muš'šagtar à l'origine des lignages Gina'abul Šutum et Amašutum. Avec A'a et Wa, elle engendra la lignée Abgal.
⊥ **Enki** = litt. en sumérien "seigneur de la Terre", titre donné à Sa'am sur Terre.
⊥ **Enlíl** = litt. en sumérien "le seigneur du souffle".
⊥ **Gigal** = terme utilisé par les natifs du plateau de Gizeh pour dénommer le réseau souterrain se situant au-dessous des pyramides. Sans doute dérivé du sumérien Kigal ("grand bas").
⊥ **Gina'abul** = "reptile"en sumérien. Race reptilienne comprenant les Šutum, les Amašutum, les Kingú, les Mušgir, les Mìmínu, les Nungal et les Anunna. Ils sont les successeurs et (en partie) descendants des Mušidim.
⊥ **Ǧírkù** = litt. "le saint éclair de lumière"ou "la sainte épée". Les Ǧírkù sont des cristaux de roche cylindriques qui appartiennent aux Amašutum et dans lesquels sont enfermées toutes sortes d'informations.
⊥ **Hé'er** = dit Her-Râ ou Râ-Her. Il s'agit de "Horus l'ancien"ou "Horus l'aîné", fils de Nammu-Nuréa (Nut en Égypte). Il est le protecteur de l'Égypte. On le retrouve aussi sous le nom de Râ en égyptien.
⊥ **Heru** = nom égyptien d'Horus, Horus étant la version grécisée de Heru.
⊥ **Ía'aldabaut** = cinquième enfant de Barbélú. Il est à l'origine de la souche des Kingú.
⊥ **Kadištu** = Engeance multiculturelle de Planificateurs au service de la Source Originelle ("Dieu"). Les Kadištu forment la communauté planificatrice de notre univers.
⊥ **Kalam** = nom donné à leur territoire par les Sumériens.

▲ **Kemet** = nom de l'Égypte que l'on retrouve sous la forme égyptienne Kemet ("pays noir").

▲ **Kharsağ** = cité souveraine des Gina'abul dans les montagnes du Taurus (en actuelle Turquie).

▲ **Kigal** = nom que les Sumériens donnaient au Séjour inférieur dans leur mythologie. Il rappelle de "Gigal" égyptien.

▲ **Kingú** = engeance princière Gina'abul occupant la constellation d'Ušu (la constellation du Dragon).

▲ **Kingú Babbar** = litt. "Kingú albinos". Ils dirigent les Kingú et incarnent l'autorité dominante et royale dans la constellation d'Ušu (la constellation du Dragon). Ils furent créés par Ía'aldabaut, cinquième et dernier enfant de Barbélú.

▲ **Kišár** = frère androgyne d'Anšár, un des sept Ušumgal.

▲ **Mamítu-Nammu-Nuréa** (Mam, Mamí, Mama , Nut) = grande planificatrice Gina'abul, elle travaille avec les Kadištu. Elle est la planificatrice en chef sur Uraš (la Terre).

▲ **Marduk** = titre divin désignant le maître des lois du Mardukù. Utilisé tour à tour pour surnommer Enlíl puis Heru.

▲ **Mardukù** = litt. "ce qui est dispersé et appliqué dans le Dukù". Texte de loi élaboré par Mamítu-Nammu-Nuréa et Sa'am-Nudímmud-Enki en vue d'administrer les Anunna du Dukù. De ce terme découle le nom Marduk qui n'est autre qu'un titre divin visant à désigner le souverain exécutif du Mardukù.

▲ **Mulge** = litt. "l'astre noir", sainte planète des Amašutum et des Kadištu dans le système solaire. Cet astre évoluait autrefois entre Mars et Jupiter.

▲ **Muš** = serpent, reptile.

▲ **Muš'šagtar** = fils de Barbélú, né sur Dubkù. Frère de Emesir (avec qui il engendrera les premières lignées Gina'abul), de A'a, Wa et Ía'aldabaut.

▲ **Mušgir** = sorte de dragon à taille humaine, ancienne souche Gina'abul recréée par An et Anšár.

▲ **Mušidim** = "les faiseurs de vie", ancêtres des Gina'abul. Du sumérien MUŠ(serpent)-IDIM(supérieur, puissant, distingué), litt. "serpent(s) puissant(s) ou distingué(s)".

▲ **Namlú'u** = terme employé par les "dieux" et les Sumériens pour nommer l'humanité primordiale et multidimensionnelle produite par les planificateurs. Elle disparaîtra en ANGAL (dimensions supérieures de la réalité) lors de l'arrivée des Anunna sur Terre.

⚐ **Neb-Heru** = litt. ''Seigneur Horus''en égyptien, titre sacré et nom caché d'Heru.

⚐ **Neferu (ou Dogan)** = progéniture guerrière issue de l'union des Nungal- Adinu et d'humaines. Neferu est un terme égyptien signifiant les ''enfants''ou les ''descendants''.

⚐ **Níama** = force de l'Univers qui est en toute chose. Les Mušidim-Gina'abul l'utilisent sous forme de télépathie et de télékinésie, notamment.

⚐ **Ninmaḫ** = fille et bras droit de Tiamata, et donc sœur de Nammu-Nuréa. Elle participe à l'élaboration des Anunna avec An et dirigera tour à tour la colonie Gina'abul sur Uraš puis l'A'amenptah à la demande de Sa'am-Enki.

⚐ **Nudímmud** = ''cloneur'', épithète de Sa'am-Enki, litt. ''celui qui façonne et met au monde les images''litt. en sumérien.

⚐ **Nungal** = race de planificateurs mâles créée par Sa'am-Enki et Mamítu- Nammu-Nuréa en parallèle de la création des Anunna. Ils sont les premiers Géants de la mythologie grecque.

⚐ **Sa'am** = fils cloné de An. Protagoniste et premier narrateur de l'histoire, également nommé Nudímmud (le cloneur), Enki (''le seigneur de la Terre''), Éa (''(celui de la) Maison de l'Eau''), Ašár (''l'unique glorifié''= Osiris)…

⚐ **Šàtam** = ''administrateur territorial''en sumérien. Enlíl est le grand Šàtam de la colonie Gina'abul qui vit sur le Dukug (la montagne sainte) et en Edin, la plaine mésopotamienne.

⚐ **Sé'et** = suivante et fille de Mamítu-Nammu-Nuréa, litt. ''marque de vie'', ''présage de vie''ou ''force de vie''en Emešà, il s'agit d'Isis en Égypte. Nous apprenons dans le tome 0 des *Chroniques* qu'elle héberge l'esprit de Barbélú pour tromper ses ennemis.

⚐ **Shemsu-Râ ou Šè'emsu-Rá** = respectivement en égyptien et sumérien : ''suivants de la lumière''et ''parents de la tempête qui guide''. Il s'agit des suivants de Râ, c'est-à-dire des Nungal, une partie des anges veilleurs. Ils seront à l'origine de la lignée hybride des Neferu-Dogan.

⚐ **Siensišár** = voir **Uzumúa**.

⚐ **Sukkal** = race importante de planificateurs à forme d'oiseau.

⟁   **Tiamata** (Tigeme) = reine des Gina'abul de Margíd'da (Grande Ourse), une des sept Ušumgal. Elle est l'épouse de Abzu-Abba.
⟁   **Ugubi** = ''ancêtre inférieur'', le singe.
⟁   **Ugur** = ''nom d'usine''du Ğírkù de Sa'am-Enki dont héritera Horus.
⟁   **Ukubi** = ''peuple inférieur''ou ''multitude inférieure'', genre Homo.
⟁   **Ukubi'im** = Homo Neanderthalensis.
⟁   **Únamtila** = ''la plante de la vie''.
⟁   **Uraš** = nom Gina'abul de la planète Terre.
⟁   **Urshu** = litt. les ''guetteurs''ou ''veilleurs''en égyptien. Il s'agit des suivants d'Osiris qui font partie des Shemsu Nungal. Ils proviennent de l'Ouest actuel et de l'Atlantide. Dans l'imagerie égyptienne, ils portent un masque de loup. Comme les Shemsu-Râ, ce sont aussi des guerriers.
⟁   **Ušumgal** = ''Grand Dragon''litt. en sumérien, nom des sept dirigeants qui gouvernent les Gina'abul de la constellation Margíd'da (la Grande Ourse). Les sept Ušumgal, originaires de la constellation Urbar'ra (la Lyre), sont les seuls rescapés Ušumgal de la Grande Guerre qui divisa les Gina'abul. Ils furent créés à l'origine par les Kingú-Babbar qui les utilisèrent comme esclaves.
⟁   **Uzumúa** = ''fabrique-chair'', nom donné dans les récits mythologiques mésopotamiens aux matrices artificielles utilisées pour créer génétiquement de nouveau spécimens ou espèces.
⟁   **Wa** = deuxième Agbal primordial né de Barbélú sur Dubkù-Uraš (la Terre). Il est à l'origine, avec son frère A'a, de toute la lignée Abgal. Wa sera akkadisé en Uan dans les mythes mésopotamiens.
⟁   **Zehuti** (ou Djehuti) = ZE-HU-TI, ''le souffle (ou l'esprit) de l'oiseau de vie''que l'on retrouve sous la forme égyptienne Djehuti qui correspond au dieu Thot. Il est un Nungal fidèle à Sa'am-Enki puis à Horus. C'est le grand scientifique qui permit notamment le prodige de la Grande Pyramide de Gizeh.

BIBLIOGRAPHIE

⚔ **André-Salvini**, Béatrice, *Babylone*, Éd. PUF (Que sais-je ? 292), 2001

⚔ **Anzaldi**, Antonino, et **Izzi**, Massimo, *Histoire illustrée universelle de l'imaginaire*, Éd. Gremese International, 1996

⚔ **Assayag**, Jackie, *La colère de la déesse décapitée. Traditions, cultes et pouvoir dans le sud de l'Inde*, Éditions du CNRS, 1992

⚔ **Avalos**, Hector, *Illness and Health Care in the Ancient Near East : The Role of the Temple in Mesopotamia, Greece and Israel*, Éd. Atlanta : Scholars Press., 1995

⚔ **Bancourt**, Pascal, *Le Livre des Morts égyptien - Livre de Vie*, Éd. Dangles, 2001

⚔ **Barguet**, Paul, *Les textes des sarcophages égyptiens du Moyen Empire*, Les Éditions du Cerf, 1986

⚔ **Barucq**, André, et **Daumas**, François, *Hymnes et Prières de l'Égypte ancienne*, Éd. Les Éditions du Cerf, 1980

⚔ **Behaeghel**, Julien, *Osiris – le dieu ressuscité*, Éd. Berg International, 1995

⚔ **Beazly**, John Davidson, *The Lewis House Collection of Ancient Gems*, Éd. Oxford Univ. Press, 1920

⚔ **Bickel**, Susanne, *La cosmogonie égyptienne avant le Nouvel Empire*, Éd. Editions Universitaires Fribourg Suisse/Vandenhoeck & Ruprecht Göttingen, 1994

⚔ **Bonnet**, Corinne, et **Jourdain-Annequin**, Colette, et **Pirenne-Delforge**, Vinciane, *Le Bestiaire D'Héraklès*, IIIe Rencontre héracléenne, Éd. Presse Universitaire de Liège, 1998

⚔ **Bord**, Lucien-Jean, *Petite grammaire du sumérien à l'usage des débutants*, Éd. Geuthner, 2003

⚔ **Bottéro**, Jean, et **Kramer**, Samuel Noah, *Lorsque les dieux faisaient l'homme*, Éd. Gallimard, 1989

⚔ **Bouché-Leclercq**, Auguste, *Histoire de la divination dans l'Antiquité. Divination hellénique et divination italique*, II, Éd. Leroux, 1879-1882

⚔ **Boyer**, Régis, *Les Vikings*, Éd. Tempus, 2015

⊥ **Burkert**, Walter (trad. John Raffan), *Greek Religion* ["*Griechische Religion des archaischen und klassichen Epoche*"], Éd. Oxford, Blackwell, 1985 (éd. Orig. 1977)
⊥ **Burkert**, Walter, *Homo Necans*, Éd. Belles-Lettres, 2005
⊥ **Campbell**, Joseph, *Le héros aux mille et un visages*, Éd. Oxus, 2010
⊥ **Cauville**, Sylvie, *Denderah V-VI, Les Cryptes du temple d'Hathor vol. II*, Éd. Peeters Press, 2004
⊥ **Cavigneaux**, Antoine, et Al-Rawi, F.N.H., *Gilgamesh et la mort*, Textes de Tell Haddad VI, Cuneiform Monographs, 19, Groningen, 2000
⊥ **Chantraine**, Pierre, *Dictionnaire étymologique de la langue grecque*, Éd. Klincksieck, 1999
⊥ **Chevalier**, Jean, et **Gueerbrant**, Alain, *Dictionnaire des symboles*, Éd. Laffont / Jupiter, 1982
⊥ **Clayton**, Peter A., *Chronique des Pharaons*, Éd. Casterman, 1995
⊥ **Clermont-Ganneau**, Charles-Simon, *Horus et Saint-Georges*, extrait de la *Revue Archéologique*, 1977
⊥ **Collognat**, Annie, et **Bouttier-Couqueberg**, Catherine, *Dictionnaire de la mythologie gréco-romaine*, Éd. Omnibus, 2016
⊥ **Contenau**, Georges, *La civilisation d'Assur et de Babylone*, Éd Payot, 1951
⊥ **Cook**, Stanley Arthur, *The religion of ancient Palestine in the light of archaeology*, Éd. Oxford Univ. Press, 1930
⊥ **Creuzer**, Friedrich Georg, *Religions de l'Antiquité : considérées principalement dans leurs formes symboliques et mythologiques*, Éd. Paris : Treuttel, 1825
⊥ **Dacosta**, Yves, *Initiations et sociétés secrètes dans l'Antiquité gréco- romaine*, Éd. Berg International, 1991
⊥ **Daremberg**, Charles, et **Saglio**, Edmond, *Dictionnaire des Antiquités grecques et romaines*, Éd. Hachette, 1877
⊥ **De Garis Davies**, Norman, *The Temple of Hibis in el Khargeh Oasis. Part III. The Decoration*, Éd. Ludlow Bull & Lindsley F. Hall, 1953
⊥ **De Gravelaine**, Joëlle, *La Déesse sauvage*, Éd. Dangles, 1993
⊥ **De Ridder**, André, *De l'idée de la mort en Grèce à l'époque classique*, Éd. A. Fontemoing, 1896

⅄ **Devereux**, Georges, *Baubo, la vulve mythique*, Éd. Petite bibliothèque Payot, 2011

⅄ **Derkaoui**, Vincent, *Anthologie des mystères d'Égypte*, Éd. Ossmi, 2004

⅄ **D'Huy**, Julien, et **Le Quellec**, Jean-Loïc, *Comment reconstruire la préhistoire des mythes ? Applications d'outils phylogénétiques à une tradition orale*, Éd. Matériologiques, 2014

⅄ **Dillmann**, François-Xavier, *L'Edda*, Éd. Gallimard, coll. "L'Aube des peuples", 1991

⅄ **Dubois**, Pierre, *La Grande Encyclopédie des lutins*, Éd. Hoëbeke, 2004

⅄ **Dundes**, Alan, *The Flood Myth*, Éd. University of California Press, 1988

⅄ **Durand**, Gilbert, *Les Structures anthropologiques de l'Imaginaire : introduction à l'archétypologie générale*, Éd. Dunod, 1992

⅄ **Frankfort**, Henry, *Kingship and the Gods : A Study of Ancient Near Eastern Religion as the Integration of Society and Nature*, 1978, Éd. University of Chicago Press

⅄ **Frazer**, James-George, *Le Rameau d'Or*, Éd. Robert Laffont, 1998

⅄ **Freidel**, David, et **Schele**, Linda, et **Parker**, Joy, *Maya Cosmos : Three Thousand Years on the Shaman's Path*, Éd. William Morrow Paperbacks, 1993

⅄ **Gershenson**, Daniel E., *Apollo the Wolf-god*, dans *Journal of Indo- European Studies*, Monograph N°8, 1991

⅄ **Chevalier**, Jean, et **Gheerbrant**, Alain, "Cheval", in *Dictionnaire des symboles*, Éd. Robert Laffont et Jupiter, 1969

⅄ **Fiedel**, Stuart J., *Prehistory of the Americas*, Éd. Cambridge University Press, 1992

⅄ **Gimbutas** Marija, *Le langage de la Déesse*, Éd. Des femmes/Antoinette Fouque, 2005

⅄ **Guilhou**, Nadine et **Peyré**, Janice, *La Mythologie Égyptienne*, Éd. Poche Marabout, 2014

⅄ **González García**, Francisco Javier, *Hestia chez Homère : foyer ou déesse ?*, in *Mythes et fiction* (collectif d'auteurs), Éd. PU Paris Ouest, 2010

⅄ **Grandet**, Pierre, *Hymnes de la religion d'Aton*, Éd. Seuil, 1995

⊥   **Graves**, Robert, *Les Mythes celtes : La Déesse blanche*, Éditions du Rocher, 2000
⊥   **Graves**, Robert, *Les Mythes grecs*, Éd. Le Livre de Poche, 2011
⊥   **Guilaine**, Jean, *La mer partagée. La Méditerranée avant l'écriture. 7000- 2000 av. J.-C.*, coll. Pluriel, Éd. Hachette, 2005
⊥   **Hancock**, Graham, *Surnaturel - Rencontres avec les premiers enseignants de l'humanité*, Éd. Alphée, 2009
⊥   **Harari**, Roland, et **Lambert**, Gilles, *Dictionnaire des dieux et des mythes égyptiens*, Éd. Le grand livre du mois, 2002
⊥   **Haudry**, Jean, *Juno Moneta : Aux sources de la monnaie*, Éd. Arché Milano, 2002
⊥   **Herbin**, François René, *Le livre de parcourir l'éternité*, Éd. Peeters Publishers, 1994
⊥   **Hocart**, Arthur Maurice, *Les progrès de l'homme*, Éd. Payot, 1935 (1933)
⊥   **d'Hooghvorst**, Emmanuel, *Le Fil de Pénélope*, tome 1, Éd. Beya, Grez- Doiceau, 2009
⊥   **Jacq**, Christian, *La Légende d'Isis et d'Osiris*, Éd. MdV Éditeur, 2010
⊥   **Jansenn**, Jozef, *Annual Egyptological Bibliography 1952-1956*, Éd. E. J. Brill, 1956
⊥   **Jeanmaire**, Henri, *Dionysos : histoire du culte de Bacchus : l'orgiasme dans l'Antiquité et les temps modernes, origine du théâtre en Grèce, orphisme et mystique dionysiaque, évolution du dionysisme après Alexandre*, Éd. Payot coll. Bibliothèque historique, 1978
⊥   **Jourdain**, Sabine, *Les Mythologies*, Éd. Eyrolles, 2006
⊥   **Kvesselava**, Mikheil, *Anthology of Georgian Poetry*, Éd. University Press of the Pacific, 2002
⊥   **Labat**, René et **Malbran-Labat**, Florence, *Manuel d'épigraphie akkadienne : Signes, Syllabaire, Idéogrammes*, Éd. Geuthner, 2002.
⊥   **Labouret**, Henri, *Histoire des Noirs d'Afrique*, Éd. P.U.F, 1946
⊥   **Lachaud**, René, *Magie et initiation en Égypte pharaonique*, Éd. Dangles, 1995
⊥   **Lalouette**, Claire, *Textes Sacrés et textes profanes de l'ancienne Égypte*, Éd. Gallimard, 1984

▲ **Langdon**, Stephen Herbert, *The Mythology of All Races-Semitic*, Vol. 5, Éd. Boston. Marshall Jones Company, 1931
▲ **Launay**, Jacqueline, *Petite histoire des peuples des Dieux et des Hommes à travers les siècles*, tome 2, Éd. Books on Demand, 2015
▲ **Leclant**, Jean, *L'Abeille et le Miel dans l'Égypte pharaonique* in **Chauvin**, R., *Traité de Biologie de l'Abeille*, Paris, Masson, 1968
▲ **Lesko**, Barbara S., *The Great Goddesses of Egypt*, Éd. University of Oklahoma Press, 1999
▲ **Lévy**, Paul, *École pratique des hautes études, Section des sciences religieuses, Annuaire*, tome 83, 1974
▲ **Lexa**, François, *La magie dans l'Égypte antique de l'Ancien Empire jusqu'à l'époque copte*, Éd. Librairie orientaliste Paul Geuthner, 1925, tome 2
▲ **Long**, Charlotte R., *The twelve gods of Greece and Rome*, Éd. E.J. Brill, 1987
▲ **McMahon**, Joanne, et **Roberts**, Jack, *The Sheela-na-Gigs of Ireland and Britain : The Divine Hag of the Christian Celts – An Illustrated Guide*, Éd. Mercier Press Ltd.
▲ **Mallet**, Dominique, *Le culte de Neit à Saïs*, Ernest Leroux, Paris, 1988
▲ **Malten**, Ludolf, "Das pferd im Tautengloben" in *Jahrbuch des Kaiderlich deutschen Archäologischen Instituts*, XXIX, 1914
▲ **Markale**, Jean, *Le Cycle du Graal, Première Époque : la naissance du Roi Arthur*, Éd. Pygmalion, 1992
▲ **Mathieu**, Bernard, *Seth polymorphe : le rival, le vaincu, l'auxiliaire*, ENIM 4, 2011
▲ **Meslay**, Claude, et **Delarozière**, Marie-Françoise, *Herbier méditerranéen*, Éd. Édisud, 2007
▲ **Michaud**, Joseph Fr., et **Michaud**, Louis Gabriel, *Biographie universelle, ancienne et moderne*, Volume 53, Éd. L.-G. Michaud, 1832
▲ **Minois**, Georges, *Histoire des enfers*, Éd. Fayard, 1991
▲ **Morteveille**, Gérard, *Le mur vitrifié de Sainte-Suzanne*, in : *Histoire et patrimoine* ; Maine Découvertes, n° 47, décembre 2005

⊥ **Needham**, Joseph, *Science and civilisation in China*, Éd. Cambridge University Press, vol. 2, 1956
⊥ **Nilsson**, Martin Persson, *Primitive Time-reckoning : A Study in the Origins and First Development of the Art of Counting Time Among the Primitive and Early Culture Peoples, Volume 1*, Éd. Gleerup, 1920
⊥ **Noble**, Vicki, Motherpeace : A Way to the Goddess through Myth, Art & Tarot, Éd. San Francisco Harper & Row, 1983
⊥ **Oakes**, Lorna, *The Illustrated Encyclopedia of Pyramids, Temples and Tombs of Ancient Egypt*, Éd. Southwater, 2006
⊥ **O'Donovan**, John, *Annala Rioghachta Éireann : Annals of the Kingdom of Ireland by the Four Masters Vol. 1*, 1856
⊥ **Otto**, Walter F., *L'Esprit de la religion grecque ancienne : Theophania*, Éd. Berg International, 1995
⊥ **Parias**, L.-H., *Histoire universelle des explorations*, en 4 volumes, Éd. Nouvelle Librairie de France, 1959, tome 2
⊥ **Parks**, Anton, *Chroniques du Ğírkù tome 0, Le Livre de Nuréa*, Éd. Pahana Books, 2014
⊥ **Parks**, Anton, *Chroniques du Ğírkù tome 1, Le Secret des Étoiles Sombres*, Éd. Pahana Books, 2016
⊥ **Parks**, Anton, *Chroniques du Ğírkù tome 2, Ádam Genisiš*, Éd. Nouvelle Terre, 2007
⊥ **Parks**, Anton, *Chroniques du Ğírkù tome 3, Le Réveil du Phénix*, Éd. Nouvelle Terre, 2010
⊥ **Parks**, Anton, *Le Testament de la Vierge*, Éd. Nouvelle Terre, 2011
⊥ **Parks**, Anton, *Éden*, Éd. Nouvelle Terre, 2011
⊥ **Parks**, Anton, *La Dernière Marche des dieux*, Éd. Pahana Books, 2013
⊥ **Penglase**, Charles, *Greek Myths and Mesopotamia : Parallels and Influence in the Homeric Hymns and Hesiod*, Éd. Routledge, 1997
⊥ **Price**, Ira Maurice, *Notes on the Pantheon of the Gudean Cylinders, The American Journal of Semitic Languages and Literatures*, Vol. 17, No. 1 (Oct., 1900)
⊥ **Prieto**, Christine, *Christianisme et paganisme : La prédication de l'Évangile dans le monde gréco-romain*, Éd. Labor et Fides, 2004

⚔ **Quandt**, G., *De Baccho ab Alexandri aetate in Asia Minore culto*, Éd. Halle, 1912, page 256.
⚔ **Ratton**, Charles, *L'or fétiche, Présence africaine*, n°10-11, 1951
⚔ **Reintges**, Chris, et **Kihm**, Alain, *L'égyptien ancien : 6000 ans d'histoire, Dossier pour la Science, L'Égypte à la croisée des Mondes*, Dossier n°80, Juillet-Septembre 2013
⚔ **Riffard**, Pierre A., *Dictionnaire de l'ésotérisme*, Éd. Payot, 1983
⚔ **Roberts**, John M., et **Westad**, Odd Arne, *Histoire du Monde*, tome 1, Éd. Perrin, 2016
⚔ **Rolle**, Pierre Nicolas, *Recherches Sur Le Culte De Bacchus : Symbole De La Force Reproductive De La Nature [...]*, Volume 1, Éd. Ulan Press, 2012
⚔ **Rossini**, Stéphane, *Neter Dieux d'Égypte*, Éd. Trismégiste, 2004
⚔ **Ryan**, William, et **Pitman**, Walter, *Noah's Flood : The New Scientific Discoveries About The Event That Changed History*, Éd. Simon & Shuster, 2000
⚔ **Sabbah**, Roger, *Les Secrets de la Bible*, Éd. Carnot, 2004
⚔ **Sadaka**, Jean, *le Culte de la Grande Mère*, Éd. Mon Petit Éditeur, 2015
⚔ **Salles**, Catherine, *Quand les dieux parlaient aux hommes*, Éd. Tallandier, 2003
⚔ **Schmidt**, Klaus, *Le premier temple – Göbekli Tepe*, Éd. CNRS Éditions, 2015
⚔ **Séchan**, Louis, et **Lévêque**, Pierre, *Les Grandes Divinités de la Grèce*, Éd. Armand Colin, 1990
⚔ **Sefati**, Yitschark, *Love songs in Sumerian Literature : Critical Edition of the Dumuzi-Inanna Songs*, Éd. Eisenbrauns, 1998
⚔ **Segy**, Ladislas, *The symbolism of the snake in Africa*, Arch. Für Völkerkunde, IX, Vienne, 1954
⚔ **Sergent**, Bernard, *Le livre des dieux : tome 2, Celtes et Grecs*, Éd. Payot, 2004
⚔ **Seringe**, Philippe, *Les Symboles dans l'Art, dans la Religion et dans la vie de tous les jours*, Éd. Helios, 1988
⚔ **Sharpe**, Samuel, *Egyptian Inscriptions from the British Museum and other Sources*, Londres, 1855

⋏ **Shoham**, Shlomo Giora, *Le sexe comme appât*, Éd. Age d'Homme, 1990
⋏ **Silbermann**, Alain, *Pomponius Méla*, Les Belles Lettres, 1988
⋏ **Sorel**, Reynal, *Dictionnaire critique de l'ésotérisme*, Éd. PUF, 1998
⋏ **Sorel**, Reynal, *Orphée et l'Orphisme*, Éd. PUF, 1995
⋏ **Steiner**, G., *Sumerisch und Elemisch : Typologische Parellelen, Acta Sumerologica 12*, 1990
⋏ **Sterckx**, Claude, *La Mythologie du Monde Celte*, Éd. Poche Marabout, 2014
⋏ **Sturluson**, Snorri, *L'Edda, Récits de mythologie nordique*, traduit, introduit et annoté par François-Xavier Dillmann, Éd. Gallimard, 1991
⋏ **Van der Toorn**, Karel et **Becking**, Bob, et **van der Horst**, Pieter Willem, *Dictionary of Deities and Demons in the Bible*, Éd. Wm. B. Eerdmans Publishing Co., 1999
⋏ **Velikovsky**, Immanuel, *Mondes en collision*, Ed. Le Jardin des Livres, 2003
⋏ **Vernus**, Pascal, *Sagesses de l'Egypte pharaonique*, Éd. Actes Sud, 2009
⋏ **Wasson**, R. Gordon, *Soma : Divine Mushroom of Immortality*, Éd. Harcourt Brace Jovanovich, 1972
⋏ **Wasson**, R. Gordon, et **Hofmann**, Albert, et **Ruck**, Carl A. P., *The Road to Eleusis : Unveiling the Secret of the Mysteries*, Éd. North Atlantic Books, 2008
⋏ **Watkins**, Calvert, *A Distant Anatolian Echo in Pindar : The Origine of the Aegis Again*, Éd. Harvard Studies in Classical Philology, vol. 100, 2000
⋏ **Yoyotte**, Jean, *Dictionnaire de la civilisation égyptienne*, Éd. Fernand Hazan, 1998

DÉJÀ PARUS

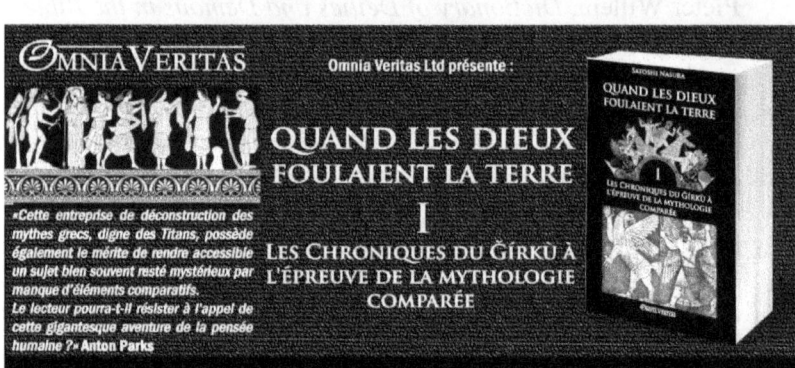

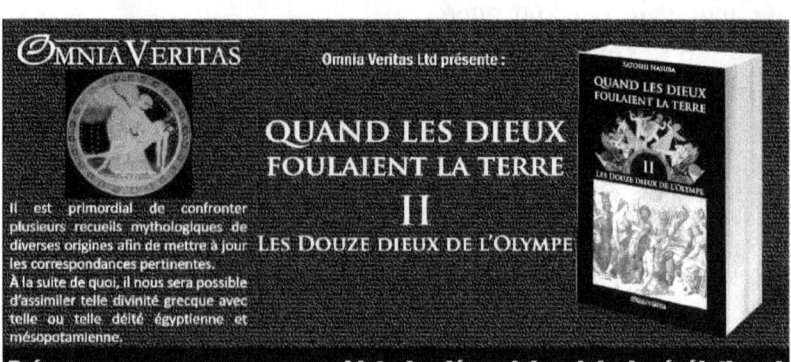

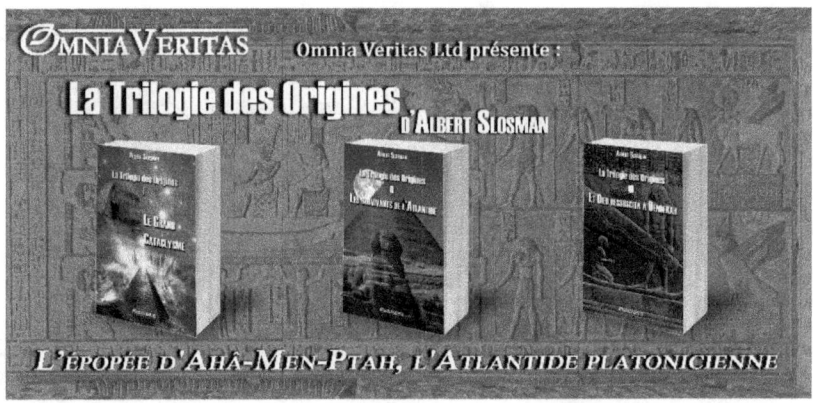

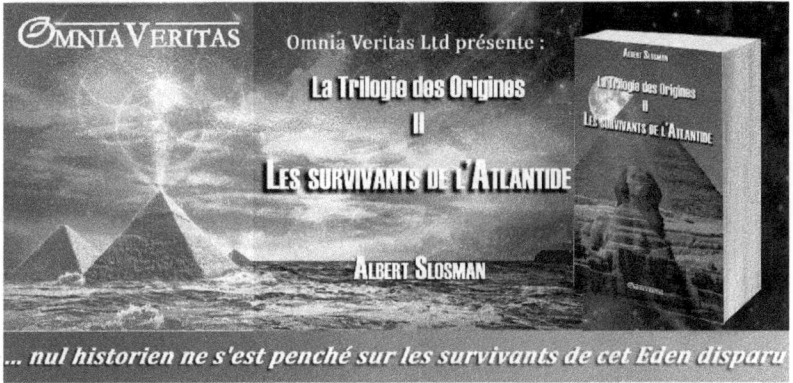

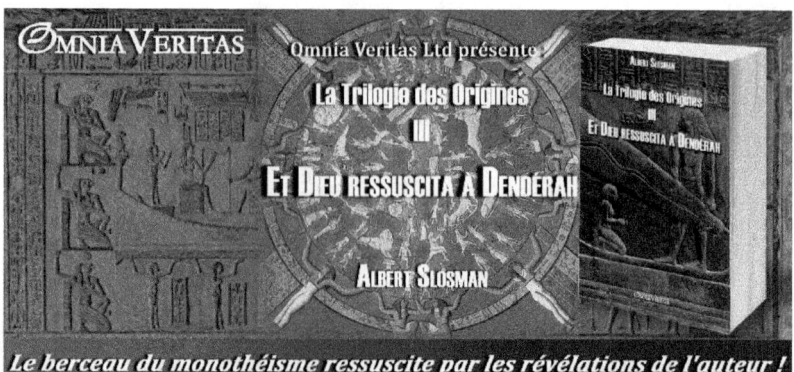

Abus Rituels et Contrôle Mental
Outils de domination de la "Religion sans nom"

Pour la première fois, un livre tente d'explorer les sujets complexes que sont les abus rituels traumatiques et le contrôle mental qui en découle.

PAR ALEXANDRE LEBRETON

Comment est-il possible de programmer mentalement un être humain ?

Omnia Veritas Ltd présente :

2000 ans de complots contre l'Église

de
MAURICE PINAY

Aucun autre livre au cours de ce siècle n'a été l'objet d'autant de commentaires dans la presse mondiale.

Une compilation de documents d'Histoire et de sources d'indiscutable importance et authenticité

Omnia Veritas Ltd présente :

La face cachée de l'histoire moderne
Tome I
La montée parallèle du capitalisme et du collectivisme

par **JEAN LOMBARD**

Le rôle joué tant par la Haute Finance que par les sectes (Rose-Croix, Illuminés de Bavière, Franc-Maçonnerie, Sociétés Secrètes islamiques et asiatiques)

L'auteur pénètre les intrigues, causes de tant de guerres et de révolutions...

www.omnia-veritas.com

www.ingramcontent.com/pod-product-compliance
Lightning Source LLC
Chambersburg PA
CBHW071329190426
43193CB00041B/1045